無人地球

全面改寫經濟、政治、國際局勢的人口崩潰之戰

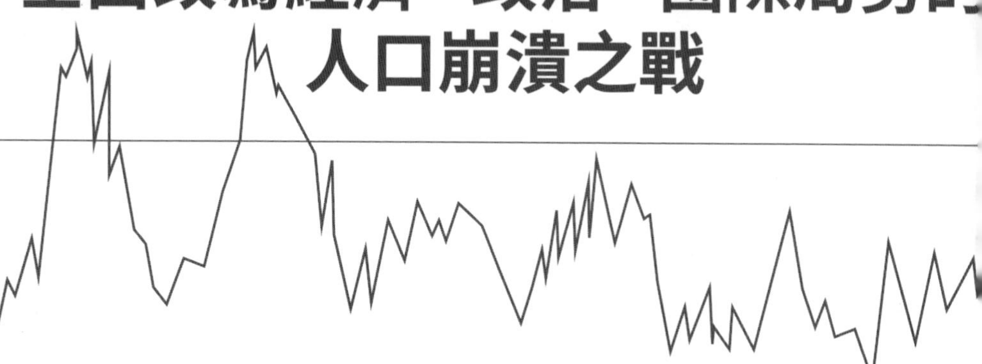

EMPTY PLANET

THE SHOCK OF GLOBAL POPULATION DECLINE

達瑞爾・布瑞
Darrell Brick
約 翰・伊比
John Ibbitso
著

李祐寧 譯

目錄

CONTENTS

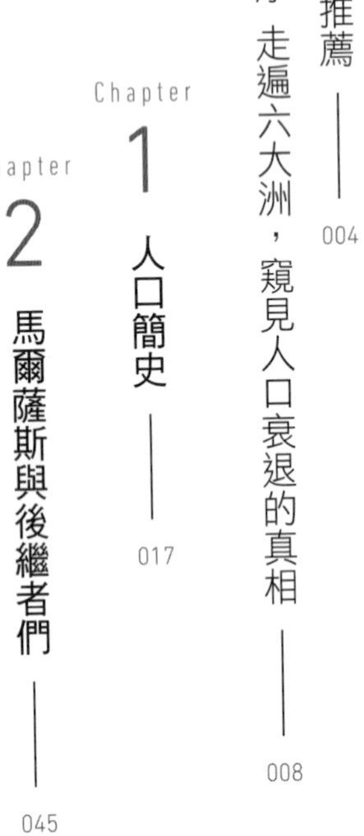

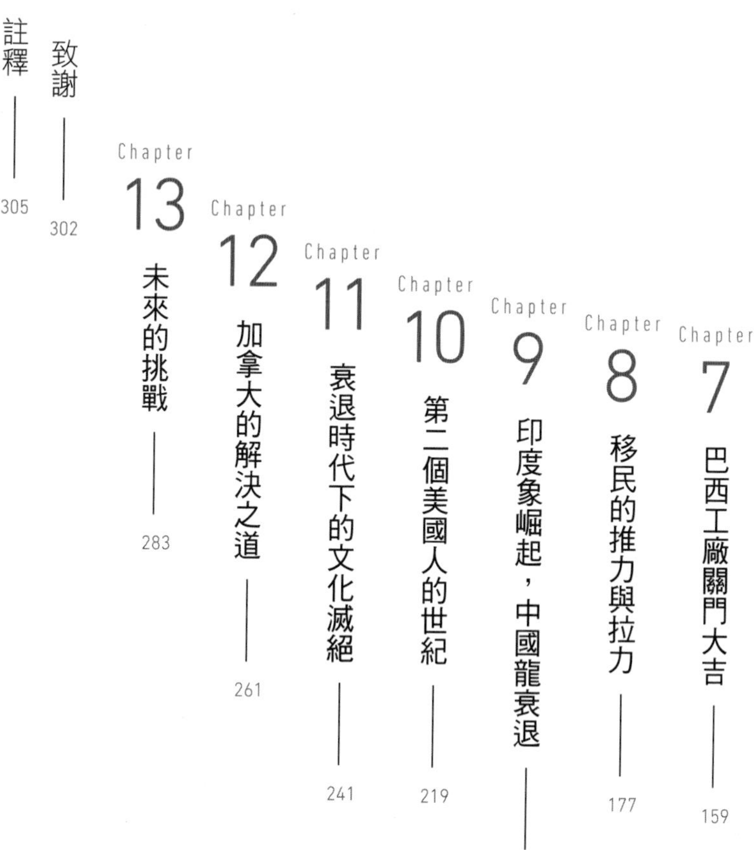

各界推薦

這是一部精采的人口歷史學及社會學，從裡面我們看到女性在人口消長的過程中，所扮演的關鍵角色。專家說：大腦是最重要的繁殖器官。當女性有了足夠的資訊，以及可以養活自己的經濟能力之後，她們的大腦會說：晚點生，或生得少一點，才是對自己有利的人生決定。因此，少子化可能變成全球的未來。以前是「高生育率，壽命短」的時代，如今是「低生育率，高齡化」的時代。如何在這樣的全球化趨勢中，找到生存之道，不但是企業的議題，也是個人的議題。

——丘美珍，專欄作家

雖然在全球尺度上，作者所提出遠比聯合國悲觀的人口增長預測，仍有待未來的檢驗；但是在長期為少子化與老年化所困的東亞，本書無疑是重要的及時雨，書中所提出對應少子化策略，尤其是加拿大的開放移民政策，對此刻包括台灣在內的東亞諸國，具有重要的啟示。對於將少子化視為國安危機的台灣而言，本書或許是近年來關於人口危機最重要的一本著作。

——沈榮欽，加拿大約克大學副教授

老實面對吧，生育計畫已非美好家庭形象或社會責任可以左右。與其不斷討論為何女人不再想要更多孩子，不如支持每一個生育孩子的家庭。同時更重要的，是打破以年齡界定勞動力提供、社會福利需求的思維，未來的世界，必須智慧化與數位化改變勞動與服務輸出的模式，並且建立不同性別和年齡對經濟和產業的支持模式。

——林靜儀，醫師

我們以為不生小孩可以一輩子自由，但是我們所揮霍的，是人類幾百萬年來努力進化、繁衍族群，使人性善的一面得到發揚的，屬於我們族群共同的成就。

——胡采蘋，財經網美

我們居住的地球，因工業化、都市化及國際化，在過去半個世紀造成過度的碳化，再加上塑化劑、戴奧辛等環境荷爾蒙的影響，引起全球暖化，海水逐漸上升，森林驟減，氣候極端，人類生殖能力受損。地球的反撲，加上高度都會化導致年輕人遲婚、晚婚及不婚，造成許多國家人口逐漸減少，變成一個老化的社會。如果不善待我們居住的地球，最後人類會自取滅亡。在此關鍵時刻，一定要正視此問題，解決人類的最大危機。

——曾啟瑞醫師，TFC臺北生殖中心創辦人兼執行長作者以宏觀視野、生動筆觸來探討本世紀最不可忽視的人口衰退現象。作者分析了來自六大洲、不同文化政經制度的國家所經歷的人口變遷過程，來呈現「低生育率」現象並非已開發高所得國家所獨有，而是伴隨著女性賦權、都市化與宗教世俗化等關鍵因素，迅速在非洲、拉丁美洲與印度等區域逐漸成為環球趨勢，而將導致本世紀末全球人口總數銳減。本書值得所有關心性別、環境與人口議題的讀者詳加研讀！

——鄭雁馨，中央研究院社會學研究所副研究員

在國際政治上，錢流是跟著人口紅利走的。哪一國人民年輕，國際投資就往哪流動。人口的增減，直接影響到一國政經實力的消長。中國大陸警覺到人口逐漸減少，毅然放棄四十年的一胎化政策，轉而鼓勵一家可以生三個小孩，就是最好的證明。本書全方位論述了人口問題的衝擊與影響，是非常及時且值得閱讀的好書。

——劉必榮，東吳大學政治系教授

這本書擁有非凡的吸引力與重要性。兩位作者運用令人大開眼界的數據和生動活潑的敘述方式，闡述世界正如何以一種你我難以接受的方式發生根本性的變化。

——史蒂芬・平克，哈佛大學心理學系教授

儘管當今全球人口在膨脹，世界各地的出生率卻已經開始下降。過去人口下降由自然災害或疾病驅動，但現在這般低迷景象卻是我們自己造成的。在這本引人入勝且發人深省的書中，作者提出令人信服的論點，提出為什麼人口過剩不會是本世紀末的問題，而是全球人口迅速減少，以及我們可以如何因應。

——路易斯・達奈爾，《最後一個知識人》作者

為了實現正確的未來，必須挑戰我們的假設，而許多人都假設人口將繼續增長。但本書作者提出一個開放性的挑戰——人口崩潰。任何關心長遠未來的人（我希望是所有人），都應認真對待此一挑戰。

——丹・賈德納，《超級預測》作者

具有高度可讀性，針對都市化世界下的人口減少，提出非常具爭議性的見解。

——馬格納斯，牛津大學中國中心副主任、《紅旗警訊》作者

雄心勃勃地重新構想人類的未來。

——《紐約時報》

結合新聞才華以及對社會科學的精通研究。

——《華爾街日報》

自一九六〇年代以來，世界各地都發出災難性的人口過剩警告。但經過深入研究的專家解釋，警告並未成真背後的原因，將讓你我都大吃一驚……

——《寇克斯書評》

PREFACE

序

走遍六大洲，窺見人口衰退的真相

「是個女孩。」

二〇一一年十月三十日，在即將跨過午夜時，丹妮卡．梅．卡馬丘（Danica May Camacho）在擁擠的馬尼拉醫院裡誕生，正式宣告全球人口突破七十億大關。事實上，也有可能是幾個小時後在印度北方邦村落裡誕下的納吉斯．庫瑪（Nargis Kumar），帶領人類跨過這道門檻。或者，也可能是那名誕生在俄羅斯加里寧格勒的小男孩——彼得．尼可拉耶瓦（Pyotr Nikolayeva）。[1]

當然，也有可能這一切跟他們無關。那個正式帶領我們邁向七十億人口大關的小生命，他／她的降臨並沒有任何鏡頭或儀式性演說為其留念，因為我們永遠都不知道事件發生的確切時間與地點。我們唯一能肯定的是，根據聯合國的最佳預測，全球人口將在該年的十月三十一日前後，突破七十億。各國也相應地選擇了幾名新生兒如丹妮卡、納吉斯和彼得等，做為這歷史性分水嶺的象徵。

對許多人而言，這並非值得載歌載舞的時刻。印度的衛生部長古拉姆・納比・阿札德（Ghulam Nabi Azad）認為，全球人口上升到七十億「不僅無法讓人喜悅，反而使人憂愁……只有當人口穩定下來後，我們才能享受喜悅。」[2]

這也是許多人的擔憂，他們警告著人口危機降臨的可能。**智人**隨心所欲地繁衍著，根據聯合國兒童基金會的估計，每年有至少一億三千萬名新生兒，而這些小生命正壓迫著我們在食衣住行條件上的應對能力。隨著人類擴散到全球各地，森林消失了，物種開始滅絕，大氣變得溫暖。

這些先知們宣稱，只有當人類願意拆除這顆人口炸彈，我們才不至於面臨愈來愈嚴重的貧困、糧食短缺、衝突與環境劣化。如同某位現代版馬爾薩斯（Malthus）所言，「除非出現劇烈的人口成長衰退、溫室氣體排放減少，或素食主義在全球廣泛興起——亦即所有與當代潮流為之相反的發展，否則人類將面臨富足時代的終結。」[3]

然而，這一切都是徹頭徹尾的錯誤。

足以做為二十一世紀，同時也是人類史上最重大的事件，將在未來約莫三十年內，也就是人口開始減少時發生。一旦人口衰退開始，就無法停下腳步。我們面臨的不是人口爆炸的挑戰，而是人口驟減的隱憂——人類一族必須面對殘酷、且代代皆須承受其壓力的淘汰，而這樣的情況過去從未發生。

倘若你認為這聽起來過於聳動，我一點也不意外。聯合國預測在進入二十二世紀、人口開始穩定前，全球人口將在本世紀內從七十億，成長到一百一十億。然而，有愈來愈多世界各地的人口統計學家認為，聯合國的預測過高。他們認為，較有可能的情況是人口在二〇四〇年至二〇六〇年間，攀升到九十億的高峰，接著開始衰退，而這種情況甚至會促使聯合國，為這個趨勢選出代表性的死亡個案。在本世紀結束前，我們或許會退回此刻的水準，且人口成長也會穩定下跌。

全世界約有二十幾個國家已經出現人口衰退的情況；到了二〇五〇年，數量甚至會攀升至三十幾個。某些最富裕國家的人口，年年都在衰退：日本、韓國、西班牙、義大利以及多數東歐國家。「我們是一個瀕死的國家。」──義大利衛生部長比阿特麗絲・羅倫辛（Beatrice Lorenzin），於二〇一五年時感嘆。[4]

但這不是什麼大新聞。真正的大新聞是：人口最多的開發中國家也因為生育率愈來愈低，而變得愈來愈少。數年後，中國就會開始面臨人口流失；在本世紀中葉，巴西和印尼也會跟進。即便是很快就會成為全球人口最多國家的印度，其人口也將在一個世代後進入穩定，接著開始下滑。撒哈拉以南的非洲和中東部分地區的生育率，目前仍舊很高。然而，即便在這裡，年輕女性獲得受教權和學會避孕方法的發展，也讓事情出現了改變。非洲國家那隨心所欲的嬰兒潮，很有可能用比聯合國人口統計學家預期還快的速度，畫下句點。

在學術研究與政府報告中，處處皆能看到生育率正在加速下滑的跡象，而其他現象只能透過與一般民眾的訪談得知。所以為了搜集本書的研究資訊，我們這麼做了。我們飛到六大洲的數個城市：從布魯塞爾到首爾，奈洛比到聖保羅，孟買到北京，還有棕櫚泉、坎培拉、維也納。當然，還有更多停留點。我們和學者及政府官員交談，而且更重要地——我們也和年輕人談：大學校園和研究機構，以及各地的貧民窟。**我們希望知道他們對於自己這一生最重大決策的想法：是否、以及什麼時候生孩子。**

人口衰退無法被歸類為一件好事或壞事，但其確實是一件大事。今天所生下的孩子，將在一個與我們當前處境和預期極為不同的世界裡邁入中年。她／他發現這個世界更為都市化，犯罪率更低，生活環境更理想，但也有著更多的老人。要找到一份工作並不難，但要滿足生活開銷卻變得不容易，畢竟醫療看護與老人退休金吃掉了她／他大部分的收入。學校變得更少了，因為沒有那麼多的孩子了。

要想感受人口衰退所造成的衝擊，不需要等到三十或四十年後。在已開發國家，我們早就置身其中：從日本到保加利亞，由於年輕勞動力與消費者數量銳減，導致提供社會服務，甚至是推銷冰箱都變得更難。日漸都市化的拉丁美洲與少數非洲區域裡，由於女性愈來愈能掌握自身命運，相同的情形也在上演。我們會發現許多家庭中的孩子變得愈來愈晚才搬出去，因為他們根本不急著成家立業，也絕對不想在三十歲前就生孩子。在動盪不安的地中海區域，我們也能看見為了逃離艱困局勢的難民們，湧入那已經開始變得空曠的歐洲領土。

很快地，我們或許就會目睹此一發展對全球國力角力戰所造成的影響。而人口衰退或許也會主宰數十年後的戰爭與和平本質——某些國家必須焦頭爛額地應付著人口縮減與老化問題，某些國家的人口卻依舊平穩。未來數十年所必須面對的地緣政治挑戰，或許將涉及該如何適應並協調那因為一胎化政策而被憤怒與驚惶包圍的中國。

某些擔憂人口衰退會導致災難的人，提倡透過國家政策來提高每對伴侶願意擁有的孩子數目。然而證據已經顯示此舉無效。「低生育率陷阱」告訴我們，一旦生一個或兩個孩子成為常態後，常態就會繼續下去。伴侶們不再視生孩子為實踐家庭義務或向神交差的一部分。相反地，他們視撫育孩子的舉動為一種個人成就，而就這個目的而言，一個孩子就滿足了。

解決人口衰退問題的其中一種辦法，就是輸入替代品。這也是為什麼我們兩位加拿大人想要寫下本書。數十年以來，與多數大型已開發國家相比，加拿大接受的移民人口數量最多（按人均數計算），同時種族對立、貧民窟問題或針對此議題爭執不休的情況，也比其他國家來得輕微。這是因為加拿大視移民為一種經濟政策——在擇優制度下，加拿大移民者平均受教程度比本地人還要高。此外，加拿大也採納了多元文化主義：在其文化馬賽克（cultural mosaic）（編按：指不同族群各自保有特色與文化，和平共存。）之下，人人共享慶祝自己原生文化的權利，這也塑造出地球上少數幾個較和諧、繁榮且多語言的幸福社會。

並非所有國家都能以加拿大那般泰然自若的態度，接納湧入的移民潮。許多韓國人、瑞典人和智利人有著強烈的民族意識。法國堅持移民者必須有身為法國人的自覺（儘管許多老法國人根本不認為辦得到這種事），導致移民社群被孤立在邊緣地帶，與社會格格不入並低人一等。英國則預測該國人口會繼續成長，並在本世紀末時，從今日的六千六百萬成長到八千兩百萬——只要英國人願意繼續接納穩定的外來移民。但脫歐公投顯示，許多英國人希望將英吉利海峽變成一道護城河。為了應戰人口衰退，各國必須同時接納新移民和多元文化主義；前者很難，而後者對某些人而言，更是不可能。

在諸多強權中，美國獨特地因為人口衰退而受惠。數世紀以來，美國總是歡迎新移民，先是大西洋彼岸，然後是太平洋，接著是今日德州的格蘭河岸（Rio Grande）。數百萬人興高采烈地跳進這個大熔爐（美國版的多元文化主義），豐富了彼此的經濟與文化。移民讓二十世紀成為美國的時代，而繼續接納移民能讓二十一世紀依舊為美國的天下。

但凡事總有例外。近年來，高漲的陰謀論、本土主義者與美國優先者，威脅要切斷那曾經讓美國之所以強盛的移民潮，並在邊界築起一道與世隔絕的高牆。在川普總統（Donald Trump）的率領下，聯邦政府不僅嚴加遏阻非法移民，更同時遏阻了具有技術的移工。這對美國經濟而言，無疑是一道自殺政策。如果這樣的變化是永久性的，如果美國人毫無理智的恐懼讓他們背棄了原有的移民傳統，並將世界拒於門外，那麼美國在人口、權力、影響力及財富方面，也將步上衰退一途。這是每一位美國人都必須做出的決定：做一個開放、具包容力且歡迎外來者的社會，還是一個閉關自守並因為孤立而凋零的國家。

過去，人類此一種族的淘汰機制，向來是由饑荒與瘟疫主宰；但這一次，我們選擇親手淘汰自己。我們自發性地選擇減少人口，而這樣的選擇會是永久的嗎？答案是：非常有可能。儘管有時政府確實能透過慷慨的兒童照顧福利及各種補助，來提高夫婦願意撫養的孩子數量，卻怎麼樣也無法將生育率提高到足以永續維持人口數量的替代率——也就是每名婦女生下二．一個孩子。除此之外，這些政策的代價也非常高昂，因此在經濟不景氣時，預算往往會立刻被刪減。而讓政府去說服一對原本不打算生的夫婦生孩子，在道德上也有一定程度的爭議。

在我們逐漸適應這個愈來愈小的世界時，我們該慶祝抑或哀悼人口的凋零？我們會努力確保人口的成長，還是欣然接受一個人人都能活下去且比較不需要拚命的世界？答案仍然未知。或許某位詩人會發現，人類有史以來，這是頭一遭顯得如此蒼老。

Chapter 1

人口簡史

滅亡離我們是如此地近。在南非海岸線那片被人遺忘的沿海地帶，人口僅剩下數千——或甚至更少。[1]七萬年前，印尼多峇火山（Mount Toba）演出了一場災難性的大噴發（這也是史上最嚴重的火山爆發），將兩千八百立方公里的火山灰噴向大氣層，火山灰的籠罩範圍遍及西邊的阿拉伯海，直至東邊的南海，讓地球進入了大約六年的核子冬天（nuclear winter）。多峇巨災「被某些科學家視為人類生存史上，最具災難性的事件」。[2]智人陷入了生存危機。儘管我們在這件事發生的前十三萬年間，摸索出工具與火的運用，但處於冷卻周期中的地球，切斷了絕大多數的食物來源。當時，多峇火山讓狀況變得非常非常地糟。人類擠在最後可居住的非洲飛地上，搜刮著塊莖作物和貝類。只要再發生一點點壞事，人類的末日可能就會降臨。

至少，這是人類學家與考古學家那一派的論點；另一派則認為在火山噴發時，人類就已經遷徙到非洲以外，因此多峇的影響被誇大了。[3]但這確實是一個很誘人的論點，想像著處在滅絕鋒頭上卻仍苟延殘喘的人類，試著在天空再次明朗、大地停止震動、太陽再次溫暖著地球以前，於貧脊的土壤上孕育著寥寥無幾的下一代。

但我們的移動非常緩慢。史上最勇敢的人類，在約莫五萬年前跨越了橫亙在東南亞與澳洲間的海峽（目前最新證據顯示，他們可能更早時就抵達該處）。[4]儘管有些人確實是出於意外而被海浪捲到澳洲，仍有些人絕對是在聽了某些成功歸來者的冒險故事後，自發性地踏上那未知的地平線彼端。[5] 在現今中國的土地上，那時也已經有人定居。在約莫一萬五千年前，人類越過當時還連結著西伯利亞到阿拉斯加的陸地通道，展開那條邁向美洲大陸的漫長之旅（同樣地，這些日期仍有爭議）。[6]

大約在一萬兩千年前，先是非洲，接著是世界上的其他區域，各自出現了人類史上最重大的發現，而人類的壽命也因此延長並增加。人們發現從植物上掉下來的種子，隔年會再長出植物。與其逐水草而居、圈養及獵捕動物或採集果實，待在原地並種植、收割作物及飼養牲畜，絕對是更好的生活方式。但耕種並不需要所有人的力量，因此勞力開始出現分工，這讓事情變得更複雜，並導致了政府及系統性經濟的出現。獵人慢慢消失（在如今與世隔絕的地方仍存在著少數獵人），文明漸漸興起，蘇美、埃及、夏朝、古印度文明和馬雅陸續現身。

進步的節奏並不穩定。帝國的崛起與殞落，象徵著興衰的壓力：地球的酷寒對收成造成嚴重的破壞，還有最新病毒或細菌的出現。人們必須在痛苦中，重拾那被遺忘的知識。起初，較晚有人定居的東方世界落後於西方，但到了耶穌基督時代，羅馬與漢朝的發展程度已經變得旗鼓相當，勢均力敵的雙方甚至有可能將對方從高處拉下來。「雙方各自有著獨一無二的致命疾病，」歷史學者伊恩・莫里斯（Ian Morris）寫道，「且一直到公元前兩百年，雙方間的發展差異已經大到像是兩個截然不同的星球。但隨著連結兩大文明核心的道路上，有愈來愈多商人與遊牧民族後，雙方的疾病體系開始融合，讓所有人都被恐懼籠罩著。」[7]

從美索不達米亞和埃及文明於公元前三千兩百年興起，再一直到公元一千三百年文藝復興揭開序幕期間，歷史幾乎沒有什麼改變：擁有某些地緣、領導力和技術優勢的部落或個人，征服了其他所有人。而在接下來的太平盛世裡，人們開始築路、精進耕作技術、制定法律、徵收稅金。接著，某些事情發生了：荒年、瘟疫、遙遠的動亂導致戰士奔逃，或那種無力阻擋、從外圍直搗權力核心的動盪。帝國瓦解、重建，歷史再次重演。

但並不是所有的進步都會被夷平，且在東方、西方、南方衰敗的同時，某些地方卻變得更好。伊斯蘭教保留了西方世界在羅馬帝國崩潰後所丟失的知識，而印度發現了零（這也讓許多事情成為可能）。最新的一場瘟疫，為人類灌注了最新的抗體。至少，對歐亞大陸而言，抵抗力成為進步最強而有力的工具。

在多峇火山噴發後，地球上僅存的數千名人類，也在第一次的農業革命期間內，成長到五百萬至一千萬人。公元一世紀，地球上或許約有三億人。到了公元一千三百年，中國再次統一，並在宋朝的治理下得到啟蒙與進步；伊斯蘭世界從印度向外延伸至西班牙，歐洲則好不容易擺脫了後羅馬世界的黑暗時代，全球人口攀向約莫高達四億人的巔峰。[8] 接著，惡夢降臨。

疾病風暴下的人口災難

造成淋巴腺鼠疫的鼠疫桿菌，很早就與我們為伍。某一派理論認為，黑海與中國間的陸地就像是「傳染窩」，芽孢桿菌屬一直以來都在此地生存著（即便到了今日，這些地區仍時不時地傳出零星疫情）。[9] 這並不是一種以人類為主要攻擊目標的疾病，相反地，這是一種「人類參與其中的鼠類疾病」。[10] 老鼠會被帶著細菌的跳蚤所感染，在老鼠死掉後，急著搬新家的跳蚤一但遇到人類經過，就會毫不猶豫地跳過去。在新的人類宿主被咬後，需要三至五天的時間才會發病，導致該名宿主有充分的時間將疾病四處散播（鼠疫可以透過飛沫傳染）。[11]

古時候也留下大量疫情的記載。首次得到詳盡記載的瘟疫，是發生在公元五四一年的「查士丁尼瘟疫」，粉碎了拜占庭皇帝企圖收復羅馬帝國時期所丟失領土的期望。[12] 但沒有什麼比得上被後人稱之為「黑死病」的那場疫情。這一波相當強大的腺鼠疫，在一三四六年從中國或大草原區域，傳播到克里米亞。根據一本史書記載，當卡法圍城在黑海區域上演時，蒙古士兵將受感染的屍體發射到城牆內，這或許是人類史上第一場生化戰。[13] 在這些情況下，疾病就這樣乘著從克里米亞出發的船，來到地中海口岸。

而歐洲是如此脆弱。地球寒化時期作物歉收，飢寒交迫導致人們的免疫系統不堪一擊。與此同時，戰事也對人口造成了衝擊。儘管壞事連連，但在黑暗時代過去後，中世紀的歐洲人口與經濟仍舊快速成長，往返在各城市與地方間的旅行和貿易，更是前所未見地繁盛。種種原因，讓疾病獲得快速擴散的機會——在船隻的推波助瀾下，跳蚤立刻跳向北歐人的懷抱，以每天兩公里的速度沿著主幹道前行。三年內，整個大陸皆落入瘟疫的魔掌。

通常在開始出現症狀後的一個星期內，八〇%的感染者會死亡。透過童謠的歌詞，我們可以目睹病發的過程：

玫瑰花般的圈圈：淋巴腺腫——鼠蹊部、腋窩和脖子的淋巴結腫大，出現環狀且如玫瑰色一般的圓形疹子，這也是該疾病的明確症狀。

裝滿口袋的花束：在染上疾病後，身體會由內而外地腐敗。而這樣的氣味是如此難聞，活人只能在口袋內放滿鮮花，鎮住惡臭。

哈啾！哈啾！（這句會因各地的口音而不同）：患病者同時也會出現頭痛、黑色疹子、嘔吐、發燒症狀，以及呼吸窘迫或打噴嚏。

大家一起倒下了：死亡。[14]

儘管中國和印度在鼠疫方面留下的紀錄相當稀少，導致學者對此仍有諸多爭辯[15]，但在歐洲，短短幾年內就失去了至少三分之一的人口——某些地區的死亡人口甚至多達六成。[16]「市民們唯一能做的事情，就是將屍體拖去埋葬。」佛羅倫斯一名編年史作家這樣寫道。而該區域在短短幾個月內，失去了一半人口。亡者被扔進坑裡掩埋，但有時埋得過淺，導致屍體被狗挖出來並分食。[17]瘟疫摧毀了政府，侵蝕天主教會的威望，而貿易中斷也導致了嚴重的通貨膨脹。倖存者之間，更瀰漫著過度的享樂主義，畢竟，你還能活多久？某些地區一直要到數百年後，人口才再次恢復到黑死病前的水準。[18]

儘管讓人有些難以置信，但這場巨大瘟疫也帶來了某些好處。勞力短缺削弱了農奴與貴族間的束縛，提高勞動力的流動與工人的權力，從而讓生產力受到激發。整體來看，薪資成長的速度高於通貨膨脹，封建制度最終崩解，雇主改為透過合約來獲得勞力服務。過去，歐洲人總是因為高死亡率而避開遠洋航行。但是現在，陸地上的死亡率顯然不比海上低，讓人們比較願意接受遠航的風險。事實上，瘟疫很有可能幫助歐洲人開啟了大發現與殖民時代。[19]

然而，殖民行為卻悲劇性地導致新世界失去更多生命。中、南及北美洲的當地部落，在歐洲探險者、掠奪者和後來出現的定居者所帶來的疾病面前，根本毫無招架之力。同樣地，實際的死亡數字無法估計，但美洲至少有一半的人口因為和歐洲人接觸而死亡[20]，「這或許也成為世界史上最嚴重的一次人口災難」。[21] 某些學者估計死亡人數超過九成，[22] 其中，天花尤其嚴重且致命。

在距今一千年前的中世紀，人口數量因為瘟疫、饑荒和戰爭而受到控制。假設一三〇〇年時，地球上約有四億人，到了一七〇〇年時，全球人口也只不過稍微超過六億。[23] 整個世界被局限在人口轉型模式（Demographic Transition Model）的第一階段（該模型由美國人口學家沃倫・湯普森〔Warren Thompson〕於一九二九年提出）。從人類這物種出現到十八世紀為止的人口轉型第一階段裡，出生與死亡率都很高，人口成長相當緩慢且波動大。饑餓和疾病也是問題的一部分：在中世紀歐洲典型的第一階段社會裡，有三分之一的孩子會在五歲前夭折；就算成功活下來，長期處於營養不良的情況，也很有可能讓人們在五十歲左右就染病過世。

就算這些情況都沒能殺死你，在前工業化時期的社會裡，戰爭與犯罪可是相當猖狂，史前時代甚至更為野蠻。如同著名心理與語言學家史蒂芬・平克（Steven Pinker）所觀察到的，幾乎所有被沼澤、冰原等地形所保存下來的史前時代人類化石，都是因可怕的暴行而死。「古人到底怎麼了，為什麼不能留給我們一具不受邪惡罪行所害的重要屍首呢？」他這樣想著。[24] 因此，或許該說是理所當然地，從人類出現的第一天到啟蒙時代的這段時間裡，無論是在中國、美洲、歐洲或任何地方，人口都只出現極緩慢的成長（倘若真有成長的話）。

但到了十八世紀，歐洲的人口曲線開始向上攀升。一八〇〇年，全球人口超過十億。光是這一個世紀所增加的人口量，就超過了前面四世紀加總後的成長量。歐洲從人口轉型模型的第一階段，進入到第二階段：高出生率，死亡率則逐漸下降。那麼，為什麼人能夠活得更久？

至少，其中一個原因是瘟疫與瘟疫的間隔時間變得愈來愈長，嚴重程度也愈來愈低，而這全仰賴農業生產力進步對地方飲食水準所帶來的提升，從而讓人們更能抵禦疾病（稍後會進一步探討）。當傷亡慘重的三十年戰爭於一六四八年畫下句點後，歐洲進入了一個相對和平的時代，且安穩地度過了超過一個世紀。和平也讓基礎建設有了發展的機會，像是增進貿易並提升生活水準的運河，還有從新世界輸入的玉米、馬鈴薯和番茄，豐富了歐洲的飲食。「對過去兩個世紀而言，各大陸的匯集是人口爆炸的先決條件，更是工業革命的重要因素。」歷史學家艾弗瑞．克羅斯比（Alfred W. Crosby）這樣認為。[25] 當然，工業革命本身才是平均壽命變長的主因：科學與工業知識的加速發展，締造了我們如今所居住的世界。詹姆斯．瓦特（James Watt）發明的蒸汽引擎，在了不起的一七七六年開始為商業所使用（同一年，亞當．史密斯〔Adam Smith〕寫下了《國富論》，美國也宣布脫離英國獨立）。機械化生產加速了產量，工廠、鐵路、電信、電燈還有內燃機，而最後三樣發明都來自美國。南北戰爭爆發後的美國，無論是財富、權力還是自信，都出現飛躍性的成長。

全賴工業與農業革命之賜，人類得以活得更久。饑荒和瘟疫開始減弱，夫妻結婚得更早，並生更多的孩子。公共衛生的提升和天花疫苗（又一重大科學進步）的問世，讓多數孩子得以活下來。維多利亞時代見證了人類史上首度出現的快速且穩定的人口成長，而歐洲和美國也緊追在英國之後。這就是進入人口轉型模式第二階段後的社會狀況。如今世界上最悲慘的區域，仍停滯在此階段：人們活得更久、也生更多的孩子，但人口成長只讓少數人（而不是多數人）受益，貧窮仍舊猖獗。

十九世紀的工業革命生活，對多數人而言是非常悲慘的。人們在陰暗、危險的工廠裡長時間工作著，並住在淪為疾病溫床的可怕、擁擠貧民窟內。歐洲又經歷了數次的農作物歉收、食物匱乏及另一場瘟疫。但這一次，科學的腳步超越了細菌的腳步，布洛德大街（Broad Street）的故事，完美地解釋了這一切。

公共衛生提升人口成長

貿易和大英帝國對印度的統治，將霍亂弧菌（vibrio cholerae）從其古老的家鄉恆河三角洲，透過俄羅斯輾轉來到歐洲，並於一八三一年出現在英國。即便到了今日，霍亂每年都會在世界上最貧窮的地區肆虐著，並帶走超過十二萬條人命。而在十九世紀，霍亂對歐洲造成了毀滅性的影響，桑德蘭（Sunderland）成為霍亂正式登陸英格蘭的港口，並奪走了兩百一十五條人命。[26]

隨著霍亂開始在這片土地上橫行，醫生卻只能無助地目睹成千上萬名病患死去。他們從來沒有見過這樣的病，而他們對已知疾病所採取的治療方法，也沒能幫上什麼忙。工業革命和霍亂並肩而行：工業化和都市化讓都市規模得以劇烈成長──一八六〇年，有著三百二十萬人口的倫敦，成為世界上最大的都市。而這樣的發展，讓許多人居住在衛生條件惡劣的環境中，對健康產生極大的威脅。在霍亂大爆發時，整座倫敦共有二十萬個私有汙水池，廢水和垃圾占據了水道與小巷。[27]但革命同樣也改變了科學──尤其是醫學，實證研究打敗傳統智慧，開始占了上風。

人們認為霍亂會透過瘴氣或受汙染的空氣而被吸入，醫生用鴉片和過濾後的液體來治療患者。儘管數世紀以來，放血早已被證明是無用且有害的治療方法，但替病人放血，在當時仍是治療這類疾病的主要手段。至少，病人還有鴉片能撫慰身體的痛楚。

一位在當時只是個無名小卒的醫生約翰・斯諾（John Snow），主張霍亂並非透過空氣傳染，而是經由水源散播。一八五四年八月三十一日，霍亂開始在倫敦蘇活區肆虐，這也讓斯諾有機會證明自己的理論。十天之內爆出了五百名死者，倖存者紛紛逃離該區，但斯諾沒有逃，相反地，他來到患者家中。他訪問家庭成員，追溯患病者的經歷，並在地圖上標示出死者的地理位置。很快地，他發現幾乎所有受害者都有同一個特徵：他們住得很近，或使用來自布洛德大街抽水站的水。斯諾親自抽取了該處的水，並將其放在顯微鏡下研究。他發現了所謂的「白色、絮狀微粒」，並正確推論出這就是疾病的源頭。

儘管他的看法違背了當時盛行的既有觀念，但斯諾還是想方設法地說服了抱持懷疑的市府官員，讓他們移走布洛德大街抽水站的取水把手，迫使居民到其他地方取水。疫情迅速消失了。[28]儘管保守派在多年後才接受此一觀點，但鐵錚錚的事實也讓都市計畫者開始著手，進行現代都市汙水系統的首次設計。於一八七〇年開始投入使用的倫敦汙水下水道，相當堅固耐用，直到今日都還良好地運作著。

儘管約翰・斯諾並沒有受到廣泛的認可，但他對人類福祉帶來了無與倫比的貢獻：在該領域內，人們尊稱他為「流行病學之父」。[29]他提升了人類對於疾病的普遍知識，並讓政府開始重視並將公共衛生視為優先考量之事。當全歐洲還因霍亂苦不堪言時，倫敦已經擺脫了魔爪，這也引起歐洲其他地區的注意。很快地，在那些進步的國家裡，保護水源供應成為所有都市計畫者與政策的關鍵面向。而醫藥方面——尤其是麻醉與消毒，也出現了長足的進步。嬰兒死亡率驟降，而在預期壽命成長的同時，出生率仍居高不下。在一七五〇年，英格蘭與威爾斯的人口有將近六百萬（也是黑死病開始前的人口數量）。到了一八五一年，人口成長到近一千八百萬；一九〇〇年，則有三千三百萬。[30] 人口開始爆增了。

都市化下的人口轉型

我們認為，二十世紀上半葉迎來了一場空前絕後的大殺戮：在第一次世界大戰中，有超過一千六百萬名士兵及百姓死亡；二次大戰中則有超過五千五百萬名犧牲者。此一時期也見證了最後一場大流行病：被稱為西班牙流感的超強流感，在一戰結束後爆發，造成的死亡人數估計約落在兩千萬至四千萬人之間。這場大流行病是如此可怕，它殺死的美國人比因為戰爭而死的美國人還要多。即便如此，人口依舊年復一年地快速飆漲著。在世界上的某些地方，人口成長的勢頭是如此強勁，導致其成為一種危機。而在世界上的其他地方（較進步區域），人口的成長則比較溫和。事實上，某些地方如美國，其人口成長的速度甚至和緩到近乎停滯的狀態。

關於二十世紀，有兩件事我們必須了解：為什麼死亡率持續下降，又為什麼某些地區的出生率也開始下降——也就是邁入人口轉型模式的第三階段。而瑞典的實際狀況，能幫助我們同時理解這兩種趨勢。

瑞典人熱愛保存紀錄。一七四九年，瑞典成立了統計局，在關於人口特徵方面，給予我們最早且相當可靠的資料。這些資料對當地的情況（甚至是歐洲與北美等地），都給出了相當精彩的見解。一直到一八〇〇年左右，瑞典的出生率都只有些微地超過死亡率，而嬰兒死亡率高得令人心碎。兩成的嬰兒會在周歲前夭折，而倖存的寶寶中，又有兩成會在十歲前死亡。[31] 換句話說，當時的瑞典正處於典型的人口轉型模式第一階段：高出生率與高死亡率。但在邁入十九世紀後不久，第二階段降臨：出生率仍然很高，但死亡率在衛生及營養條件的改善下，開始緩慢下降。到了一八二〇年，瑞典人口開始迅速增長，從一七五〇年的一百七十萬攀升到兩百萬。一九〇〇年，人口數量更是超過五百萬。要不是瑞典進入了第三階段（死亡率些微下降，但出生率也開始下降），人口本來應該會有更多。

為什麼出生率下滑了？最重要且無可爭辯的原因，就是都市化。有壓倒性的證據指出，隨著社會變得愈來愈富足，社會也會更加都市化；而在一個社會開始都市化後，出生率就會開始下降。但，這到底是為什麼呢？

中古世紀，有九成的歐洲人居住在農村，但伴隨著工業革命而誕生的工廠，讓大量的工人往都市集中。在農村，一個新生命就像是一筆投資——能幫忙擠牛奶或下田耕作的額外人手。但在都市裡，新生命更像是一種責任，或另一個必須餵養的負擔，這樣的趨勢也一直延續到了此刻。在二〇〇八年一份以「迦納都市化與生育率」為主題的研究中，該作者認為「都市化之所以會壓抑生育率，是因為都市生活很有可能會提高撫養孩子的成本。都市的房價更高，且孩子在家庭生產力方面的貢獻也更少。」[32]或許聽上去有些自私，但都市中的父母之所以想要縮減孩子數量，主要是出於自身的經濟利益考量。

另一個影響因素，我們認為跟都市化一樣重要（且其在今天的開發中國家裡仍然顯著）。在都市裡，有許多學校、圖書館等文化機構。十九世紀，大眾媒體機構以新聞報紙的形式首度出現。一位生活在一八〇〇年代芝加哥城市中的女性，比住在窮鄉僻壤的農村女性更有機會接觸到節育的資訊。搬到都市後，女性有了更好的受教機會，而在接受更好的教育後，依賴男性而活不再是理所當然的事，而是一種必須被糾正的陋習。一開始，婦女在財產、退休等法律範疇內爭取平等；接著，開始爭取投票權；再後來，她們爭取工作的權利，以及和男性領同等薪水的權利。而隨著女性獲得愈來愈多的權利與力量後，她們也開始停止大量生育後代。

坦白說，對女性而言，生孩子並不一定是件好事。在十九世紀，生孩子讓女性健康暴露在極高的風險下，尤其是那些生了大量孩子的婦女。即便在擁有先進孕婦與新生兒護理環境的今日，新生命仍是一種必須被滿足和撫育的負擔。此外，孩子也會局限女性外出工作的能力——而這偏偏是讓女性獲得更高收入，以及更高自主權的手段。如同世界銀行的一名研究者所言，「女性教育程度愈高，其所能接受的孩子數量就愈低。」[33]

一八四五年，一條新法讓瑞典女性獲得平等的繼承權；到了一八六〇年，瑞典的生育率開始下滑；一九二一年，女性取得投票權；一九三〇年，瑞典的生育率再一次回到了略高於死亡率的程度。然而此時此刻的出生與死亡率都非常非常低，甚至低於一個世紀前的一半。瑞典進入了人口轉型模式下的第四階段，在此模式下，出生人口等於或接近死亡人口（儘管死亡人口持續下滑）。第四階段就如同「金髮姑娘」（Goldilocks）般（譯按：引用自童話故事，描述恰到好處的情況）：在第四階段中，一個健康且長壽的社會，只會生下足以穩定人口數量或呈現緩慢成長的新生命數量。

世界各地的已開發國家，如英國、法國和澳洲，其社會在經歷了十九世紀的工業革命及二十世紀的知識革命後，或多或少都出現了與瑞典模式極為相似的發展。與此同時，智利、模里西斯和中國（也是過去所稱的第三世界國家）的出生與死亡率都高於已開發國家，但成長也開始放緩。

儘管瑞典的生育率一直到一八六〇年代後才開始下滑，某些先進國家的生育率卻更早就出現減少的趨勢。美國與英國的生育曲線在一八〇〇年代早期，就開始向下拐，女性仍然生了許多孩子，只不過數量沒有以前那麼多而已。在一八〇〇年代早期，白人女性平均生下七個孩子（在這方面，沒有關於非裔美國人及美國原住民女性的資料）；一八五〇年，平均為五．四個；到了一九〇〇年，下降至三．六個。在整個十九世紀中，美國生育率近乎減少一半。到了一九四〇年，在美國即將加入二次世界大戰的前夕，平均數來到了二．二，僅些微高於為了持平人口數量，每名婦女所必須生下的二．一個孩子數。[34]

一般認為，生育率下滑是發生在一九七〇年代的嬰兒潮之後，但實則不然。早在嬰兒潮發生之前（某些例子甚至早了一個半世紀），先進國家中的出生率就開始下滑。

小小的補充：對某些人而言，「生育率」這一詞彙有著粗魯、甚至具冒犯性的工具意味。人口學家以該詞彙來描述女性在其一生中，被預期應該生下的平均孩子數量。儘管在人口學家眼中，「生育率」和「出生率」的意義不同，但為了避免頻繁重複，本書在寫作上會將這兩個名詞交替使用。此外，假如你正在思索為什麼出生替代率是二．一而不是二，這多出來的〇．一是用來抵銷兒童死亡率及部分女性的早逝。

乾淨的水，更長壽的人

我們已經明白十九世紀與二十世紀早期，生育率為什麼開始下滑。但在世界大戰及西班牙流感肆虐的情況下，死亡率又為什麼會下降呢？多數人或許會認為是醫藥方面的進步：新治療方法與針對各種疾病的疫苗、外科和內科的進步、能擊敗致命感染的神奇新藥、在對抗心臟病與癌症方面的進步。但一項更為重大的發展，卻只得到相對稀少的注意。二十世紀的第一年，見證了公共衛生的重大變革，而這場革命的領導者，是一位和約翰．斯諾同等重要，卻更少受到推崇的人。他就是約翰．李爾（John Leal）。

因為斯諾醫生的緣故，讓先進國家在踏入二十世紀之初，就擁有更好的汙水管道，從而降低了水源感染的風險性。但光靠汙水管，無法消滅風險，因為這些管道最終還是必須進入水域，而人們會喝到這些水。水本身又該如何淨化？

瑞典化學家卡爾．威廉．舍勒（Carl Wihelm Scheele），於一七七四年發現了氯，而在一個世紀後，德國與英國研究者開始在某種疾病爆發後，以氯來消毒水管。英國和德國甚至也對水進行了少數幾次還很粗糙，只是暫時性的氯化。真正的重大突破，發生在一九〇八年的美國紐澤西州澤西市。數十年以來，這座城市的水源供應一直是個問題，並導致了傷寒與其他疾病的定期爆發。一八九九年，該城市與澤西市自來水公司簽訂合約，決定攜手解決這個問題。而該公司因此聘用了對公共衛生有著極強烈興趣的當地醫生——約翰・李爾，協助找出並移除感染源。

李爾是一位小鎮醫師的兒子。親眼目睹父親因為痢疾而飽受折磨後過世的他，決心用一生的時間來和傳染病對抗。[35] 他知道歐洲在氯化上的實驗，並認為解決之道的根本，就是將澤西市的水源完全氯化，而這樣的想法受到公眾輿論與許多科學家的譴責。頑固、甚至有些不顧後果的李爾，決定將自己的想法付諸行動，他雇用了承包商，對方也在九十九天內，打造出世界上第一座可運作的水質氯化系統。一九〇八年九月二十六日，李爾沒有取得任何許可便逕自開始氯化澤西市水庫內的水。謝天謝地，他選擇的濃度正好適中，要是有任何差錯，可就變成對整座城市的水源投毒。隔年，當市政府宣稱澤西市自來水公司提供的水簡直骯髒到不可饒恕，並第二次向該公司提告時，法官發現水質氯化後傳染病顯著地減少，也因此做了有利於該公司的判決。李爾的系統生效了！

他的事蹟就如同傳染病般，被迅速傳播出去。六年內，有半數使用市府自來水系統的美國人，喝著氯化過的水。而北美和歐洲當局只要經費一經批准，就會立刻引進氯化系統，這對公共衛生帶來了驚人的成效。當李爾於一九〇八年首度在澤西市自來水中添加氯時，美國每十萬人之中就有二十人每年會因傷寒而死。短短十二年之後，也就是一九二〇年，致死率下降到每十萬人之中有八人。到了一九四〇年，這個如同種族般古老的禍害，在已開發國家中被徹底地連根拔除。

在對抗疾病上，氯化是其中一項極為重大的進步。但醫學比公共衛生更吸引人。任何對醫學史略有涉獵者，都聽過弗雷德里克・班廷（Frederick Banting）和查爾斯・貝斯特（Charles Best），是如何帶領一支加拿大的研究團隊，發現胰島素在糖尿病中所扮演的角色，以及生產胰島素的方法。但有誰聽過約翰・李爾呢？[36]進入二十世紀中葉，在對抗疾病方面的突破與公共衛生的長足進步，大幅延長了人類預期壽命。一八九〇年在澳洲出生的女孩，會預期自己能活五十年；一九四〇年出生的澳洲女孩，預期自己至少能活到六十歲。[37]但在死亡率下降的同時，出生率也同樣下降，而這必須感謝都市化的影響與婦女在權利方面的進步。一九三一年，在澳洲開始記錄這些數據之時，其生育率已經下滑到每名婦女平均產下二・四個嬰兒這樣的低點（僅些微高過人口替代率所須的二・一）。[38]就所有已開發國家來看，二十世紀的上半葉都進入了預期壽命提高、生育率下降的時期，讓家庭的規模愈來愈小，人口的成長也愈來愈少，這也是典型的人口轉型模式第四期。與此同時，全世界絕大多數的人口，仍然承受著第一階段那亙古不變的痛苦：高死亡率與高出生率。即便在那些所謂受帝國（英國、法國、美國，以及願上帝保佑你的比利時）恩澤，而被統治的地方也不例外。

接著，在二次世界大戰結束後，所有模式都爆發了，無論是開發中或已開發國家，全都陷入了如今依舊沒能擺脫的生育率循環。

嬰兒潮的光輝歲月

在一九四三年年中，雙方將領都心知肚明同盟國勢必會打敗德國、義大利及日本所率領的軸心國。但接下來呢？華盛頓的政策制定者還記得一戰後發生了哪些事。在政府關閉戰爭機器及所有前線男孩都返家後，失業率飆升，而政府企圖透過提高利息來避免通膨的措施，卻導致嚴重的衰退。浸淫在狂喜之中的「咆哮的二〇年代」（編按：Roaring Twenties，形容一九二〇年代，歐美由於持續的經濟繁榮，讓整個社會在科技、藝術和文化活力等面向上一片多彩多姿），在一九二九年十月二十九日（黑色星期二）紐約股市大崩盤後，硬生生地畫下句點。這場股災將美國推入了長達十年、前所未見的經濟大蕭條中。而第一次世界大戰的後果，導致了第二次世界大戰的爆發。歷史會再次重演嗎？戰爭的結束會導致經濟衰退或失業嗎？或甚至是另一波大蕭條？哈利．柯梅尼（Harry Colmery）決心不能讓事情重蹈覆轍。

又一位幾乎被歷史所埋沒的人物。柯梅尼生於賓州的布拉多克（Braddock），在父親的雜貨店裡工作，負責送報外，同時在聯合太平洋鐵路裡打雜工。憑藉著這樣的勤奮，他進入了歐柏林學院（Oberlin College），接著在匹茲堡大學（University of Pittsburgh）取得法律學位。然而，在他還沒開始投入律師事業時，一戰爆發，哈利加入軍隊，在美國訓練飛行員。一九一九年退伍後，他結婚並搬到堪薩斯的托皮卡（Topeka），開始從事法律工作直到最後。親切、具同理心，且為人謙虛的柯梅尼，深受托皮卡居民的愛戴。但你若說柯梅尼欠缺自我關注，他可從不缺乏信念。當時托皮卡退伍軍人的處境，深深使他震驚——「殘疾且生著病，有些人看不見只能胡亂摸索，有些人必須拄著拐杖」[39]——那些被冷漠的政府拋棄、只能自生自滅的人。

柯梅尼開始投身新的美國退伍軍人協會（American Legion），並於一九三六年至三七年間，擔任該協會的主席。二次世界大戰爆發後，他擔任該協會的計畫制定者，負責提供政府意見。民主黨與共和黨、政客與官僚、市民與將領們，激烈地討論在戰爭結束後，到底該不該、或該如何幫助退伍軍人。柯梅尼深信自己找到了解決之道。他將自己關在華盛頓的五月花大飯店裡，撰寫著該如何讓軍人在戰後重拾美國生活的提案。[40]在所有的戰後重建計畫中，小羅斯福總統和他的顧問團特別注意到柯梅尼的提案，更用他的手寫提案做為一九四四年美國軍人權利法案（Servicemen's Readjustment Act of

1944，經常被簡稱為G.I.Bill）的根基。法案在該協會的幫助下，獲得美國國會的一致通過。在正式簽署法案當天，柯梅尼就站在總統的身旁。

G.I.Bill開創了現代中產階級。因為這條法案，讓八百萬名退役軍人得以接受免費課程等教育協助，取得學位、文憑或職業訓練。而有賴於低房貸和其他類型的住房補助，四百三十萬名退役軍人能夠買下屬於自己的家。[41] G.I.Bill和戰爭科技上的進步，開創了郊區生活——以及將這些郊區串連，並通往市中心的高速公路。幾乎人人都能買車，並負擔一幢規模適中的房子，再購買一台能讓父母與孩子們（而且是很多很多的孩子），在晚上一起同樂的新型電視機。

在經歷了經濟繁榮與蕭條、戰爭與和平後，已經下滑數十年的出生率開始爆發。大蕭條和戰爭或許讓出生率低於原本該有的水準；而戰後的富裕生活，也確實讓許多年輕人願意早一點結婚、生更多孩子。總而言之，自一八〇〇年後就不斷下滑的生育率開始反彈，並於一九五〇年代中期來到三．七，接近十八、十九世紀交替之際的原有水準。就此觀點來看，一九五〇年代的熱門喜劇《天才小麻煩》（*Leave It to Beaver*），顯然不符合事實。主角克萊佛家應該要再多一．七個孩子，華利和小畢應該要有一位姊妹。

克萊佛一家也在無心之間，成為宣傳工具的典型代表。所有人都認為，一個家庭應該由丈夫、妻子及他們的孩子所組成。儘管這樣的家庭模型看上去似乎由來已久，但過去其實根本不存在。在二十世紀以前，家庭成員的規模更寬、更流動。年輕夫妻可能會和其中一方的父母同住，直到他們擁有充裕的資金，或再也受不了擁擠的生活。在如此高的死亡率之下，孤兒也不是什麼罕見的事。寡婦或鰥夫通常會再婚，這也讓一個家裡經常住著兩組不同的血親。孩子可能會被送去和叔叔或阿姨同住——只要這麼做是最好的（或至少不是最糟的）安排。家庭是拼湊出來的。倘若維多利亞時代有電視，當時最受歡迎的電視劇肯定是《脫線家族》（*The Brady Bunch*）。（譯按：一九七〇年代的美國情境喜劇。該劇圍繞著布萊迪一家：帶著三個兒子的男性，和帶著三個女兒的女性再婚，並和女管家與寵物狗同住在一個屋簷下。）

一直到戰後，富裕的生活、進步的醫療，以及更高水準的公共衛生，終於讓年輕夫妻能合理地期待在婚後展開兩人世界，父母親也能合理預期自己會活到七、八十歲，並生下跟自己命運相仿的孩子。不斷譴責私生子與離婚的基督教與傳統家庭，總是鼓吹著早婚和大家庭的觀念，認為這是馴服年輕人（尤其是年輕男性）的最佳手段。為人所知的「嬰兒潮」是一種實驗，也是創造做為社會與道德依靠的核心家庭的主要推手。《天才小麻煩》就像是理想中的郊區、核心中產階級家庭，一個人人夢寐以求的家。而六〇年代，就是對嬰兒潮實驗及鋪天蓋地宣傳的抵抗。加拿大與歐洲在政策與生育率方面，都和美國一樣，只有西德因為花了十年進行重建、並終於迎來自己的經濟奇蹟

（Wirtschaftswunder），所以嬰兒潮較晚出現。在已開發國家中，一九四〇年代晚期和一九五〇年代的母親擁有更多孩子，直到一九六〇年代，曲線才又與人口替代率貼近，回到戰爭爆發前的水準。

我們最好將嬰兒潮視為一種異常。因為和平時代而降臨的富足生活，只是歷史回歸尋常前，所創造出來的短暫光輝歲月（且僅延續了一個世代）。嬰兒潮是一種僥倖，也無法做為二十世紀下半葉全球人口大爆炸的主要解釋。在這方面，我們必須另尋答案。

歐洲和北美洲的已開發國家，在十九世紀和二十世紀早期，就已經歷人口第二階段（死亡率開始下滑而生育率仍然沒有減少）；而世界上的其他地方也在突然間，經歷此一階段。過去的傳統逐漸衰退，世界地圖則一而再、再而三地被重新繪製。

二次世界大戰結束後，同盟國主掌了世界局勢——無論是在殖民勢力或戰爭勝利方面。勝利也伴隨著愧疚感而來：同盟國怎麼能一邊為自由而戰，同時壓榨著成千上百萬名的被殖民者？戰爭結束後，勝利方創造了用以代表世界上所有國家的「聯合國」，致力於改善貧困和維護和平。身為和平的守護者，聯合國就像是一個有瑕疵的聖杯，但在過去五十年裡，他們確實成功地透過各種機構與各式各樣的縮寫（如ＷＨＯ、ＷＦＰ、UNESCO、UNICEF等）[42]，將食物與西方世界的最基本醫療技術，輸往地球上最貧乏的區域。其他的援助則直接來自如前殖民勢力，或其他試圖行善舉的已開發國家（也或許這些國家只是希望透過本國企業的慈善義舉，來助其打入當地市場）。而這些援助絕大部分都因為貪汙或計畫不當，被平白浪費。在某些地方——尤其是非洲，後殖民時期的生活條件尤其惡劣。但多數地方的日子，最終還是變得愈來愈好。

黃熱病、登革熱、瘧疾、伊波拉。疾病在治療、疫苗，與公共衛生如飲用水、汙水系統、國外援助及經濟開發的影響下，造成的傷亡數愈來愈少。在綠色革命（下一章將討論到）的幫助下，獲得改善的營養攝取，自然也幫了不少忙。綜觀全球，即便是最貧困區域的人民，也活得更久了。飽受饑荒與內戰折磨的衣索比亞，其預期壽命亦從一九五〇年的三十四歲，延長到二〇〇九年的五十九歲；身為西半球最貧困國家的海地，同一時期內的預期壽命則從三十八歲，成長到六十一歲。[43] 整體而言，全球的預期壽命與一九〇〇年相比，幾乎都有了翻倍的成長（來到七十歲）。隨著開發中國家的預期壽命不斷增長，生育率又居高不下，全球人口開始暴增——從一八〇〇年的十億人，增長到二十億人（一九二七年）、三十億人（一九五九年）、四十億人（一九七四年）、五十億人（一九八七年），並在世紀交替之際，來到六十億人口，再到如今的七十億。[44]

整體而言，外國援助對開發中國家來說絕對是一種幫助。今日每年外援的總金額都高達一千五百億美元，其中五分之一來自美國，這樣規模的金錢自然能帶來助益。近年來，捐贈國記取了過去的教訓，在孕婦醫療方面表現得尤其出色。而如同將在後面章節所探討的，印度與中國的經濟成長，也確實減少了全球的貧困情況，並拉高預期壽命。

發展中國家長期停滯在第二階段的情況（預期壽命增加，生育率也沒有下滑），是二戰後人口爆炸的主要原因。但讓我們再複習一次全球人口：人類花了近一百二十五年的時間，才讓人口從十億翻倍成二十億。卻也只花了三十年的時間，成長到三十億、十五年到四十億、十三年到五十億，以及再十三年到六十億。成長到七十億同樣也花了十三年，因此，是的，再過十三年，我們就會攀升到八十億。

增加的速度開始穩定下來，並逐漸趨緩。而在接下來的十年間，成長仍會繼續放慢、停滯，甚至倒退。這是因為多數的開發中國家已經進入了第三階段：死亡率下降，出生率也同樣下降。部分開發中國家甚至進入了「金髮姑娘」般的第四階段：穩定的出生率和持續成長的預期壽命。但真正讓人吃驚的地方在於，多數已開發和開發中國家，已經進入了另一種新的階段。

還記得是什麼原因導致生育率下降？都市化。不需要年輕力壯者來耕田的生活，讓生孩子成為一種經濟負債，也讓女性在取得身體自主權後，自然而然地選擇減少生育的次數。這兩個因素在十九世紀及二十世紀的已開發國家中，發揮極大的影響。現在，同樣的因素也在開發中國家內發酵。二〇〇七年，聯合國宣布五月二十三日這一天，都市的數量有史以來首度超越了農村數量（聯合國真的很喜歡挑選象徵性日期）。[45]都市化和女性賦權對開發中國家所造成的影響，就跟其對已開發國家所造成的影響一樣，唯一的差別只在於這次的腳步更快了（而且非常非常地快）。人口銳減證明了聯合國人口預測確實不準確，也解釋了為什麼世界會變得愈來愈小——而且這種情況將比多數人想像得更快發生。

Chapter

2

馬爾薩斯與後繼者們

由卻爾登．希斯頓（Charlton Heston）飾演的紐約探長，驚恐地大喊著：「荳綠素是人肉做的！」地球因為擠滿了八百億人口而使生態遭遇浩劫，人類能賴以維生的食物僅剩下 Soylent 企業生產的浮游生物食品荳綠素（Soylent Green）。至少，大家都以為他們吃的是浮游生物。[1]

一九七三年上映的《超世紀諜殺案》（*Soylent Green*），其故事背景就設定在二〇二二年。而這不過是眾多電影、書籍、紀錄片和各式各樣娛樂作品中，以「因為人口過剩導致地球環境遭破壞、食物鏈被推翻並導致末日降臨」為題材的其中一部作品。近期一部由湯姆．漢克斯（Tom Hanks）所主演的電影《地獄》（*Inferno*）中，億萬富翁科學家貝特朗．佐布里斯特指出，地球正處在因人口爆炸而崩潰的邊緣——「黑夜將近。」他警告。而唯一的解決方法，就是投放他親手調製出來、足以殺死地球上一半人口的病毒。[2]當然，只有主角——湯姆．漢克斯可以阻止他。在這部電影裡，沒有任何人質疑貝特朗的假設；他們只是不贊成他的解決方法。

但這些都是胡說八道。全球人口不可能在二〇二二年就成長到八百億；我們不過正在邁向八十億而已，儘管光是如此就已經很擁擠了。是的，當前的人口數量已經將環境推向崩潰邊緣，導致許多物種滅絕和地球暖化，但我們離末日還有很大一段距離。有愈來愈多的人口學家開始相信，別說是繼續擴張，全球人口更有可能會穩定下來，並在本世紀中葉開始衰退。

在我們推翻人口爆炸的迷思以前，先讓我們一起審視這種想法是如何出現的。接著，我們會試著向讀者解釋：為什麼某些時候，古老的智慧其實一點都不智慧。

馬爾薩斯的預言

托馬斯．羅伯特．馬爾薩斯（Thomas Robert Malthus，一七六六年至一八三四年）是個好人。決定讓他在家自學的父親，本身擁有極高的知識水準，還是哲學家大衛．休謨（David Hume）的朋友，更是法國革命性哲學家盧梭（Jean-Jacques Rousseau）的死忠崇拜者。個性溫和的托馬斯，後來在劍橋大學的表現也是有聲有色。他最後決定擔任聖職，但因為缺乏職業上的野心、佈道能力又因唇顎裂而受影響的他，最終被分派到薩里（Surrey）的一個小教區。周圍充斥的貧困與營養不良，總是讓他深感憂愁。後來，他成為一名學者——他是英國史上第一位獲得政治經濟學教授頭銜的人。在他年輕時，他總是倡導政府應幫助窮者（儘管他後來改變主意），並早在凱恩斯（John Maynard Keynes）之前，就提出政府應在經濟不景氣時擴大公共開銷的論述。[3]但這都不是人們之所以尊崇他的原因。相反地，是因為一個從他身上衍生出來的形容詞：馬爾薩斯主義

（Malthusian）。這也是英文中，最暗黑的一個字。

一七九八年，馬爾薩斯發表了《人口論》（*An Essay on the Principle of Population as It Affects the Future Improvement of Society*）。這本最初只是如小冊子般篇幅的出版品，在經過了數十年、數次再版後，成為一本厚厚的巨作。在這本論文中，馬爾薩斯提出了一個讓剛進入社會科學領域的研究者，都極感興趣的問題：「人類是否自此之後將加速度衝向無窮盡，並獲得迄今為止所無法想像的進步；還是會在幸福與悲慘間永恆地擺盪著？」[4]對馬爾薩斯而言，答案是擺盪。他發現，儘管人類在工業、藝術及思想方面取得了長足的進步，但在「消滅兩性間的激情方面，卻未有任何作為。」[5]熱衷於性愛的人類生下了超級多後代，讓不受限制的人口以幾何速度般增長；與此同時，農業與食物生產方面的進步，卻僅以算數速度在前進。「對數字略懂者，就能明白前者與後者間的巨大次方性差異。」[6]因此，正如同兔子、鹿等各類物種在數量爆炸後，總會迎來崩潰般，智人也不會例外。

馬爾薩斯在某些方面有所誤解。他的文字間，展露了對貧者的真誠關懷，他認為此一族群的苦難之所以不為人所知，是因為「我們所見到的人類史，只有上層社會。」[7]馬爾薩斯認為，最受這場無止盡且殘酷擺盪折磨的，就是下層人民。短暫的富裕——像是因為作物豐收、可耕作的新土地、農耕技術的進步等，讓所謂的工人階級，縱情於傳宗接代。但無可避免地，他們將會過度繁衍。而人口過剩導致勞力價值下跌，食物價格上漲，人們開始挨餓。最終，父母知道自己養不起孩子，因此選擇少生孩子，人口數量下跌，再次回歸穩定。馬爾薩斯總結，在這樣的情況下給予窮人援助，只是推遲早晚一定會發生的事，導致他們陷入更悲慘的境況中。

「存在於人口次方成長與生產力成長間的極不平衡狀態……塑造了被我認為是無法克服的大難題，」他這樣寫道，「沒有任何華而不實的平等、沒有最大限度的農業法規，能緩解這樣的壓力……因此，這對一個其成員皆應該自在、幸福且相對舒適地活著的社會而言，顯然對其存在可能起了決定性的作用。」[8] 換而言之，由於持續增加的人口，與持續增加的財富兩者間無法相輔相成，因而窮人永遠都不會消失，並存在於那個因大環境條件而上下擺盪的數字中。

馬爾薩斯的預言相當殘酷、難以撼動，卻也是錯的。在他撰寫該篇論文的當下，地球上的人口首度攀上了十億人。一個世紀後，人口將增加到二十億。今天則有七十億。與此同時，我們多數人也比馬爾薩斯那個時代的窮人，活得更久、更健康且更快樂。

這位終其一生幾乎都待在赫特福德郡鄉村裡的政治經濟學先驅，其身處的時代，恰好就是一個能解釋其理論存有致命性缺陷的時代。一七九八年，英國農業革命已發生超過一世紀。其最初發生於圈地運動之上——有權有勢者將卑微的農民趕離公有地。直到今日，詩人依舊悲嘆著這場不義的竊盜，但對其土地握有控制權的農人們，終於可以開始將自己的耕地及利益最大化。選擇性育種的新實驗，讓牛隻的體重從一七一〇年的三百七十磅，成長到一七九五年的五百五十磅。[9] 查爾斯．「蕪菁」．湯孫德子爵（Charles "Turnip" Townshend）等人，為了提高土壤品質以減少休耕期，以蕪菁、三葉草等其他作物進行實驗。[10] 接著，發明誕生了：傑叟羅．圖爾（Jethro Tull）的播種機、打穀機、收割機和鐵製犁。馬爾薩斯當初撰寫論文時，手邊並沒有人口普查的資料（英國於一八〇一年才首度進行人口普查），但現在我們能推測一七〇〇年的英格蘭與威爾斯人口總數約為五百五十萬。而在馬爾薩斯動筆之時，人口應已超過九百萬。[11] 英國走在全球工業革命與農業革命的前沿，以及隨之而來且從未被逆轉的人口爆炸（因為前者總能輕易地支撐起後者）。

人口爆炸預言為何沒有成真？

然而，這並沒有讓某些對馬爾薩斯言之過早的理論深信不疑的學者，放棄追隨的腳步。一個半世紀以後，最受歡迎且充滿濃厚末日氣息的人口爆炸預言誕生了。史丹佛大學生物學家保羅．埃力克（Paul R. Ehrlich），於一九六八年出版了大受歡迎的《人口炸彈》（*The Population Bomb*）。這本書從一個簡單且戲劇化的假設開始：「餵飽人類的戰爭已然結束。即便我們此刻就採取救援行動，在一九七〇年代和一九八〇年代，還是會有成千上百萬的人死於飢餓。」[12]

根據埃力克和讓他得出此一結論的人口學家來看，問題很簡單：現代醫學和綠色革命（二戰後糧食產量飛速地成長）大幅降低了低度開發國家（underdeveloped countries，引用埃力克之言）的死亡率，卻沒有試著同時降低出生率。而「高度開發國家」（overdeveloped countries）如美國等，儘管出生率已經下降，人口卻依舊上升著，讓農業產量瀕臨無力負荷的邊緣。這不僅讓環境付出慘痛代價，更讓人類極易因為糧食產量突然、或持續下降而受影響。總而言之，儘管低度開發國家的人民正處在大規模饑荒的邊緣，高度開發國家的人民卻沒有方法與意願去分配自己的食物給他們。

「在解決人口問題方面，有兩種辦法，」埃力克說道，「一種是想辦法降低出生率的『出生率解決方案』。另一種則是想辦法提高死亡率的『死亡率解決方案』，也就是讓戰爭、饑荒、傳染病找上門。」[13]埃力克也認為，無論是高度或低度開發國家的政府，都必須採用系統性、普遍，甚至是高壓的手段，來降低生育率，「理想上最好是透過改變價值體系來達成，倘若失敗了，就必須採取強制手段。」[14]但他也強調，這只能改善未來的情況。沒有任何辦法（如徵收尿布稅或埃力克提倡的強制絕育手術），能防範大饑荒的降臨。「今天的糧食已經不夠，而明天的糧食能有多少，是我們可以討論的，」他這樣寫道，「倘若樂觀主義者是對的，那麼今日的苦難只會延續個二十多年；倘若悲觀主義者是對的，那麼大饑荒很快就要降臨了，或許是一九七〇年代，且絕不晚於一九八〇年代早期。而截至目前為止，絕大多數的證據都站在悲觀主義者那邊。」[15]

然而，就在五十多年後的現在，儘管地球上已經擠滿了七十五億的人口，饑荒卻幾乎消失了。近年來，因為缺乏食物而大量死亡的人口，往往是因為其政府過於無能或腐敗，或因為戰亂。如索馬利亞、北韓、蘇丹、葉門。在埃力克出版這本書的幾十年後，許多當時的開發中國家已經變成已開發國家：南韓、台灣、新加坡、智利。在一九九〇年至二〇一五年間，生活在極端貧窮中的人口（根據聯合國定義為每日維持生命所須金額不到一．二五美元者），從十九億減少至一半不到的八億三千六百萬人。每年死亡的孩童也從一九九〇年的六百萬，下降到兩百七十萬人。孕產婦死亡率也減少了一半。[16]

那麼，是因為哪件事做對了？答案有好幾個。埃力克預言因人口過剩而導致的水與空氣汙染，將讓地球環境面臨崩潰。然而，儘管地球暖化仍然是一個大問題，但至少已開發國家在提升空氣與水質方面，確實做了很多貢獻；與五十年前相比，兩者的情況幾乎都有得到改善。舉例來看，美國在溫室氣體的排放量上——二氧化氮及二氧化硫分別比一九八〇年代減少了六〇％及八〇％。[17]而自從美國與加拿大於一九七二年簽署協議，強制兩國共同努力改善內陸湖的情況後，五大湖的環境也有了顯著的提升。[18]

但更大的原因，來自於綠色革命。埃力克確實知道農業方面的重大變革正在發生，但他過分低估這場革命帶來的成果。化學肥料、合成除草劑和殺蟲劑、農作物複種、基因改造和其他重大（但有爭議）改革，大幅提升了農業產出，讓供給遠超過需求。儘管在一九五〇年到二〇一〇年間，人口增長了超過一倍，糧食產量卻也成長了三倍（且農地面積僅增加了三成）。「馬爾薩斯式饑荒的大膽預測落空了，且多數開發中國家似乎能妥善應對長期性的食物短缺。」[19]

然而，最重要的一項原因，應該是中國與印度的崛起，也是人類福祉上最大的進步。光是這兩個國家的人口加起來，就占全球人口近四成。因第二次世界大戰而破產的英國，同時愈來愈難控制不安分的殖民地，在一九四七年讓印度獨立。兩年後，共產黨領導人毛澤東統一了中國內部的勢力（除了台灣與香港）。最初，在不夠健全的經濟思想下，這兩個國家的財富都沒有出現成長。試圖推動經濟的印度，採取了保護性關稅手段，卻導致國家陷入困境；而毛澤東意圖實現快速工業化的大躍進，卻導致一九五〇年代爆發三年大饑荒，有四千五百萬人因此送命，成為「史上最嚴重的人為災難」[20]（即便按二十世紀的標準，這也是一場災難性的大屠殺）。

但隨著毛澤東病逝，鄧小平上台後，中國終於開始起飛。在一九八〇至一九九〇年間，中國經濟翻倍成長；在一九九〇至二〇〇〇年間，飆升為三倍；而在二〇〇〇年至二〇一〇年間，甚至超越了三倍。讓我們換個角度來看。在一九八〇年，每位中國公民每年所能創造的財富為兩百零五美元（以美元為基礎的購買力平價）。到了二〇一六年，則成長到八千五百二十三美元。在過去四十年裡，中國創造出來的財富讓五分之一的貧窮人口脫貧。[21]

印度則因為其新德里政府的愚蠢政策，導致成長比較緩慢。然而，儘管經歷了保護政策、內部貪腐和地方衝突，印度經濟仍舊出現劇烈的成長（儘管和中國非常不同）。一九八〇年代時，聯邦政府在政策上開始傾向於私人資本而不是公有制，進入一九九〇年代後，也開始緩步地解放經濟。一九六〇年，印度的人均ＧＤＰ為三百零四美元，還遠超過中國。但到了二〇一六年，則些微低於一千八百六十美元（儘管遠低於中國的標準，但還是令人印象深刻）。[22]

隨著中國和印度開始成長與都市化，出生率也開始下降。印度的狀況是自然發生——該國預測約莫在此刻，其出生率將會逼近有如「金髮姑娘」般的二．一替代率。中國的出生率則因為政府在一九七九年所頒布的「一胎化政策」，巨幅下滑到官方公布的一．六水準。企圖壓抑該國巨幅人口成長所採取的嚴厲手段，或許造就了人類史上最令人意想不到的後果，我們將在後面進一步討論。重點在於：中國與印度的經濟成長，大幅降低全球貧窮程度，且這些國家的出生率下降，也減輕了全球人口過剩的危機。

當你在觀察任何一張關於全球貧窮水準的優秀圖表時，[23]你往往可以發現兩股趨勢。第一股趨勢出現在一八〇〇年。當時，全球有八五％的人口活在我們如今所謂的赤貧情況下，亦即維持自己和家人的性命就像是每日的挑戰。但後來，儘管非常緩慢，歐洲和北美洲人口的生活狀況開始好轉。到了一九五〇年，經過一個半世紀的發展後，全球處於赤貧狀態下的人口終於減少到五五％。緊接著，第二股趨勢浮現。貧窮曲線不再是緩慢地向下滑，而是驟降。現在，需要為下一餐憂愁的貧窮人口約莫占全球人口的一四％。仔細想想。人類花了一百五十年的時間，才將赤貧人口從總人口的八五％打到約莫一半，卻也只花了前者一半不到的時間，就讓其從總人口的一半，銳減到六分之一。順道一提，在我們持續且適當地關注仍處於赤貧人口的現況之餘，卻沒有想過好好慶祝我們在有生之年近乎將赤貧消滅的成就，不是一件很奇特的事嗎？

中國和印度是二十世紀下半葉，成長最顯著的開發中國家，除了那些從開發中晉升為已開發的國家（南韓、台灣、新加坡及智利），還有所謂的亞洲「老虎」們——印尼、馬來西亞和泰國。但真正讓人吃驚的，絕對不是每一位地球人的財富在二次世界大戰結束後，平均成長了多少；真正讓人吃驚的地方在於，就在全球財富劇烈成長的同時，全球人口也在迅猛地成長。

埃力克拒絕相信。「人們無法明白，時間對生態學家來說，與一般人的觀念非常不同。」埃力克在二〇一五年一部關於自己出版書籍的紀錄片中這樣說道。是的，他承認自己過度誇大事實，但這是因為他試著「做正確的事」。人口成長依舊處於災難性的失控中，而人類就快要嘗到苦果。「我不認為自己在《人口炸彈》中使用的言詞過於危言聳聽，」他堅持，「就算在今天，我的說法也只可能會更加駭人。對我而言，讓婦女想生多少孩子就生多少孩子的觀念，就跟你想朝鄰居家後院丟多少垃圾就可以丟是一樣的。」24

失準的全球出生率

埃力克和其前輩馬爾薩斯在預測上的錯誤，絲毫沒讓那些（一輩又一輩）深信「末日將近」的人，感到任何挫敗。下一本末日預言暢銷書——《成長的極限》（*The Limits to Growth*），在一九七二年由「羅馬俱樂部」（Club of Rome）發行——一個企圖將獨立趨勢結合在一起，創造出全觀性全球分析的新興智庫。在利用MIT麻省理工學院所發展出來的一套電腦模型後，分析師如此作結：「倘若當前的人口成長、工業化、汙染、糧食生產及資源耗費的趨勢繼續不變，在未來的一百年內，我們就會讓星球的成長到達極限。而最有可能的結果就是人口與工業能力出現相對突然、且無法控制的衰退。」[25]馬爾薩斯式的人口暴增與資源開採，將導致二〇一〇年人均產量下滑、二〇二〇年因稀缺性而導致死亡率上升，以及二〇三〇年全球人口下滑，當然還有文明的全面崩壞。作者呼籲應立即採取嚴厲的手段，來抑制人口成長與資本成長，以避免崩潰降臨。「以不作為來面對這些問題，就等同於採取了強烈的行動，」作者如此警告著，「每一天都在發生的指數成長，正推著世界朝這種成長的最終極限逼近。什麼都不做的決定，就是一個放任崩潰危機繼續擴大的決定。」[26]

顯然，這些事都沒有發生。儘管如此，定期出現的更新版本，總是確保人們的未來正朝著這些預言靠近。二〇一四年，墨爾本大學的研究者宣稱MIT的預測有可能成真，二〇〇八至〇九年間的經濟衰退，也預示著苦果正在步步緊逼。「《成長的極限》沒有錯：新研究顯示了我們正在逼近崩潰。」標題如此警告著。作者也進一步作結：「或許，我們已經來不及說服全球政治人物和富有精英們，去擬定另一套計畫。因此，對我們其他人而言，或許是時候該想想如何在迎向不確定未來的同時，保護好自己。」[27]

更近期的作品則為德州大學奧斯汀分校教授兼作家拉吉．帕特爾（Raj Patel）所出版的《糧食戰爭》（*Stuffed and Starved: The Hidden Battle for the World Food System*），以及女性主義先鋒蘇珊．桑塔格（Susan Sontag）之子大衛．里夫（David Rieff）所出版的

《重返飢餓：二十一世紀的糧食、正義與金錢》（*The Reproach of Hunger: Food, Justice, and Money in the Twenty-First Century*）。在眾多著作之中，最聰明的一本或許為農業學家兼記者喬爾・伯恩（Joel Bourne）於二〇一五年出版的《告別富足》（*The End of Plenty*）。伯恩徹底明白過去的末日預言，已經被農業創新證明為錯。但這次不一樣，他堅稱近幾年糧食價格上漲的情況，反應了地球產量的最大化。森林與海洋正在枯竭，數以萬計的物種瀕臨滅絕，密集農業正在傷害我們的土地與水源，而這些活動又同時加劇了地球暖化的腳步，並反過來導致農田被淹沒、作物受損，收成減少。「倘若我們繼續這樣下去，總有一天，被我們逼上滅絕道路的物種，將會是我們自己。」伯恩警告著。[28]

但還有一個機構，可以視為最具分量的新馬爾薩斯派代表，而且這還是一個在專業領域上備受推崇的機構。做為聯合國經濟和社會事務部底下極為重要的聯合國人口基金會（The United Nations Population Division），早從一九四六年開始，就以不同形式存在著，其存在的歷史幾乎就跟聯合國一樣悠久。其最重要任務，就是發展出可以準確預測全球人口成長的統計模型。該機構裡面的人口學家與統計學家，也表現得相當出色。一九五八年，該基金會預測全球人口將在二〇〇〇年成長到六十二億八千萬。而事實上，實際數字也只些微少了一點——六十億六千萬，少了兩億（但仍是一個可以忽略不計的小差距）。[29]有鑑於當時的人口學家極度缺乏非洲與中國數據的事實，這已經是一個極為令人讚嘆的成果。也因此，所有人都非常慎重地看待該基金會對本世紀的預測結果——尤其在開發中國家的數據品質愈來愈高，且模型變得愈來愈細緻以後。

那麼，聯合國說了些什麼呢？從表面上來看，情勢很嚴峻：聯合國預測全球人口將在二〇一七年增加到七十六億；二〇三〇年會再增加十億，將總人口數推上八十六億；再過二十年來到二〇五〇年，這個數字會繼續成長到九十八億——約莫等於一百億。當我們的後輩子孫迎來新世紀時，全球人口將會成長到一百一十二億（二一〇〇年），而總人口數也將在此時開始穩定下來，並終於向下減少。[30]

但這只是聯合國預測的其中一種情況。由於以中等出生率（medium variant）為基準的預測，在過去總是證明自己是對的，因此聯合國人口學家也認為這是最有可能的正確預測。這是基於各國在本世紀剩餘時間裡，生育率會如何發展的最佳預測。但同一批人口學家也知道自己的預測有可能出錯。倘若本世紀的全球生育率比中等出生率些微高出〇．五，也就是平均每名女性比預期還多生下了〇．五個嬰兒，那麼災難就近在眼前。這種高出生率認為全球人口將在二一〇〇年來到一百七十億，而且還會繼續顯著成長，沒有穩定下來的跡象。我們怎麼可能養得活這麼多人？我們又該如何面對這對環境造成的衝擊？我們要讓人們住在哪裡？即便是最樂觀的農業生產力預測，也絕對不可能養活一百七十億條人命。馬爾薩斯和其徒弟們，終於能夠證明自己是對的。

不過還有另外一種情況，也就是所謂的低出生率。在此情況下，女性平均生下的嬰兒比預測少了〇．五個。生育率暴跌不僅僅發生在已開發國家中，也發生在開發中國家及低度開發國家。這種情況下，全球人口將在二〇五〇年左右，攀升到八十五億人，然後開始下滑——而且是劇烈地下滑。這樣的衰退是如此巨大，導致全球人口在該世紀末將重回七十億大關，也就是此刻的情況。因此完全相反地，全球人口將開始縮水。

你或許會認為這是一件值得慶祝的事。倘若少了數十億的人口，地球的肺肯定能更輕鬆地喘氣；饑荒與貧困也勢必會因為必須養活的人口減少、居住地的增加而減緩。你的判斷是正確的——在某種程度上。然而，在經濟與地緣政治上的影響，卻更為錯綜複雜。在接下來的章節中，將探討人口持續下滑所造成的後果。真正的問題在於：哪一種生育率比較有可能成真？到了二一〇〇年，全球人口到底是會成長到一百七十億且繼續快速飆升？還是一百一十億且漸漸趨緩？還是七十億並開始下滑？知道這個問題的答案，自然很重要。不需要聰明絕頂的經濟學家或政治科學家，才會知道一個擠滿一百七十億人口的地球，勢必會成為一個混亂而又不幸福的地球。即便是一百一十億人口，情況也會很難掌握。但如果是七十億呢？我們此刻就在與這個數字磨合著。

自二〇一三年起便擔任聯合國人口司（UNPD）司長的約翰．威爾摩斯（John Wilmoth）相信，中等出生率或差不多的數字是可靠的。「就整個世界來看，大約三十年的（高出生或低出生率）都令人難以置信。」他在接受我們採訪時說。他也提到，雖然聯合國對某國的預測可能太高，或對另一國的預測又太低，但這種預測落差往往會相互抵消。聯合國計算人口趨勢的方法，在過去被證明是合理的，威爾摩斯也相信它依舊是可靠的。統計方法到底是什麼呢？簡單說：UNPD預測某一國家或地區生育率的方法，是將其與有過類似發展經驗且持續發展的國家或區域相比較。例如，A國的生育率在三十年內從六下降到四，B國的生育率在同樣時間內從六降至四；接著，B國在四十年內的生育率從四下降到二，UNPD因此會預測A國的生育率也將在四十年內從四降為二。「根據這樣的歷史經驗，我們認為目前生育率較高且預期壽命較低的國家，也將會步上過去經歷非常類似的國家發展軌道。」他相信，「這一切都可以過去的經驗為根基。」

威爾摩斯還解釋，為什麼某些生育率很低的國家正在經歷小幅反彈——儘管其生育率仍不及替代率。他認為，隨著婦女權益變得更加平等，且養育孩子變得更能夠負擔得起，夫妻間將會達成共識——他們想要生的孩子數量，會比過去幾年每對夫妻生下的孩子還多。他的部門認為，上升將是未來幾十年的長期趨勢，並將促進人口成長。

UNPD基於此種假設的預測，認為各國和各區域之間的生育率下降幅度是恆定的，A國將永遠與B國一致。心理學家和金融分析家稱這種假設為「近期偏誤」

（recency bias），認為由於過去事情已經發生了某種進展，他們今後的發展肯定會相同。近期偏誤也是許多股票經紀人，忽視熊市警告信號的原因之一。

過去通常只是序幕，但統計預測並非如此。事情總是有所變化。過去重要的事情將來可能沒那麼重要，以前微不足道的事卻可能變成大事。例如，如果過去需要一定時間來發展的趨勢，像是城市化和女性賦權後帶來的生育率下降，為何已開始加速？過去花了四十年的時間，現在只需要二十年？

聯合國的中等生育率過去總是對的，而常識告訴我們，這很有可能再次成真。但這一次，我們認為常識錯了，而且並不是只有我們這樣認為。

最重要的繁殖器官——大腦

我們坐在沃夫岡．魯茲（Wolfgang Lutz）位於維也納經濟大學（Vienna University of Economics and Business），那明亮、雪白、近乎無菌的辦公室內。魯茲身材高大、禿頭、髮色灰白，有著猶如刻板印象中的山羊鬍。出生於一九五六年的他，是典型嬰兒潮的一分子。但他不典型的地方在於他握有兩個博士學位，一個來自賓州大學，另一個來自維也納大學，並且都跟人口學及統計有關。當魯茲在展示自己那心愛的人口表時，他帶著彬彬有禮、專注且帶點神經質的氣息，期待訪客能理解為什麼聯合國人口預測是錯的。而原因簡單來說，就是教育。

「大腦是最重要的繁殖器官。」他如此主張。當女性擁有足夠的資訊與自主權，可以根據自己意志和資訊來決定何時、以及要生幾個孩子時，她們往往會立刻決定生少一點且晚一點生。「當女性經歷社會化並擁有教育和事業後，她會在社會化的影響下選擇小家庭，」他解釋道，「而這是一條不歸路。」[31] 魯茲和其他維也納國際應用系統分析研究所（International Institute for Applied System Analysis，簡稱ＩＩＡＳＡ）的人口學同事認為，開發中國家伴隨著都市化而來的高等教育，應該成為人口預測中的一項考慮因素，這是聯合國目前沒有做到的。納入此一因素後，ＩＩＡＳＡ預測本世紀中葉，人口會開始趨穩，接著下滑。魯茲也認為，全球人口最早會從二〇六〇年開始出現衰退。

而他並不孤單。喬詹・蘭德斯（Jørgen Randers）是來自挪威的學者，也是《成長的極限》的共同作者。但在那本書出版後，他的想法改變了。「全球人口永遠都不可能成長到九十億，」現在的他如此認為，「人口將在二〇四〇年攀升到八十億，接著下滑。」[32] 他認為這預期外的下滑，是因為開發中國家的婦女遷移到都市中的貧民窟。「在都市的貧民窟裡，沒有什麼道理會讓人想生很多孩子。」

《經濟學人》（*The Economist*）同樣也對聯合國的預測抱持懷疑：其在二〇一四年

的分析中提到，先前的預測沒能預料到「孟加拉或伊朗自一九八〇年後，生育率所出現的驚人下滑（此兩國婦女所生下的孩子數量從約莫六個減少到如今的兩個）。此刻，人口增加的最主要推手為非洲，而該作者認為非洲大陸的生育率，會以低於亞洲和拉丁美洲的速度繼續下滑。但沒有人能確定。」[33]

瑞典統計學家與暢銷書《真確》（*Factfulness*）的作者漢斯．羅斯林（Hans Rosling），創辦了蓋普曼德基金會（Gapminder），希望以大眾能理解的語言，傳播關於正在發生的人口轉變等重大知識。在一支大受歡迎的影片「不要恐慌」（Don't Panic）中，他告訴聽眾「人類做得已經比你們多數人所想得要更好。」[34]他談到了已開發國家和開發中國家的出生率及預期壽命趨同，指出「我們不再活在分化的世界裡」。他提到自己那個在二〇〇〇年出生的孫女，在「嬰兒高峰期」（peak child）中誕生。在邁入本世紀時，共有二十億個孩子出生；而在本世紀末，也將有二十億個嬰兒到來。羅斯林認為，即便全球人口真的攀升到一百一十億，在預期壽命增加、年輕族群穩定化，加上教育與醫療衛生的進步，我們也能輕易支持這種穩定成長的人口，維持欣欣向榮的繁景。其他分析師也得到了相似的結論。舉例來說，德意志銀行認為全球人口將在二〇五五年攀升到八十七億，再於世紀末時減少到八十億。[35]

那麼，到底誰是對的：是聯合國的人口學家？還是批評聯合國的歐洲及其他地方學者？找出答案的其中一種方法，就是放眼觀察全世界，看看各國及各地區的人口，正處於人口轉型模式中的哪個階段。

當人口轉型模式於一九二九年被提出時，還只有四個階段。第四階段、也就是最終階段，設想了一個預期壽命很長、出生率很低（接近人口替代率，也就是每個母親生二．一個孩子）的世界。但事實證明，還有第五個階段：一個預期壽命繼續緩慢地增加，但生育率也同時跌到替代率之下，導致人口最終呈現負成長。幾乎所有已開發國家都進入了這樣的第五階段。

一九七〇年代，多數已開發國家的生育率開始下滑到低於二．一，開發中國家也不例外，也因此衍生出「史上最令人震驚的一次全球變遷」現象。[36]但現在想來，其實一點都不讓人意外。一個社會的都市化程度愈高、女性對自己身體所擁有的自主權愈強，想生的孩子數量自然會減少。在多數西方世界如美國或加拿大中，有八〇%的人口就居住在都市中，同時女性擁有幾乎可以全權掌握自己生育選擇的力量（在某種程度上，這得歸功於一九五一年的一次邂逅）。

瑪格麗特．桑格（Margaret Sanger）創造了「生育控制」（birth control）一詞，並經營第一間生育控制診所。早在桑格於一九一〇年為了逃避婚姻枷鎖而搬到紐約後，她就做了個決定。當時她在下東城工作，而護士的工作讓她見到了許多貧困的婦女（包括來自當地上千家妓院的女性），以及這些女性企圖終止懷孕但必須面臨的可怕風險。她甚至因為提倡避孕，堅持每一位女性都應該「是自己身體的絕對主人」[37]而被逮捕。她也借用了無政府主義者艾瑪・高德曼（Emma Goldman）的標語：「沒有上帝，也沒有主人。」她贏得了讓醫生執行避孕的權利。她開辦診所、發行雜誌，並大肆宣傳。一九五一年，她在一場晚宴上結識了內分泌學家格雷格里・平克斯（Gregory Pincus），並說服對方致力於研究避孕藥。她也替對方募得研究經費。一九五四年，避孕藥開始進入人體實驗階段。一九五七年，該藥物被批准用於治療月經嚴重失調的情況，而這也導致申稱自己月經嚴重失調的女性數量暴增。一九六〇年，美國食品藥品監督管理局（Food and Drug Administration）核准該藥做為避孕之用。

避孕藥顛覆了性行為。男女可以在不需要擔心懷孕的情況下，為了樂趣而做愛。倘若女性真的懷孕了，墮胎手術在當時也已經是合法的手術——在避孕藥上市的十三年後，美國最高法院在羅訴韋德案（Roe v. Wade）中，認為在憲法隱私權的保障下，女性有墮胎權。到了一九七〇年代末期，在多數已開發國家中，取得避孕藥和獲得安全且合法墮胎手術，已經是相當普遍的事。生育率也繼續急降。

讓我們以西班牙為例。這個曾經是超級帝國的國家，堅定地站上人口轉型的第五階段。其生育率非常低，低到僅剩一．三，遠遠低於人口替代率的水準。與此同時，該國的預期壽命相當高：八二．五歲（世界第四高，僅次於日本、冰島和瑞士）。[38]不過，即便有更多的老人，西班牙的人口數還是在二〇一二年開始衰退——因為在某些地區，每一名新生兒必須對上兩名逝者。[39]迄今為止，這樣的衰退還只是緩慢地讓二〇一一年的四千六百八十萬人，少掉了四十萬人。但這樣的趨勢似乎開始加速。西班牙當局估計在十年內，就會失去一百萬人，且到了二〇八〇年，全國只會剩下五百六十萬人。[40]急於扭轉，或至少減緩這種趨勢的西班牙政府，創造了「性愛部長」一職，試圖找出國家政策，解決西班牙人口失衡的問題。[41]

多數歐洲國家——尤其是限制移民者，處境都和西班牙相似。但歐洲並不孤單。日本預期其全國人口，將在接下來的三十五年內減少二五%，從一億兩千七百萬下滑到九千五百萬。而另外兩個邁入已開發階段的亞洲國家——南韓與新加坡，情況也很雷同。美國和加拿大的前景相對稍微樂觀，但這也是因為兩國都有相當穩健的移民政策（儘管非常不同）。在本書的後面，會再討論這兩個例外。

對已開發國家來說，生育率下滑並不是什麼罕見的事。都市化與女性賦權是一種全球性趨勢。我們知道，中國和印度的生育率低於二．一的人口替代率。而其他開發中國家也同樣如此：巴西為一．八、墨西哥為二．三、馬來西亞為二．一、泰國為一．五。

非洲（尼日七・四、馬拉威四・九、迦納四・二）和中東部分地區（阿富汗五・三、伊拉克四・六、埃及三・四），生育率仍居高不下。但這些高生育率的國家，也有與低生育率國家相似的情況：幾乎毫無例外地，各國的出生率都在下降，沒有一個國家是在成長。

我們知道，都市化改變了養育孩子的經濟效益，並讓女性透過教育而獲得賦權。而近期的研究指出，還有其他因素發揮了效果。其中一個原因為近親對近親的影響力下降了。當你住在一個較為鄉下、開發程度較低的地區，那麼你的社交圈勢必會圍繞著家庭而轉，年輕人必須聽著老一輩不斷叨念著要他們趕快結婚生子，完成傳宗接代的使命。但隨著社會變得愈來愈現代且都市化，朋友與同事取代了手足、父母及叔叔阿姨。我們非常確定你的父母或祖父母輩，肯定曾經在某些時候，催促著你趕快找到人生伴侶定下來並生孩子（儘管他們並不一定都是緊迫盯人的類型）。但你的朋友會施壓要你趕快生孩子嗎？你的同事在乎你的情況嗎？「家庭成員在社交互動中所占據的比重，已經減少至人類演化史上的最低程度，」芝加哥羅耀拉大學的心理學家伊連・史拉（Ilan Shrira）這樣寫道，「這對出生率下滑有極大的影響，因為只有家庭成員才會鼓勵彼此生孩子，外人不會。」[42]

另一個原因，則是宗教在世界各地所發揮的影響力逐漸下滑。我們並不需要了解各個社會中的信仰力量，基於什麼原因而不斷變弱；但值得注意的是，同樣讓生育率下降的力量（更富裕的生活[43]、教育程度提高、婦女解放[44]、宗族的壓力），也同時削弱了宗教組織壓抑個人自主權的力量。毫無疑問地，在那些宗教對個人決策有極大影響力的地方，其生育率遠高於宗教力量微弱之地。三份分別在二〇〇八年、二〇〇九年及二〇一五年進行的蓋洛普調查，詢問了受訪者對宗教的感受程度。在馬拉威及尼日（世界上生育率最高的幾個國家），有九九％受訪者的答案為高度肯定。而西班牙的受訪者中，僅有三九％者表示肯定，該國如今也被視為世界上最沒有宗教信仰的國家之一[45]（有趣的關聯：在天主教教會勢力快速崩潰的社會，如西班牙、魁北克和愛爾蘭等地，其生育率往往以快於其他地方的速度，從高點崩落到低點）。

我們也必須指出，就許多層面而言，女性握有更多的自主生育權，其實就是一場零和賽局：儘管男性堅定卻也毫無意義地反對女性自主權，生育率還是於近期開始下滑。男人並非出於自願讓女人獲得適當的權利，像是投票權，或甚至是某些近似於全然平等的事物。她們必須又叫又罵，忤逆男人的意願。綜觀歷史，無論是在現實或法律上，多數時候男性總是控制著女性（包括其身體），並只有在受女性的逼迫下（來自那些都市化、受過教育，以及有自主權的女性），才願意鬆手。是的，在人類誕生之初，男人就與女人相親相愛，並因為愛而生活在一起——只不過，這是就男人的角度而言，且有時這些角度還很苛刻。我們可以從數不清的歷史事件中，隨便舉出一個例子：稍早，我們提到瑪格麗特．桑格因為提倡避孕而入獄。這是因為她違反了一八七三年通過的《考姆斯托克法》（Comstock Law），該法律不僅禁止所有色情文學、黃色書刊和避孕用品，更同時明定提倡避孕或告知公眾該如何避孕的行為屬於違法。一直到一九七〇年代，各種類型的《考姆斯托克法》還一直存在於美國和其他許多國家的法律條文內。即便在那十年內，保險套還是只能在藥局買到，而且往往是放在櫃檯後方，顧客必須特地開口才能拿到（這對青少年而言是相當難熬的過程）。然而，這場戰爭仍未結束。現在，許多政治人物和牧師們（多為男性），試圖限制美國與其他地方的女性墮胎權。二〇一七年秋季，一連串揭露掌權男性性騷擾的事件，激起了 # MeToo 運動。男性主掌女性身體的情況，至今仍陰魂不散。

隨著一個社會愈來愈都市化，女性也獲得愈來愈多權力，宗族、宗教組織及男性主宰的力量開始衰退，而生育率也同樣衰退。讓我們以一個例子——菲律賓，來囊括所有的因素。菲律賓是西太平洋上一個大而貧窮的島嶼國家。一九六〇年，菲律賓居住在鄉村地區的人口（一千九百萬），為都市人口（八百萬）的兩倍以上。如今，菲律賓的人口平均分散在都市與鄉村中，該國也預測，到了二〇三〇年，都市人口將高達六五％。[46]

隨著菲律賓的都市化，菲律賓女性握有的權力也愈來愈高。二〇一〇年，該國政府頒布了所謂的《婦女大憲章》（The Magna Carta for Women），利用全面性的法條來禁止任何對女性的歧視，並給予婦女更多能免於被暴力對待的法律保障。現在，菲律賓在世界經濟論壇（World Economic Forum）的〈全球性別落差報告〉（Global Gender Gap Report）中排名第七（第一名為冰島）[47]。一九六五年，菲律賓的出生率為七，現在為三；並以每五年減少〇．五個嬰兒的速度持續下滑。每五年〇．五個嬰兒！菲律賓的例子進一步證明了，當已開發國家以一百年速度讓生育率逐漸下滑的同時，開發中國家的生育率卻能在數十年間就出現暴跌。

但菲律賓的生育率為什麼會下滑得如此快速？在該國中，天主教扮演了極強大的角色，而教會恰巧也成為解開此一問題的答案。「菲律賓人上教會的比例下滑。」天亞社新聞（UCA News）報導指出（該報社稱自己為「亞洲最值得信賴的獨立天主教新聞社」）。[48]事實是，在每十名菲律賓人之中，僅有四人會定期上教堂。「家庭未能維持年輕人建立價值觀的情況，是導致以天主教為主的菲律賓，上教會人數衰減的其中一個原因。」記者這樣感歎道。

教會在菲律賓仍擁有龐大力量。墮胎並不合法，更沒有離婚法。無論大憲章如何美好，女性依舊面臨各種歧視，在家受暴力威脅，上街也會受各種性騷擾威脅。「爭取女性權利的戰爭，在菲律賓國內從未停止，而在持續爭取平等與必要保護的道路上，也絕不能鬆懈——無論獲得的勝利可能是多麼地脆弱。」最近一份評論如此說道。[49]儘管如此，進步只會朝著一個方向前進。菲律賓的人口預期將從當前的一億零一百萬人，成長到一億四千兩百萬人（二〇四五年），接著（可能）開始衰退。[50]而這樣的故事正在全世界上演著。儘管都市化、女性賦權、生育率下滑等，在世界各地因為不同的文化背景，以不同的速度發生著，卻也早已成為一種普世現象。

假如你私底下詢問一些人口學家，可能會聽到他們認為在各種打臉證據的存在下，聯合國卻仍舊維持高人口預測並最大化人口過剩危機，或許是因為想要合理化自己對經濟成長的干預（聯合國裡面並沒有死忠的自由放任資本主義派），同時確保人們對聯合國救援計畫的持續需求。但我們不需要過度沉溺於陰謀論，批評聯合國是故意使用儘管過去為真、現在卻不為真的錯誤模型。

我們認為，聯合國的低出生率假設（或任何相似的論調），是很有可能發生的。多數正在閱讀本書的人，都有機會親身經歷全球人口開始下滑的那天。在過去，多沓火山、黑死病、殖民地浩劫和各種大災難導致人口下滑。而現在情況不同了。這一次，人口的減少將是緩慢且刻意地。這一次，是出自於我們自身的意願，每一年的人口都將比前一年的人口更少，日復一日，年復一年。多數人都明白這些，也已經將其刻寫進人生裡。只不過一直到有人點醒我們，我們才驚覺事情的真貌。像是在布魯塞爾的一場晚宴上。

Chapter

3

歐洲一片白髮蒼蒼

有十五個人來共進晚餐，所有人擠在茱蒂絲和納薩尼爾的公寓中，聚集在那張超大的木製餐桌旁。這六對夫妻年齡多介於二十、三十歲間，並認為自己算是觀念開明的人。其中兩名兒童——六歲的洛曼和四個月大的蒂妲，豐富了出席者的身分型態。在場的男性多為學生或藝術家，女性則負責工作和支付房租。晚餐後，男人到陽台上抽菸，女生則開始清理（嗯，或許他們沒有自己想得那樣開明）。

茱蒂絲和納薩尼爾住在夏比克（Schaerbeek）——布魯塞爾轄區內、十九個自治區中的其中一個。比利時人肯定可以贏得最佳猜忌獎，畢竟他們國家擁有過的政府數量，遠比地球上任何一個地方都還要多。一八三〇年，一群血氣方剛的年輕人在歌劇的鼓舞下展開反抗，比利時也因而成功從荷蘭獨立。這個小小的國家擠滿了一千一百三十萬人，包括說佛萊明語（一種荷語）的佛萊明人，和說著法語的瓦隆人。此外，還有說著德語的東部地區與布魯塞爾（差不多剛好位於國土中央）的不相鄰地帶。布魯塞爾也是該國唯一兩種語言（佛萊明語和法語）都通行的地方，儘管人人都知道英文才是非官方的官方語言。比利時人熱切地接受了地方自治的概念，這也是為什麼布魯塞爾居然有十九個自治區的原因。

倘若我們以「對美國人而言，所有歐洲城市中心都很迷人，因為這裡擁有他們所沒有的歷史文物或很好的都市計畫」此一假設為出發點，那麼夏比克自治區確實很迷人。

街道上排列著可追溯自十九世紀的三層或四層樓磚房，儘管寬度不寬，卻有著偌大、能讓陽光盡情灑下的大窗戶。商店小巧，且多為當地人所開，公共設施與公園既整齊又乾淨。只有當你細看後，才會發現許多磚房非常需要重新油漆——有些甚至不只是需要粉刷而已。布魯塞爾的法律和規定是如此繁瑣且複雜，導致整修根本無法進行，房東只能任由屋子腐朽。這個社區是處民族熔爐，居民包括了傳承數代的老歐洲人，還有土耳其人和摩洛哥人的後裔。莫倫貝克（Molenbeek）就在夏比克不遠處，而居住在此區的少數族群也是發動二〇一五年巴黎恐怖攻擊的行動者。二〇一六年三月，警察因為恐怖分子對布魯塞爾機場及地鐵進行炸彈攻擊，而逮捕了其中一名主謀。這名策畫者被逮捕之地僅離茱蒂絲和納薩尼爾的家，不過一個街區之遙。

倘若你問起，今晚在場的年輕人多數都不太清楚自己的遠房親戚在做些什麼，不過他們會同意這些親戚的數量相當驚人。丹妮爾回想自己曾祖父或曾祖母有十五個兄弟姊妹，至於他們的父母輩，擁有四個手足是最為普遍的情況。他們自己則通常有一到兩個兄弟姊妹——「他們多為小家庭。」來自法國的阿德里安，這樣描述自己觀察到的父母輩。在餐桌旁的六對伴侶中，其中一對夫妻有兩個孩子，另一對有一個，其餘人都沒有孩子。倘若這些夫妻想要孩子，那麼通常就是現在會生。但此刻孩子不是他們優先考慮的目標。為什麼不是？

「因為父母告訴我們，『不要生小孩，養小孩太貴了。』」「因為我們兩個人都需要工作。」「想要自由自在。」「因為沒有房子，買房成本太高。」「倘若你想要孩子，你必須要很有錢。」「我們的工作非常辛苦，根本沒時間生小孩。」請注意在這些不生小孩的理由中，所出現的兩派負面答案：沒有小孩的夫妻認為養小孩太貴、且兩人都要忙於工作；但與此同時，他們也認為自己可以隨心所欲地視情況來決定到底要不要小孩。

顯然在場夫妻養育孩子的數量，遠低於人口替代率的二．一個孩子。為了能代替自己，這六對夫妻本應生下十三個孩子。但以目前僅有三個孩子的情況來看，這群人的生育率連〇．五都不到。即便未來可能會有更多的孩子，還是很難想像這群坐在餐桌旁的夫妻們，能製造出三十年後足以代替自己的後代數量。

這些夫妻非常典型。在生育率僅有一．八的比利時，其製造出來的後代遠低於替代率。而比利時並非特例。事實上，該國生育率甚至還超越了歐盟的平均生育率（一．六個）。儘管英國的生育率有一．八，但多數國家卻低於此一平均，像是希臘（一．三）、義大利（一．四）、羅馬尼亞（一．三）和斯洛伐克（一．四）。[1] 這些國家已經開始流失人口：希臘的人口自二〇一一年開始衰退。[2] 義大利二〇一五年的新生兒數量，是該國自一八六一年成立以來的最低點；[3] 同一年，波蘭有兩百所學校因為收不到學生而關閉。[4]葡萄牙有可能在二〇六〇年時流失一半人口。[5]聯合國推測，自一九九〇年代以來，東歐國家總共損失了六%的人口，也就是一千八百萬人。這個數量相當於荷蘭這個國家從地球上徹底消失。[6]對這些坐在餐桌旁的夫婦來說，人口減少似乎是一個好消息，「更多空間」「更多工作」「房價更便宜」「所有東西都更便宜」，但他們還沒有好好想想一些衍生問題。更少的年輕人也意味更少的稅金，而這些稅金恰恰是他們年老時健康保險及退休金的來源。愈少夫妻選擇生孩子，也意味著愈少人買房，因此房價會下跌，導致人們的資產縮水。畢業生到中壯年的主要勞動人口減少了，也意味著有更少的人需要買車、買冰箱、買沙發或牛仔褲，也就是更低的經濟成長。倘若他們想到這些，這群餐桌旁的人勢必會陷入一陣靜默。

人口下滑的開路先鋒

歐洲之所以有這麼多國家都面臨人口流失，原因有一——地理因素，這讓歐洲大陸難以統一，也解釋了為什麼西方的卡拉維爾帆船能贏過中國舢舨。

在過去四千年裡，中國一直是統一的（或多或少）。廣闊的平原和河流，吸引了征服者與往來者。在各個分裂期間裡，總是伴隨著各種混亂，這也成為創造一個團結、穩定政府的文化驅動力。統一經常帶來太平盛世。如同許多人所熟知的，多數偉大的西方「大發現」——火藥、紙和指南針，事實上都是中國人先發明的。

一四〇五年——早在哥倫布從帕洛斯港（Palos de la Frontera）出航的一個世紀前，中國就已經非常進步。明朝永樂皇帝派遣了龐大的艦隊進行七次遠航，最遠甚至到達了今日的肯亞。該艦隊使用的船隻主要為全長可達一百五十公尺的九桅舢舨（比哥倫布的聖瑪麗號〔Santa Maria〕宏偉五倍以上），周圍還有數艘小船支援。[7] 在十五世紀早期，中國航海技術遙遙領先歐洲。

但一個龐大、統一的帝國，自然需要強而有力的中央政府，也就是一個強而有力的官僚體系。而這個官僚體系，最終也導致了貪汙和腐敗。在七次航行後，永樂的帝國繼承者要求艦隊留在港口。宮廷中傾向於孤立主義的孔夫子派，認為在國家邊界時常受到蒙古威脅下培養艦隊，代價實在過於高昂。而他們的主張，壓過了更具世界觀的宦官派。打造船隻——即便是二桅舢舨，變成一種死罪。艦隊開始腐朽，技術於是失傳。

綜觀整個人類史，沒有人能征服整個歐洲。歐洲大陸中部的平原確實能讓人輕鬆地長驅直入（只要你知道如何渡河），但接著，你必須面對將義大利半島隔絕的阿爾卑斯山，以及讓人無法輕易進入伊比利半島的庇里牛斯山。更不用說斯堪地那維亞和不列顛群島，那裡有天然的護城河屏障。羅馬人差一點就打下整個歐洲——在英國，他們的勢力遠達英格蘭與蘇格蘭邊界（以哈德良長城為標記）；但在條頓人的森林中，他們吃了敗仗，並退守到萊茵河。查理曼大帝（Charlemagne）曾經於公元八〇〇年左右，短暫地統一近乎整個西歐，但成功並沒有維持多久。拿破崙（Napoleone Buonaparte）十九世紀征服歐洲所維持時間則更短，希特勒（Adolf Hitler）也不例外。歐洲最強盛的帝國為英國，在其勢力最昌盛時，甚至掌握了世界上四分之一的人口。但英國是透過水路而不是陸路，來打下自己的江山。

分裂一直是歐洲最大的幸事。它帶來了多元化，也是發明之母。國王對某一想法的箝制，無法超越自己的疆土。倘若你高興，你確實可以放逐猶太人，但他們還是會找到其他安身之處。天主教和基督新教的分裂，意味著異教徒總有地方可以竄逃。這位國王或那名教宗可以禁止某本解釋某個理論的書，但總有人會把該書的印刷樣版走私到法令也無能為力的地方，然後印刷。蒙古人、突厥人和哈布斯堡王朝的持續威脅，讓人們加倍注重開發更好的帆船、更強韌的弓箭和有效率的毛瑟槍。國與國之間的競爭，刺激經濟上的較量，因為任何一位開明的統治者，都知道花錢養軍隊就是在戰場上先贏了一半，有時甚至能避免戰爭實際發生。當這些大公國在有限的土地上相互牽制，競爭著誰才能賺到最多財富時，他們也開始關注向外探索。

在中國艦隊開始探索印度洋的時代，伊比利半島就像是衝突與創新的悶燒鍋。在八世紀被穆斯林攻占，又在中世紀中葉逐漸重回基督教勢力版圖的伊比利半島，成為基督教與穆斯林相互競爭科技，互相影響並融合的地方，同時催生出有著大三角風帆，讓船可以逆風航行的堅固卡拉維爾帆船。結果證明，卡拉維爾帆船在設計上確實無比精良，可以從地中海的避風港，一路行駛到暴風雨充斥的大西洋上。葡萄牙王子恩里克（Henry the Navigator），資助了沿著非洲西海岸進行的探索之旅，更創辦了致力於提升航海技術及地圖繪製的學校。當恩里克於一四六〇年逝世時，葡萄牙的探險隊已不負眾望地遠達今日的獅子山共和國。一四八七年，巴爾托洛梅烏．狄亞士（Bartolomeu Dias）繞過好望角，證明大西洋與印度洋是相連的（他最初將此處命名為風暴角，但那時候的人想必已對行銷學早略懂一二，因此葡萄牙國王約翰二世〔King John of Portugal〕替換了一個被沿用至今的正向名字）。瓦斯科．達伽馬（Vasco da Gama）於一四九八年抵達印度，永久性地打破了穆斯林對亞洲及歐洲貿易的控制權。就在此時，西班牙加入戰局，於一四九二年派遣哥倫布朝西航行。不久後，英國與法國趁著葡萄牙開始式微之際，宣稱自己占領了新世界的大片土地。但重點來了：卡拉維爾帆船的技術是可以轉移的，而另一名國王註定要將其發揚光大。和中國相反，黑暗時期以後的歐洲君王對現有知識非常看重，更不願意任其荒廢。

歐洲文藝復興時期下的技術進步，帶動了啟蒙時期的科學發展，從而導致十九世紀發生的工業革命，並讓成千上萬名百姓離開農地，搬到蓋滿工廠的城鎮上。我們已經知道都市化是導致生育率下滑的最主要原因，將孩子從一種資產（可耕作的勞動力），轉變成負債（多一張需餵養的嘴）。我們也知道都市化讓女性獲得賦權，而擁有更好教育及自主權的她們，也因此選擇生育較少的孩子。同時，宗族及宗教的勢力正在衰退。自歐洲發生工業革命開始、自歐洲成為世界上最不相信教會的社會開始、自歐洲婦女比世界上多數地方婦女擁有更平等的地位開始（儘管那些比利時男人還是會在女人收拾碗盤時晾在一旁抽菸），歐洲會成為人口下滑的開路先鋒，就不是什麼令人驚訝的事了。

英格蘭與威爾斯在一八〇〇年時，其生育率約為六，接著出現了穩定且持續的下滑，並在一九四〇年來到替代率二．一左右的程度，而美國及其他西方國家的數字也差不多。奇特的是，法國早在一七〇〇年代末期，生育率就開始下滑，沒有人知道確切的原因為何。法國大革命的發酵，以及因為大革命而誕生的世俗化社會，或許造成了一定程度的影響。[8]但無論原因為何，過早就開始下滑的生育率，對該國的未來帶來災難性的後果。隔壁生育率更高的德國，其人口變得比法國還要稠密，因此在一八七〇年的普法戰爭中取得勝利。為了避免歷史再度重演，法國開始尋求盟友，以彌補自己在人口方面的不足。德國也開始尋求盟友，並導致了兩次世界大戰中，長達半個世紀的屠殺。下滑的生育率對國家安全而言，或許會帶來致命性的威脅。

歐洲嬰兒潮起潮落

在一九三〇年代的大蕭條爆發時，多數歐洲國家的生育率僅僅剛好滿足替代率。接下來的故事我們都清楚：因為大蕭條及二戰導致生育率遭受壓抑的情況，引爆了已開發國家內的嬰兒潮。有趣的是，嬰兒潮的序幕早在戰爭前就開始，且在大戰時仍持續發生。斯堪地那維亞國家的生育率在長達一世紀的穩定下滑後，終於在三〇年代觸底反彈。英格蘭及威爾斯的生育率為一．七，比利時則在一九三五年到達一．九的低點後，開始逆轉趨勢。戰後的西德，生育率一路下降至一九三三年的一．六，遠低於人口替代率。但緊接著，德國人又開始生孩子，而法國與比利時的生育率也在二戰期間，開始有起色——儘管當時兩國都受到德國的控制或統治，導致食物或煤等物資愈來愈稀缺。至於瑞典或瑞士這些中立國，其嬰兒潮早在一九四〇年代就已經發展得如火如荼。[9] 因此，歐洲某些國家人民開始生下的後代比一九三〇年代下半更多，而這或許是因為大蕭條開始緩解，讓生兒育女在經濟上變得比較可行。戰爭打亂了一切，但在戰爭畫下句點後，被壓抑的生育率也迅速獲得解放，掀起了瘋狂的嬰兒潮。這樣的情景在西方世界相當普遍，但讓我們先以丹麥為例。一九三〇年，年齡介於二十至二十四歲的丹麥女性中，有二九%為已婚。一九六〇年，該數字上升到五四%，年輕夫妻的比例翻了近一倍。早婚成為一種潮流：在未婚同居被視為不道德的年代，戰後復甦讓年輕人有足夠的財力提早結婚生子。「在此時期內，結婚率不斷上升是非常普遍且關鍵的趨勢……而且這種現象更是跨時代、跨世代及跨國。」[10]早一點結婚，也意味著有更長的時間生小孩，因此生小孩也成為一股潮流。丹麥的生育率在一九六〇年時，攀升到二・五，隨著日子愈來愈富裕，這股生子潮流自然是能輕鬆負擔的。

但潮流終有盡。一九七〇年代，歐洲的生育率先是再次回到替代率，接著繼續下滑，直到低於替代率的二・一。在多數已開發國家中，生育率驟降到每名母親生養一・三至一・八個孩子間的水準。芬蘭為一・八，斯洛維尼亞現在為一・六。身為歐洲最後一個現代化、且天主教勢力仍舊強盛的國家——愛爾蘭，其生育率則穩定地停留在二・〇。義大利的生育率自一九八〇年代以後，就一直在一・二至一・四間徘徊。目前身為歐洲生育率數一數二高的法國，維持在二・〇的水準。丹麥則是一・七。

這波新趨勢是如何出現的？答案很簡單：跟以前一樣。如同我們早已知道的，生育率在過去一個半世紀間持續下滑的原因：都市化、公共衛生的改善、更富裕的日子，以及最重要的——婦女逐漸獲得的自主權，讓各個世代的生育率愈來愈低。避孕藥的問世、更容易取得的生育控制、更恰當的性教育，也各自發揮了影響。嬰兒潮倏忽即逝。當這股潮流消失後，較低生育率的趨勢再度捲土重來，直到其下降至今日最自然而然的水準——出生率低於替代率。

生育率下滑與宗教信仰下滑間的正相關，在歐洲尤其顯著。二次世界大戰前，基督教會的兩大派別——天主教和新教，影響了許多國家的公共政策。這兩大教派同樣譴責婚外性行為和節育控制，而這也締造出許多大型家庭，並僵化了丈夫負責上班賺錢、妻子負責操持家務的角色分配。但在戰後，通訊科技突飛猛進、教育程度提高、不再推崇順從，以及基督教一連串的性醜聞等，無論原因究竟為何，教會的力量（包括對節育的打壓）開始減弱。以比利時來看，直到一九六〇年代，參加星期天的彌撒仍相當普遍；但時至今日，布魯塞爾只有一．五％的人會參加彌撒。[11]一名記者指出，比利時的教會機構「或許僅僅只是教堂古蹟的管理者。」[12]與一九六五年相比，如今歐洲的結婚率僅為當時的一半。[13]而且民事結合（在比利時，荷蘭文稱「samenwoning」、法文稱「cohabitation」）變得愈來愈常見。

你或許會想：為什麼這些社會的人口，沒有在生育率下降至低於二．一時就出現衰退？原因有二。在歐洲的嬰兒潮落幕後，這些孩子們仍舊活蹦亂跳，並長成足以生兒育女的大人。即便他們生的孩子比維持長期人口水準所需的數量還要低，但短期來看，還是有足夠的孩子來確保人口成長。其次，儘管出生率下降了，平均壽命卻成長了。還有新的藥物、新的手術技術、新的吸菸管制、新的健康告誡，以及一月也能吃到來自摩洛哥的覆盆子莓。一九六〇年，出生在英國的男性預期壽命為六十八歲（這也是已開發國家的常見數字），這同時解釋了為什麼戰後那嶄新、繁複的退休金體制，將退休年齡定在六十五歲。你可以一直工作到六十五歲，然後打個幾年高爾夫，接著安眠。

但在二〇一〇年，在英國出生的男性預期壽命為七十九歲，而一般也預期除非遇上什麼大事，否則這個數字還會繼續向上攀升。這樣的事實也讓英國跟多數已開發國家一樣，開始無力應付自己的退休金系統。如今的九十歲就像是過去的八十歲。那些享受著退休時光，進入人生第五個或甚至更多階段的老年族群，同樣成為人口數量的支柱。

但隨著下兩代的生育率繼續停滯在替代率以下，人口學現實終會降臨。人口會開始減少，如同西班牙、保加利亞等地的人口已經減少一般。在人口年增率僅有〇．二％的情況下，整個歐洲大陸的人口很快就會急遽下滑。

不過這不會發生在比利時。該國預測從現在（一千一百二十萬人）至二〇六〇年（一千一百四十萬人）間，人口會趨於穩定，甚至出現小小的成長[14]。這是有原因的。這可以追溯自一九六四年時，席歐．勒費弗（Théo Lefèvre）和哈桑二世（Hassan II）的一紙協議。

移民政策能否一勞永逸？

因為講法語的瓦隆人及佛萊明人之間的苦澀矛盾，讓擔任比利時首相成為民主世界中最不安穩的一份工作。綜觀整個比利時史，可以發現控制著煤礦與主要產業的瓦隆人發展較好，導致佛萊明人覺得自己被邊緣化且日子黯淡。但就在近代，兩大族群的發展情況翻轉了——而這不過是壓垮駱駝的最後一根稻草。在大選後要想組成一個聯盟，往往需要耗費數個月的時間，且這個聯盟有時還很不穩定。因此，在席歐於一九六一年登上比利時掌權大位後，他知道自己沒有太多時間，但有一件事急需進行。該國面臨了嚴重的勞動力短缺，沒有什麼工人願意在那骯髒、悶臭，有時還很危險的工廠裡工作，但這偏偏是支撐著比利時的產業命脈。他該怎麼辦呢？

摩洛哥的哈桑二世也有個難題。不過才登基三年，他就必須應付該國北邊出現的反叛勢力，與此同時，摩洛哥對茅利塔尼亞和阿爾及利亞的主權宣言，也惹毛了他們的鄰居。他需要外援，以及西方政府的支持。儘管安全與財富都須仰賴出口，摩洛哥卻沒有什麼能供出口——除了他們的人民，而這正是比利時所需要的。一九六四年，比利時與摩洛哥簽訂了協議，將成千上萬名摩洛哥人（多為難搞的里夫山地部落族群）送到比利時擔任外籍勞工。其他的歐洲國家也如法炮製，分別和土耳其、阿爾及利亞等中東及北非國家合作。按計畫，這些勞工本來只是暫時停留，但計畫總是趕不上變化。外籍勞工有了孩子，而這些孩子成為比利時的公民。

從賓夕法尼亞州到瓦隆，傳統產業在一九七〇年代開始沒落，面臨了來自過去俗稱第三世界的強大競爭，這也讓從事夕陽產業的上百萬名勞工們陷入失業的困窘。在比利時，這些工人多為摩洛哥人，他們試著尋找新工作，卻只能和比利時那傳說中的官僚體制打交道；他們希望改善孩子的生活，卻發現學校倒閉（許多地方如莫倫貝克因為陷入貧困，導致老師紛紛出走）。許多比利時人擔心，那些被孤立、貧困的下層摩洛哥人，會封閉自己，拒絕融入比利時的社會。加拿大新聞記者及都市理論家道格．桑達斯（Doug Saunders）在研究了此一問題後，卻提出了不同的看法。「這些移民者並非選擇縮回到舊有的摩洛哥式生活。他們只是試圖在沒有任何援助下，找到生存的辦法，即便這可能意味著游走在黑白市場間的灰色經濟及犯罪。」他如此寫道。[15] 最終，比利時政府總算採取行動，提供更好的職業訓練及教育機會，嘗試改善情況。而隨著政府機關及課堂上愈來愈多的比利時阿拉伯人，族群融合的情況似乎也愈來愈樂觀，布魯塞爾成為世界上數一數二多元化的城市。但對許多人而言，孤立仍繼續存在。在這個擠著成千上百萬人的小小比利時內，有著最美麗的城鎮、風景如畫的田野風光、綿延起伏的丘陵，和每一棵都像是精心設計而栽下的大樹，但這裡卻也成為孤寂的集合體。

出席這場晚餐聚會的佛萊明年輕藝術家與專業人士們，並沒有什麼穆斯林朋友（也沒有什麼瓦隆人朋友）。他們明白，比利時必須找出一個更好的方式，讓這些嶄新、極為不同的族群融入社會。「我們很想更了解他們一點。我們必須學著進一步了解彼此。」茱蒂絲堅持。但實際上困難重重。

移民政策成為生育率低於替代率的先進國家，用來維持人口、或至少消弭人口衰退影響的方法。但移民既有好處，也有壞處：孤立、排斥、種族競爭、不斷高漲的社會緊繃氛圍。此外，儘管移民的輸入可以或多或少彌補出生率的下滑，但這些移民往往也會漸漸適應該國的生育率（即便是穆斯林族群）。新移民只需要花個一代的時間，就能適應都市與二十一世紀生活的基本現實：孩子是寶貴而稀缺的產品。

隨著國家人口慢慢老化，又因為生育率下降而需要依賴移民來滿足其缺乏的勞動力，歐洲註定變得愈來愈棕黃（種族融合）且灰白（高齡）。而這樣的失調已經相當明顯：當數百萬名中東難民在二〇一五及二〇一六年間，因為敘利亞內戰及伊斯蘭國的崛起而湧入歐洲大陸時，曾經敞開大門歡迎他們的政府紛紛關閉邊界，架起拒馬。你是否曾經想過，為什麼這些難民情願冒著性命危險，通過愛琴海及地中海抵達歐洲，而不願意單純地徒步行經土耳其及保加利亞的邊界呢？其中一個原因是保加利亞拉起的圍籬、巡邏，以及據稱行為兇殘的邊防士兵。[16] 東歐國家可以善加利用新加入的移民，但與西歐鄰居相比，他們更不願意接受這些難民的進入。「保加利亞不需要未受教育的難民。」副首相瓦萊里．西梅諾夫（Valeri Simeonov）對BBC如此表示。即便是擁有技術的難民，也不受歡迎。「他們擁有不同的文化、不同的宗教，甚至是不同的生活習慣……感謝上帝，保加利亞是截至目前為止，在防堵移民潮上表現得最出色的其中一員。」[17]保加利亞的人口早已從一九八九年的將近九百萬人，縮減到如今約莫超出七百萬人的程度。到了二〇五〇年，保加利亞還有可能因為低出生率（一．五）、完全缺乏移民政策，以及本國人口移民到歐洲其他地方，而失去另外三〇%的人口。保加利亞需要新血，但他們不在乎。他們情願漸漸從地表上消失，也不願意和陌生人住在一起。

為什麼有這麼多的歐洲國家儘管知道自己的人口正在下滑、或即將下滑，卻仍然不願意接受移民呢？為什麼某些移民族群特別難融入大環境呢？有許多黑暗論調圍繞著這些問題：歐斯底里和邊境種族主義者如布魯斯．包爾（Bruce Bawer，著有《當歐洲沉睡時：激進伊斯蘭主義如何從內部摧毀西方》〔*While Europe Slept: How Radical Islam Is Destroying the West from Within*〕），和馬克．斯坦恩（Mark Steyn，著有《熄燈：伊斯蘭、言論自由與西方世界的曙光》〔*Lights Out: Islam, Free Speech and the Twilight of the West*〕），紛紛警告著歐洲，穆斯林文化將入侵他們的文化與政治，並以伊斯蘭教法及新的哈里發，取代西方憲政民主。事實上，即便到了二〇五〇年，穆斯林的數量也僅占歐洲不到十分之一的人口[18]——根本不足以建立歐拉伯（Eurabia）或倫敦斯坦（Londonistan）。而此一族群的數量還有可能更低，因為這些國家的生育率正在下滑，而且「隨著時間過去，穆斯林的生育率與（歐洲）各國主要人口的生育率逐漸靠攏。」[19]在一份皮尤研究中心（Pew Research Center）所進行的研究中，預測到了二〇三〇年，歐洲穆斯林族群的生育率將會掉到二・〇，低於替代率，且比非穆斯林族群的一・六生育率，多出不到半個嬰兒。儘管如此，反移民的論調（包括了來自非洲、中東或其他歐洲國家的移民），還是讓五二%的英國人，在二〇一六年六月二十三日那一天，用選票決定脫離歐盟。從法國到波蘭，對移民的恐懼助長了右翼的興起。但誰又能責怪被高曝光度恐怖攻擊行動所驚嚇的百姓們，要求加強邊境與居住環境的安全呢？具備各種意識型態與膚色的歐洲人們，試圖找出新的方法，幫助自己排解因為接受移民的必要性與社會對立而激生的矛盾。

當然，解決非歐洲移民難題的其中一種辦法，就是製造更多歐洲人，增加自然出生率，讓人口組成愈來愈年輕。逐漸增加的兒童補助、更多的托兒所、法定育嬰假等，總有某些激勵措施能誘使歐洲夫婦們生下第二個或第三個孩子。確實，有些政府也努力過了，結果卻是憂喜參半。

瑞典的家庭政策

時間回到一九二〇年代初期，當時瑞典經濟學家、社會學家及政治家貢納爾．繆達爾（Gunnar Myrdal）還是斯德哥爾摩大學的學生，但早已鋒芒畢露且心高氣傲。故事是這樣開始的，某次，一位教授警告他應該要更敬重長者，「因為你的升遷決定就掌握在我們手中。」「是的，」貢納爾回應，「但替你寫訃文的卻是我們。」[20]一天晚上，這名鐵路工人之子在進行腳踏車之旅的途中，在一間農舍停了下來。那天，他遇見了農夫之女艾娃，而這樣一個看似不入流笑話的起頭，卻成為二十世紀最偉大婚姻的起點。這兩人分別贏得了諾貝爾獎：一九七四年，貢納爾和佛列德利赫．海耶克（Friedrich Hayek）共同贏得了經濟學獎；而艾娃於一九八二年和阿方索．加西亞．羅夫萊斯（Alfonso Gar ia Robles）共同贏得了和平獎。在瓦解了美國學校隔離主義的「布朗訴托皮卡教育局案」（Brown v. Board of Education）中，美國最高法院引用了貢納爾針對美國種族不平等所出版的作品——《美國的困境》（*An American Dilemma*，《紐約時報》稱此書為『自托克維爾以來……美國最重要著作』[21]）。艾娃則領導了全球性的核武裁軍。他們也是一對完美、有愛心，卻老是吵吵鬧鬧的夫婦，兩人的婚姻持續了六十年之久。「人們不明白，最大的幸福就是相互陪伴一直到老，」貢納爾曾經這麼說道。[22]但在一九三〇年代，兩人最關注的是瑞典那令人沮喪的生育率。一九〇〇年還維持在四．〇的生育率，在一九三五年驟降到一．七。如同所有西方國家，瑞典也很努力地渡過大蕭條時期。貢納爾擔心，除卻所有邪惡的影響外，大蕭條正在壓抑瑞典生育率，威脅該國的人口穩定性。一直到當時，提倡大家庭的「鼓勵生育」政策仍是政治與宗教正確的政策，且天主教會也大肆抨擊節育與墮胎。繆達爾夫婦擁護左派思維，認為只有當婦女成為家中與社會中的平等夥伴（艾娃的主張），人口水準才能繼續維持（貢納爾的主張）。[23]一九三四年，他們發表了《人口問題危機》（*The Crisis in the Population Question*），撼動了瑞典的政策制定。根深柢固在斯堪地那維亞傳統中的社會團結觀念，讓社會民主黨（Social Democrats）於一九三二年贏得執政權，而該執政黨也竭盡心力（無視經濟方面的短缺），來扭轉生育率下滑所造成的影響。在依循繆達爾夫婦著作的建議下，執政當局展開改革，給予懷孕婦女免費的醫療保險以及慷慨的家庭津貼。因為婦女懷孕或擔任母親一職而將其開除的行為，成為一種違法情事，瑞典婦女愈來愈能自在地將職業與家庭結合在一起。這樣的成果，就是出生率上升，經濟也獲得改善。是瑞典的社會政策帶動了經濟成長，從而拉高了出生率嗎？數十年來，這兩件事的因果關係深深困惑著經濟學家，至今仍舊無法取得共識。我們唯一能肯定的，是這三件事一起發生。瑞典的出生率逐漸攀升到二．五左右。

但在一九六〇年代，避孕藥變得更加普及，且在十年後，自主墮胎也合法化。瑞典男人開心地讓妻子們去上班，卻也開心地讓她們操持家務，導致女性壓力大增且心生不滿。在一九七〇年代，出生率又開始如其他地方一樣，出現下滑。但瑞典政府和歐洲或北美的政府並不相同，畢竟這數十年來，他們已經非常習慣於保護高出生率。因此，瑞典政府開始增設托兒所，並發起了一項運動，鼓勵男性分擔家務與育兒責任。到了一九八九年，可能領到九成薪資的產假延長至整整一年，生育率於是重回二·一。

然而，這項政策的代價非常昂貴，而瑞典的經濟又在一九九〇年代，因為不動產與銀行泡沫化而陷入嚴重的蕭條中。在政府掙扎著試圖解決不景氣的期間，孕期照顧政策與許多福利措施都因此遭到刪減。或許是因為福利政策的縮水，也或許是出於對經濟不確定性因素的恐懼（更有可能是此兩種情況的結合），瑞典家庭又再一次選擇生較少的孩子。於是，在一九九〇年代的尾聲，生育率再次下滑到一·五。[24]但在不景氣過去後，政府又開啟了新計畫來重振出生率。如今，產假與育嬰假被延長到四百八十天，且多數時候還可以領八成薪。每一名伴侶被要求——被要求！——必須休兩個月的假，否則就會喪失部分福利。再加上慷慨的基本家庭津貼福利，每多一名孩子，就可以為你帶來額外的收入，且每個孩子獲得的津貼會因為孩子數量的增加而增加。在斯德哥爾摩，推著嬰兒車的父母可以免費搭乘大眾運輸。大部分的雇主都會提供有薪假，給那些需要在家陪伴病童的父母。現在，瑞典的生育率為一．九，遠高過許多已開發國家的水準，但就長期來看，仍不足以維持人口。於是，瑞典開始試圖透過移民來彌補人口數量，但當地人對外來者的敵意卻也開始與日俱增。

瑞典的例子為試圖改善生育率的國家，帶來了兩個最基本的教訓。用來鼓勵父母多生孩子的昂貴福利政策確實有效。它可以拉抬數字，卻又無法提升太多，且福利政策往往會因為成本過於高昂，導致在經濟衰退時期下無法繼續施行。而福利政策的刪減，又會導致父母暫緩生育計畫。對未來的恐懼，也是日本生育率遭受壓制的一大原因。**經濟不確定性是一種極為強大的節育推力。**

俄國也發生了同樣的情況。在柏林圍牆倒下的時候，該國生育率為非常健康的二．二。但隨著俄羅斯的經濟在一九九〇年代開始崩潰，出生率跟著驟然下降，並在九〇年代末期來到一．二。再加上氾濫的酗酒問題導致預期壽命縮短，俄國人口開始流失，從一九九三年的一億四千八百萬，下滑到略低於一億四千兩百萬（二〇〇九年）。但普丁（Vladimir Putin）成功地逆轉此一趨勢（暫且不論此人的其他特質）。戒酒計畫獲得了成效，該國經濟在石油與天然氣的幫助下開始復甦，讓人口再次攀爬到一億四千四百萬（感謝移民政策），生育率也重回一．七的水準。

你或許也發現了潛藏在這一切現象後的諷刺。工業化、都市化與經濟成長，創造了一個讓女性選擇少生孩子的環境；但在一段時間後，經濟衰退會導致生育率下滑，而經濟復甦又會帶來小幅度的生育率增加。經濟繁榮讓生育率下滑，經濟不景氣卻也讓生育率下滑。

在這場聚會之前，茱蒂絲和納薩尼爾及朋友們，從未想過這個話題。他們就跟其他人一樣：想要找到一間不錯的公寓、為找工作而煩心（然後是更好的工作）、突破伴侶關係的極限以測試情感強度等。是的，我們的感情夠堅定了，讓我們住在一起吧。要不要結婚呢？大概吧，或者不要。要不要生小孩呢？好呀，時機點到了。要不要再生一個呢？不要，有點太晚了。

於是，歐洲開始消失。

Chapter

4

亞洲經濟奇蹟的代價

問題：關於南韓的未來，有任何一點能給予趙英泰（Youngtae Cho）些許希望的地方嗎？他停頓了一下，十根指頭相對，撐成一個立體三角錐狀，身體向後靠了靠，接著搖搖頭。

「我想，恐怕沒有，」首爾大學的人口學家這樣回答，「南韓的未來並不樂觀。」[1]然而，趙英泰並不孤單。隔天，在首爾另一端（相當遙遠）的韓國與北美高知識分子聚會上，一名非常資深的韓國政治家，私底下為自己所觀察到的韓國政治與社會景象作結：「沒有人看起來是快樂的。」[2]表面上，這樣的判斷一點道理都沒有。首爾，儘管不是世界上最可人的城市，卻也是最生機盎然且龐大的城市（端看你如何定義它的疆界）。[3]而透過首爾建築學家口中所探聽到的韓國故事，也像是一連串的奇蹟。

老首爾並沒有留下太多痕跡的原因有許多個。在韓國為人所知的「隱士王國」——朝鮮王朝統治的五百年間（一三九二年至一八九七年），韓國採取了嚴格的鎖國政策，只與中國往來。而這一切在一九一〇年，因為日本的入侵和占領而畫下句點。入侵者夷平了古老的宮殿，卻也帶來了現代化的因素。在二戰後，美國與俄羅斯取代了日本，將這個國家一分為二。韓戰期間，四度被北韓占領、又再被聯合國部隊收復的首爾，被戰火摧殘殆盡。這場毀滅性的戰爭，吞噬了一百二十萬條南韓人的性命（以及一百萬條北韓人的性命），讓南韓成為地球上最貧困的共和國之一，國民的平均年收入不到一百美元。與此同時，卻仍有大量人口從韓國那多山的鄉村湧向首爾，讓整座城市變得就像是一座大型貧民窟。

但美軍的占領，為南韓帶來一場好夢。在二戰期間，許多有美國人相伴的國家獲得了不少好處。美國的占領，奠定了德國式的「經濟奇蹟」基礎；美軍的占領，讓日本擁有了施行民主憲政與快速經濟復甦的根基；美國對台灣的保護（在國民黨因為敗給毛澤東所率領的共產黨而奔逃到至此島後），也確保了此地經濟欣欣向榮與民主制度的發展；而美軍和美援也讓南韓在經歷內戰的摧殘後，還能擁抱現代化。

提到這些，並不是想要矮化亞太平洋復甦這樣的集體奇蹟。日本、南韓、台灣與新加坡抓住了機會，振興自己的經濟。這些國家以無與倫比的努力進行現代化，並用了僅僅一個世代的時間，就讓數百萬人得以脫貧。每一個國家都是一場奇蹟，先讓我們把焦點集中在大韓民國。

一九六一年的軍事政變，開啟了南韓現代化時期。生活在軍政府之下的日子或許不會太愉快，但倘若這樣的軍政府不是太腐敗，那麼他們或許能為一個社會灌注在轉型時所必須的經濟秩序與社會福利。韓國軍政府施行一連串的五年計畫來刺激經濟成長，並建造了一排又一排（一排又一排……）的鋼筋混凝土大樓，來取代內戰後充斥在首爾各角落的劣質貧民屋。緊接而來的是辦公大樓，以及綿延數英里卻始終無法緩解那永無止盡塞車問題的道路。幾乎消失、但並沒有絕跡的狹小巷道與小路，就隱藏在玻璃摩天大廈的盡頭，並成為韓國上班族享用午餐的祕密去處。韓國的經濟模型重心著重於發展由國家支持的大型產業集團——財閥（chaebol）上，締造了家喻戶曉的現代（Hyundai）、三星（Samsung）、起亞（Kia）和LG品牌。南韓從一九五〇年代的赤貧，一飛沖天到成功主辦了一九八八年的奧運，向當代世界展現了自己。現在，南韓在聯合國的「人類發展指數」（Human Development Index）中，排名第十五。

韓戰後獲得改善的公共醫療體系，再加上高達六．〇的生育率（農業、赤貧社會的典型情況），讓韓國經歷了自己的嬰兒潮，人口也從一九五〇年的兩千萬，翻倍成長至一九八五年的四千萬人。這一大群的年輕族群，也成為亞洲為人所熟知的「人口紅利」（demographic dividend）：大批投入電晶體收音機等類似產品生產線的熱情年輕勞動力，帶動了第一波的經濟成長。某些評論家堅稱，這些大量且年輕的族群，是亞洲在二十世紀最後十年中，經濟得以起飛的唯一原因。但這都不是真的——只需看看菲律賓與多數拉丁美洲地區，我們就能發現許多人口紅利被白白浪費的例子。[4] 但比起歡迎，亞洲政府事實上更恐懼那上百萬名的年輕勞動力。受新馬爾薩斯主義警告的影響，亞洲開始推廣性教育及生育控制。儘管這些行為本身是非常好的，但對經濟成長卻不一定有助益。擔憂人口炸彈的韓國軍政府，發動了一項積極且成功的活動來拉低出生率。到了一九八〇年代，韓國的生育率來到替代率的水準。但就跟其他國家一樣，韓國生育率自此後不斷下滑，直到如今那低得令人咋舌的一・二。高生活水準讓預期壽命延長到八十二歲，成為世界上數一數二高的國家。老化指數（aging index）顯示了每一百名十五歲以下人口，所對應的六十歲以上長者數量。當前的南韓已有非常高的老化指數——八十九；到了二〇四〇年，甚至會來到兩百八十九——幾乎是每三名長者對上一名年輕人。這也是趙教授之所以如此擔憂的原因。

韓國將要為自己的經濟奇蹟付出代價，但韓國並不孤單。

愈來愈老的日本

井深大（Masaru Ibuka）是一名深感挫折的執行長。身為索尼（Sony）企業的共同會長，他很喜歡一邊走路一邊聽歌劇，而索尼那台旗艦型攜帶式卡帶錄音機 TC-D5 儘管常見，卻還是太笨重了。於是，他請工程師為了他的個人需求，設計出一台真的能便於攜帶的產品。井深大對交上來的成品非常驚豔，因此帶著產品跑到會長盛田昭夫（Akio Morita）的面前，說道：「你不覺得一台可以讓你邊走邊使用的立體聲卡式播音機，是一個超棒的點子嗎？」[5] 隨身聽於是問世了。

索尼的工程師刪去原有卡式錄音機的揚聲器及錄音功能，設計了一款更輕盈的耳機，並將裝置的效能強化到僅用兩顆三號電池就能驅動的程度。在進行了少許的宣傳活動後（畢竟當時對攜帶式音樂播放裝置的需求仍為未知），索尼於一九七九年七月推出了 Walkman，並期望能在一個月內賣出五千台。然而，銷售量居然直接大破五萬台，卡式隨身聽也成了一九八〇年代的象徵性代表。而研發出更便宜、音質更動聽的攜帶式音樂系統的嘗試，在歷經 Discman、iPod 及智慧型手機後，演化成如今我們隨身就能享受的音樂串流資料庫。Walkman 成為日本創意及行銷遠見的巔峰里程碑，但自此之後，幾乎是一路往下。

倘若你想要了解人口衰退對一個社會的影響，不妨看看日本。一九五〇年，在日本努力地想要重建因為二戰而被摧毀的經濟時，日本婦女的平均預期生育率為三個孩子。但當「日本製造」在一九五〇年代成為廉價且劣質的代名詞時（請回想老舊的電晶體收音機），日本母親開始選擇生少一點孩子。到了一九七五年代，隨著日本製造成為品質與高價位的代表（以豐田汽車的 Corolla 為例），且該國也成為已開發國家後，曾為世界第二大經濟體的這個國家，其生育率下滑到替代率之下，並於二〇〇五年降到最低點一・三，接著再些微反彈到如今的一・四。[6]這種情況在大型已開發國家內並不罕見，但日本與典型的歐洲或北美洲國家卻很不同。日本人可是——嗯，非常的日本人。日本是一個秉持血統主義（jus sanguinis，也稱屬人主義）的國家：獲得公民身分的條件就是透過血緣，或更準確而言——透過擁有公民身分的雙親。倘若丹麥籍夫妻在加拿大生下孩子，這名孩子同時會是加拿大與丹麥的公民；但同樣一對丹麥夫妻在日本生下孩子，這名孩子只會是丹麥的公民。理論上，外國人可以取得日本國籍，但必須經歷一連串讓人絕望的程序，且這些都必須以片假名來進行。調查員會拜訪你的住家和工作場所，在你獲得許可後，還必須放棄原有的國籍。二〇一五年，日本只核可了九千四百六十九位公民資格，[7]遠比五年前的數目還低；二〇一〇年，該數目為一萬三千零七十二人。[8]二〇一〇年、也恰好是日本人口攀上新高峰的一年，總人口數來到一億兩千八百零五萬七千三百五十二人；五年後，人口數為一億兩千七百一十萬。短短五年內，日本損失了一百萬的人口，同時獲得日本公民資格者的數量也更少了。這就是擁有低生育率、反移民政策國家，會遇到的情況。在描述日本如今的人口情況時，最常使用到的字眼就是「災難性的」。[9]不妨思考：如今活著的日本人之中，有超過四分之一的人為年長者，這也讓日本成為全球最高齡化的社會。四十歲女性的數量比三十歲女性還多，而後者的數量又比二十歲女性多。這也是為什麼人口衰退往往是無藥可救的；一旦發生了，就幾乎無法逆轉——因為每一年到達生育年齡的女性數量，都比前一年還要少。而更難逆轉的，還有伴隨著低生育率出現的思維，人口學家稱此思維為「低生育率陷阱」。該理論指出，倘若生育率低於一．五的情況，發生超過一個世代以上，這樣的生育率就會成為新常態，而且是一個幾乎無法改變的常態。如同牛津大學的莎拉．哈波（Sarah Harper）所描述的：「就業模式改變，托兒所與學校減少，同時社會型態將從家庭／兒童取向，轉型為個人主義，生兒育女成為一種個人實現或成就。」[10]對日本夫婦、南韓夫婦、德國夫婦或加拿大夫婦而言，生孩子不再是一種必盡的家族、社會或對神的義務。這是讓夫妻能表現自己，體驗生活的方式，遠比選擇中世紀現代主義風格的客廳裝潢更為重要，或是在哥斯大黎加叢林中度過的那兩周、或是剛獲得超棒的圖像設計師新工作（儘管有些不穩定且薪資較低）等那些能無止盡延伸下去的事物。這些聽上去，是否跟你認識的某些人很像？

到本世紀中，日本人口將下滑到僅些許超過一億的程度；而在本世紀末，則會降為八千三百萬，甚至低於二〇一〇年高峰期的三分之二。[11]政府政策的大方向，是想辦法讓日本人口數量維持在超過一億的程度，但沒有人知道該如何做。隨著年輕人為了工作與希望而離開鄉村、移往都市，「某些村落的人口下降到當地人會用假人來裝飾，期望能增添些許活力的氣息。」[12]二〇一〇年對日本而言，還是另一件事情的里程碑。該年是中國取代日本，成為世界第二大經濟體的一年。中國的成長是促成此一轉變的原因，但更大的原因仍在日本自己身上。中國經濟超越日本的那年，也是日本股市崩盤的二十周年。在股市崩潰後，導致了一九九〇年代那所謂的「失落的十年」，接著是二〇〇〇年代第二個「失落的十年」以及第三個「失落的十年」，和這三十年所創造出來的「失落世代」。經濟下滑的直接原因，為日本銀行（Bank of Japan）在一九八九年十二月提高利息導致房地產泡泡破滅，接著引發全盤崩潰。銀行倒閉，倖存者拒絕借款，急於保護自己的資產負債表。為了解決危機，政府投入了數百億到公共建設上，希望能重振經濟。但這種凱因斯式解決之道，導致私有資本市場挨餓受凍，同時可能反而讓情況變得更糟。

但另一個原因發生在職場上。伴隨著不景氣和不斷成長的債務（GDP的二五〇%），日本成為地球上負債最高的國家，更遑論那逐漸增多且會成為經濟重擔的老年人口。由於日本的退休年齡為六十歲，且薪資極大程度上是隨年資而成長，因此即便年長者想要繼續工作，公司也無法繼續聘用他們。如此一來，日本的工作年齡人口穩定下滑，從而讓日本創下另一項紀錄：已開發國家中最高的撫養比。所謂的撫養比，是指具生產力的工作年齡人口，對上退休人口與孩童（並加上不具生產力者）的總數。在日本，該比率為六十四；美國為五十二、中國為三十九。[13]這意味著與其他主要經濟體相比，日本只有較少的工作者來承擔老年人口與幼齡人口所需要的政策開銷（醫療保險和教育）。但還有一個更可怕的後果。

回想Walkman：此一產品是為了熱愛歌劇的中年使用者所設計的，但那些在卡帶式隨身聽於二〇一〇年停產前購買了兩億台的消費者，也是如今那些會在手機上訂閱音樂串流服務的使用者：年輕人。年輕人會消費，在數十年裡，他們購買了數量上億的四十五轉小唱片、黑膠唱片、卡帶、八音軌匣式錄音帶、CD、iPods、智慧型手機，或是訂閱Spotify及iTunes。這些成年的年輕人們，購買了自己人生中第一台洗衣機、沙發、冰箱和休旅車。他們為嬰兒添購推車，並為了參加公司活動而買一件簡單的黑色洋裝。他們會買房子，過幾年再換一間更大的房子。二十、三十和四十歲的工作者，不僅創造了最多能推動經濟的財富，他們還進行消費。

日本的經濟在過去三十年間之所以停滯不前，某部分原因就是因為高齡人口的消費愈來愈少，導致需求愈來愈低，而擔心需求繼續下滑的銀行，願意提供的創業貸款自然也愈來愈少。如同經濟學家吉野直行和法哈德．塔亨薩迪－賀薩里（Farhad Taghizadeh-Hesary）所觀察到的：「老化的人口和消失的工作人口，是日本陷入長期經濟不景氣的一大原因。」[14]而最終代價同樣也是最難以捉摸的。即便在日本最輝煌的一九七〇與八〇年代，他們在某一項產品上的競爭力總是不如人，這樣產品就是電腦。針對這一點，人們曾經提出各種解釋（包括宣稱日本在文化上缺乏創意的標準種族主義式主張）。但確實有一項原因特別顯著。數位革命——電晶體、晶片、個人電腦、網路、線上購物、雲端服務等，絕大多數都是由位在矽谷、西雅圖，或精英學校如哈佛等地的發明家與企業家所推動的。倘若你曾經讀過這些人的自傳——從傑克・基爾比（Jack Kilby）、羅伯特・諾伊斯（Robert Noyce）等積體電路與晶片的開創者，到微軟的比爾・蓋茲、蘋果的賈伯斯、臉書的祖克柏以及亞馬遜的貝佐斯，你會發現他們都有一個共同點。在他們提出某些具開創性的點子時，他們都很年輕。日本沒有這麼多年輕人了。當社會邁入高齡化時，創新開始變得困難。

日本與韓國的情況，也同樣發生在亞太地區的香港、台灣與新加坡身上。這五個國家全都只用了一個世代的時間，就讓須耗時一世紀的經濟現代化成真。而這五個國家的生育率如今也都位居世界最低。香港的生育率據某項推測來看，實際上已經下滑到一以下。[15]而其他開發中、未完全開發的亞洲國家則緊跟在後，泰國一・四、越南一・八、馬來西亞二・〇。亞太地區大型國家的生育率逐漸朝替代率靠攏，甚至有低於替代率的趨勢，是全球人口衰退的一大推力。亞洲老虎們在短短數十年間，就讓地球上很大一部分的人口脫離赤貧，這絕對是名副其實的奇蹟。但這樣爆炸性的成長，卻也有其代價——社會無法像經濟那樣快速演化，舊時代的價值觀與新現實產生衝突。而預料之外的後果，打亂了政府的如意算盤。如同多數現象（無論是自然或人為），感受最深的，往往就是年輕人。

韓國的N拋隱憂

柳素妍（Soo Yeon Yoo）二十三歲，正在攻讀經濟；朴智浩（Jihoe Park）二十四歲，主攻國際關係；申秀真（Soojin Shim）二十三歲，專長為國際貿易。這三人全都畢業於韓國最高學府——首爾大學。在一場吃著日式便當的午餐聚會上，我們與她們談論著工作、男孩與未來。就跟布魯塞爾的同齡人一樣，他們也有很多叔叔阿姨（他們的父母加起來，共有二十一個手足），但他們每位卻都只有一個兄弟姊妹。

能言善道、有野心又聰明伶俐的她們，將全部心力放在成績、學業及畢業後的就業上。結婚？沒那麼在意。「我的父親鼓勵我不要結婚，因為單身生活自由多了，一個人過日子比較自在，」智浩解釋道，「而且說真的，要找到對的人實在太難了。我爸告訴我，如果找不到這個人，就不要結婚。」至於生孩子，「假如我結婚了，我也只想生一個孩子。」素妍這樣表示。其他人表示同意。或許不生、或許生一個，但絕對不會超過一個。「韓國的職業婦女必須面對非常多不利的情況，」秀真解釋，「韓國職場有所謂的玻璃天花板。要一邊撫養孩子一邊追求職場升遷，實在是太困難了。」

韓國的千禧世代要面臨數不盡的挑戰。他們的父母本身就是奇蹟的一部分，也是享受著經濟爆炸性成長的那一代。但韓國政府沒有足夠的時間，為退休工作者設計出適當的退休金計畫。這樣的下場，就是讓韓國年長者貧困比率位居已開發國家之冠：四五%。[16]為了舒緩困境，韓國政府提高了法定退休年齡，讓年長者可以繼續待在工作崗位上。但由於韓國非常在意尊重前輩的敬老風氣，這些前輩們因此成了體制中的阻礙，導致年輕工作者無法有進一步發展。這也導致了韓國作家凱爾西．鐘（Kelsey Chong）所描述的「拋棄世代」（Give-Up Generation），將面臨一連串不斷累加的犧牲。

首先，他們必須放棄約會、婚姻及生兒育女：也就是「三拋」。[17]「當一名女性結婚並懷孕時，多數雇主會解雇她，」智浩說，「我們都知道雇主會開除我們，這也是為什麼我們多數人都會避免懷孕。」讓事情更雪上加霜的是，多數韓國雇主為了規避終身職員工的成本開銷，轉而透過合約制來雇用年輕的新員工，這也讓年輕人更無力負擔首爾那昂貴的房價。而缺乏終身職與房子的現實，將「三拋」轉變成「五拋」（約會、結婚、生兒育女、可靠的工作及擁有自己的房子），並再升級成七拋（犧牲賺錢機會留在大學以取得另一個學位，或犧牲休閒娛樂在晚上繼續進修以提高自我競爭力）。

倘若當前的狀況就已經夠讓人恐懼，那麼當韓國嬰兒潮的嬰兒們都踏入退休年齡之際，情況會變得更糟，政府也將被迫提高公共醫療的開銷。而那些被迫用自己的稅金來為這些買單的千禧世代，本身還要面臨源源不絕的問題，更成為凱爾西所謂的「N拋世代——且N是一個沒有上限、呈指數成長的變數。」[18]值得注意的是，趙教授並沒有讓他的女兒去上補習班——多數韓國家長為了提高子女擠進名牌大學的機會，會讓孩子去上私人的家教班。補習費非常昂貴，並成為韓國與其他亞洲國家在生兒育女上的另一負面推力。但趙教授認為，女兒要想進入韓國那兩百三十間公立與私立大學，不會有什麼難題。在他自己四十年前念書時，全韓國有大約一百萬名跟他一樣的學生；但當他最小的女兒開始上學時，跟她同齡的新生卻只剩下四十三萬名。「許多大學勢必得關門或進行重組。」他預測。而比起拒絕申請者，這些大學甚至必須拜託學生來註冊。

這自然會是一項優勢。倘若趙教授的女兒們可以選擇自己想念的學校，這是不是意味著她們在畢業後、也是數百萬名韓國嬰兒潮嬰兒的退休潮來臨時，能選擇自己想做的工作？答案既是肯定的，也是否定的。「在她上大學時，事情會比現在來得容易，而在她念完大學後，要找工作也將會非常輕鬆，」他同意道，「乍看之下，人口變少，事情好像變得更好了，但實則不然。她的工作不會是長久的，會更像是暫時性工作。而她的生活水準將變得非常差。」

儘管已經是人群之中的佼佼者，柳素妍、朴智浩和申秀真必須面對的，仍是不確定的工作與買房前景。願意提供終身保障型工作的雇主變得更少了，而隨著必須為老年人口福利買單的稅金愈來愈高，她們的薪水也變得愈來愈少，進一步導致生活水準跟著下滑。難怪她們不急著結婚或生孩子。

然而，在此之外，還有一個原因讓韓國女性對婚姻和生子退避三舍：韓國男人。儘管千禧世代宣稱他們比自己的父母輩來得開明，也比較願意分擔家務與育兒的責任，但統計數據顯示出的卻是另一番景象。確實，日本男性負擔的家務量從一九九六年的二十七分鐘（每日），躍升三倍到九十六分鐘（二〇一一年）。[19] 但與日本女性平均花三個小時做家務的時間相比，仍舊是遠不能及，更遑論與其他多數已開發國家的男性相比。根據經濟合作暨發展組織（Organization for Economic Co-operation and Development，簡稱OECD，成員為重要的已開發經濟體）所做的一份調查，日本男性擔任照顧者的時間遠遠低於其他成員國，從事家務的時間也遠遠低於其他成員國──除了韓國，韓國男性所花的時間甚至更低。家務責任再加上年資決定薪水的體制，就像是對離職生產女性的一種懲罰，讓日本女性與韓國女性更難兼顧工作與育兒。而國家的育兒政策──或者該說是根本性地缺乏此種政策（與其他已開發國家相比）現況，也讓情況更加嚴峻。[20]

這背後的原因是文化性的。韓國的婚姻關係並不單純地是一男一女的結合，更像是兩個家族的結合──這種觀念曾經是放諸四海皆準，但在近幾十年裡，卻漸漸地從歐洲與北美的文化中消失。「我們這個世代的男生都知道自己應該要幫女生，」智浩說道，「但我不知道現實中是否真是如此。而且男方家人不會希望見到男生去做女生的工作。在韓國，婚姻不只是兩個人，而是兩個家庭。因此我們會在乎另外一方家長的想法，尤其是婆婆。在媳婦與婆婆間，有一種特殊的關係。」

貧乏的福利政策及薪資體制，懲罰著那些請產假的女性，而社會上默許男性可以逃避分擔家務的態度，或許會讓你以為日本和韓國女性通常會待在家裡，並可以多生幾個孩子。但她們沒有。日本與韓國女性投入勞動市場的比例確實比較低，但也沒有想像得低——與非亞洲的已開發國家相比：日本為四九％、韓國為五〇％，美國為五六％，德國則為五五％。[21]當女性決定繼續工作，卻缺乏國家、雇主或甚至是先生的支持時，讓亞洲婦女只能延後到快不能生孩子的時候才生。日本女性生第一個孩子的平均年齡為三十歲。美國則是二十六歲。[22]而這些事實又反應在哪些地方？根據韓國統計機構的數據，二〇一五年韓國的結婚率來到每一千人中僅有五．九人結婚，這也是自一九七〇年開始記錄以來的新低。女性結婚的平均年齡也首度來到三十歲。另一項新紀錄：二十歲與三十歲出頭的韓國人口，也首度出現下滑。[23]至於非婚生子女的部分——未結婚的伴侶或獨自撫養孩子的女性，就更別提了，韓國社會對私生子的汙名化仍然非常嚴重。

我們曾經談論到都市化賦權女性的全球趨勢，以及其如何造成生育率下降，這些確實是真的。但每一種文化都是獨一無二的。在旅途中，我們發現許多會影響生育率的當地因素。在亞洲老虎中，其中一個特色就是男權至上的遺風。歡迎女性接受教育、歡迎女性投入工作市場，但社會同時期待著她們必須照顧家庭，且在生孩子後更必須犧牲自己的職業以拉拔孩子。這也導致這些國家的女性生較少的孩子，而誰又能怪她們呢？

亞洲為何不接納移民？

還有另外一種方法能抵銷人口衰退：移民。但這對韓國或其他亞洲國家來說，不是一個選項。要想明白原因，不妨讓我們來看看如今讓全世界都深感苦惱的難民處境。

二〇一五年的難民危機，讓大家見到歡迎國與抗拒國間的鮮明對比。我們已經討論過，歐洲是如何掙扎地去接納那些絕望的新來者。那亞洲國家的反應呢？答案很簡單——他們沒有任何反應。向來如此，亞洲國家不會主動接納難民。擁有全球最多人口的中國，接納了幾乎零位難民：〇．〇二／每一千人。隔壁的日本則更漠然處之，比例甚至逼近〇．〇二，南韓則為〇．〇三。令人驚訝的是，這個數字實在是太驚人地低了。不過難民也不想去那裡，問題自然不在於距離，加拿大離戰場也隔著一片大洋，但他們的難民比為四／每一千人。[24]試圖推敲已開發亞洲國家為什麼如此看重種族同質性的舉動，只會讓我們陷入一個充滿痛苦的世界。但無論原因為何，他們就是如此。在不輕易給予外來者公民身分方面，日本並不孤單。中國、韓國和台灣同樣也幾乎不接受移民或難民。這些國家的人民認為自己的國家有高度的種族單一性，並視此為值得讚許與保護的特質。在日本，「日本人論（Nihonjinron）——一種備受歡迎的國家認同文學流派的核心宗旨，就是指日本為單一民族（tanitsu minzoku）所構建而成的種族統一國度。儘管日本人論在學術圈內遭到徹底批判，但其依舊深植在大眾的意識中。」[25]而占中國人口九二%的漢人，則認為其境內的其他種族要不是一種原始而繽紛的存在，就是試圖顛覆政府的恐怖分子。任何一種外國人，都是不受歡迎的。「現在的中國具有極高程度的同質性，」《經濟學人》雜誌在二〇一六年時如此評論，「而他們也用近乎全面禁止外來者的方式（除新生兒外），來維持現狀。」[26]而韓國人對自己的仇外心態，至少還抱有些許尷尬。二〇一一年，軍方修改了宣誓效忠的誓詞，用「公民」取代了「種族」。[27]儘管如此，大韓民國卻仍然幾乎不對外開放。

在韓國，共有四種外國人：有約莫兩百萬名准許其返回故鄉的中國朝鮮族；還有那些多數居住在鄉村地區、無法找到太太的韓國男人會從越南等地娶回新娘；外國勞工，專門從事韓國人不願從事的「三D工作」：Dirty（骯髒）、Dangerous（危險）和Demeaning（地位卑賤）；以及在韓國大學讀書的外籍學生。（我們應該也要提到那些每年去韓國教個一、兩年英文的兩萬五千名外籍人士）。[28]但隨著中國的經濟向上成長，從中國移民到韓國的朝鮮人愈來愈少。都市化則減少了那些留在鄉村，只能娶外籍新娘的男性數量。短期的外籍勞工則幾乎不可能找到長期工作，更遑論取得公民資格。

而由於韓文的難度，多數外籍學生在畢業後也都離開了韓國。語言問題經常是亞洲國家在移民方面的一大阻力，如同某名日本外交官所解釋的，日本語非常難學，一但學會後，出了日本卻又顯得毫無用處[29]——但這只是煙霧彈。韓國人認為，只有韓國人才是真正的韓國人。就是這麼單純。

努力補救的亞洲各國

亞洲政府知道自己的情況已經十萬火急，倘若不想辦法填補流失的嬰兒量，國家人口在未來數十年後就會出現凹陷。由於政府政策曾在一九七〇年代與八〇年代成功地抑制出生率，因此或許今日的政策，也能幫助提高出生率。在這方面，新加坡可謂極具創意（畢竟他們擁有全世界最低的生育率一．二，也只能放手一搏了）。除了成立由政府贊助，負責舉辦快速約會、騷莎練習坊[30]等活動的約會機構社會發展署（Social Development Unit，簡稱SDU）外，政府也宣布八月十二日為國定假日——國慶之夜（National Night），一個鼓勵夫婦們增產報國的夜晚。如同宣傳影片中主題曲所唱的：「我知道你渴望，SDU也同樣渴望……生育率是不會自己升高的。」[31]韓國則採取了更傳統的政策。由政府補助的生育治療、父親能使用的育嬰假，以及生三個以上孩子能優先獲得公立托兒服務的資格等。該政府也於二〇一〇年起，在每個月的第三個星期三晚間七點半，關閉大樓外的燈光照明，企圖讓上班族「早點」回家（以韓國的工作狂標準來看），「幫助員工專注於生孩子和陪伴孩子」。[32] 但截至目前為止仍毫無成效，二〇一五年的生育率比前一年還低了五%。

不過，南韓認為自己擁有一個獨一無二的人口學優勢：北韓。南韓人熱切地相信著，朝鮮半島早晚都會統一，讓人口直接爆增兩千五百萬人。北韓的出生率為二・〇（假如該國的統計機構能相信的話），約莫等於替代率水準，且大幅高於南韓。但無論地域上的統一能為人口帶來什麼樣的改變，要想和那些掙扎著適應現代世界的貧窮與被（自己政府）洗腦人口融合，勢必會是一場足以淹沒其人口正面影響力的巨大挑戰。

讓部分東亞太平洋國家得以大幅躍升，並為其國民帶來大量意料之財與安定的人口紅利，卻隨著社會老化、醫療與退休金的需求上升、撫養比完全朝錯誤方向前進、年輕世代為（自己及雙親）溫飽而焦頭爛額，變相成為總體人口的負擔。再約莫三十年左右後，韓國預期將會成為地表上最老的國家。依據當前的趨勢，最後一位韓國人將在二七五〇年左右死去。

當然，這樣的事不會發生。趙教授表示，讓韓國人不願接納外來者的種族意識，正在逐漸弱化。「我女兒對班上有外國人的情況很自在。」他說。然而，他仍舊悲觀。他認為，韓國人還沒有做好接受降低期待的心理準備。「每一件事都圍繞著成長打轉。沒有人預期事情會縮減。」

但他們遲早會。新加坡的國慶之夜就失敗了。

Chapter

5

寶寶經濟學

既然已經看了全球這麼多生育率衰退的情況，或許是時候問道：那又怎麼樣呢？誰在乎數十年後的世界？這對我們今日的生活有何影響？

答案：影響可大了。無論你的年齡為何，此時此刻，經濟、社會和人口力量都會以你難以察覺的方式牽動著你。而這些力量也是為什麼如今的青少年與自己父母那年代相比，出現較少性行為的原因。這也是許多國家生下第一個孩子的平均年齡為三十歲，而且這些父母往往只會有一個或兩個孩子的原因。不久之後，這將成為迫使人們延後退休的一大因素；更會是讓人們花超過其預期更多時間與精力、來照顧年邁雙親的推力。在某些情況下，這些力量甚至會讓人們在晚年時期，為那才邁入中年、卻比自己先離世的孩子之死悲痛欲絕，然後孤獨老去。

你不須要等個數十年，才能目睹一個正在變小或變老的世界。你只須要看看自己，因為這就是一個關於你的故事。

晚點生會更好？

讓我們從最重要的決定著手：是否以及何時要生孩子。在這方面，有個大新聞。我們已經知道，南韓女性生下第一個孩子的平均年齡為三十歲，而澳洲、香港、愛爾蘭、義大利、日本、盧森堡、葡萄牙、西班牙和瑞士的情況，也與南韓相同。多數已開發國家的現況也幾乎如此（加拿大為二十八歲）。[1] 全球女性皆暫緩生孩子計畫的趨勢，是我們當代最重大的現象。

孩子是如此美妙。他們能給予父母無數的喜悅，並為地方帶來生命力。他們帶來復甦，他們激發人心，他們讓人收穫滿滿。這個世界上，沒有任何一種力量，能超越父母對子女的愛，這種愛就像是刻寫在我們的基因上。但我的老天呀！他們真的好貴，托兒的成本比大學學費還貴。以擁有五歲以下兒童的美國家庭來看，孩子的開銷平均占家庭收入的十分之一。[2] 接著還有食物和服飾，而所謂的服飾，還意味著必須要這雙球鞋而不是那雙球鞋、必須是這樣的風格而不是那樣的風格、今年秋天與明年秋天完全不同的流行等。你需要一幢更大的房子，有更多的臥室和可以讓孩子玩耍的庭院，或者是一座泳池。國家會替你負擔學費，但國家通常不會替課本、新制服或校外教學買單。別忘了冰上曲棍球的學費和用具費，或者鋼琴等各種音樂課。這輛腳踏車才買了兩年，但已經太小了。「為什麼我不可以？為什麼你總是不准我這樣？這一點都不公平！」還有牙套。千萬別跟父母談起牙套：至少要花上四千五百美元，而且絕不僅止於此。還有，別忘了養車該做的那些事。

根據估計，要養活一個中產階級家庭的孩子——從其出生到滿十九歲的生日，總共要花上二十五萬美元。[3]接著是學院或大學學費。難怪多數父母都覺得一或兩個孩子就夠了。有許多人根本不生孩子，他們情願單身，或者和伴侶一致同意比起養孩子，還不如到處去旅行。所以，他們選擇養了一隻狗。

即便我們忽略養小孩是多麼地昂貴，仍然有大量的理由能說服人們不要生孩子。對青少年而言，當爸媽是一件具毀滅性的事。在這麼年輕的時候就生孩子，可能會嚴重危害母親與孩子的健康（未成年母親經常生下體重過輕的嬰兒）。而青少年母親與父親多數也不具有足以應付這份責任的健全情緒；很多時候，孩子的父親會失蹤。而有孩子的情況，讓青少年很難繼續升學。假如媽媽選擇投入勞動市場，通常能找到的工作都是非技術性的，不僅薪水低廉，工作內容也極為累人。而她賺到的錢或許不足以支付托兒費用，因而被迫申請社會福利。

單親、須依賴救濟金的家庭，與擁有雙薪、但兩人收入皆普通的家庭相比，前者的孩子處境比後者不利許多。而最糟糕的影響，就是對這個孩子的期待降低——從母親到其他家庭成員、老師、朋友，甚至是孩子本身，都不期待自己能有什麼出色的人生，並帶著這樣的低期待繼續生存下去，然後便是惡性循環。在擁有超級昂貴社會安全網的德國，有超過三分之一的單親家庭孩子，生活在貧窮之中。至於一個擁有雙親及兩個孩子的家庭，該數據則為八％。[4]好消息是（確實是一個值得我們拿著大聲公四處宣傳的大好消息），青少年也明白這個道理，因此——與大眾的認知相反，未成年懷孕的比率正在大幅下降。在美國，一九九〇年，平均每一千名青少年中，有六十二名青少年未成年懷孕；今天，這個數字為二十二，近乎減少了三分之二。在其他地方，這種下滑更為顯著。在加拿大，青少年懷孕的比例自一九六〇年以來，已經減少了八〇%，這樣的情況在已開發或開發中國家，如瑞典、捷克、香港、澳洲、阿曼、蒙古、馬爾地夫或巴貝多，也差不多如此。其他地方如牙買加、羅馬尼亞、南蘇丹或南非，下滑的比例則接近一半或三分之二。[5] 研究人員將其歸功於更好的性教育，以及更容易取得的避孕與墮胎方法。而近期興起的臨櫃緊急避孕措施（也就是所謂的事後避孕藥）及墮胎藥，也幫了不少忙。儘管某些社會或宗教保守派試圖否認這樣的事情，但證據非常明確。要想減少青少年懷孕的發生，關鍵就在於指導孩子正確的性行為，並讓避孕措施變得更便宜且容易取得。

青少年懷孕的下降，帶來了非常正向的影響：有較少的女性因為過早生育，而生活在貧窮之中；政府也因此不需要再花這麼多錢來推行福利計畫，讓預算可以挪用到其他層面；因生長環境不健全而加入幫派或闖出各種麻煩的年輕男性數量變少了，導致犯罪率下降，從而降低了警察與監獄的開銷。但隨著女性逐漸成長，卻依舊選擇不生孩子，其所造成的後果就比較複雜。

儘管女性還未取得真正的平權，但兩性間的鴻溝確實被縮小了，而那扇玻璃天花板也開始出現裂痕。在一九七三年，也就是美國最高法院因羅訴韋德案而判定女性享有墮胎權之際，女性的薪水一般而言為男性的五七%。而在二〇一六年，這個數字成長到八〇%。[6]儘管差距仍舊很大，但還有許多令人振奮的趨勢。女性上大學的人數超越了男性：有七二%的女性在高中畢業後選擇繼續上大學，男性卻只有六一%。[7]在英國的醫學院中，有五五%的學生為女性[8]。在美國，四〇%的化學與材料科學系、三〇%的環境科學與地球科學系學生是女性。[9]平權尚未降臨，但我們可以看到，差距正在縮小。

當一名女性獲得一份有趣、薪水優渥的工作時，其懷孕的機率將因此減少。生兒育女或許會成為職涯發展的一大絆腳石，即便有最開明的產假與育嬰假政策、即便托兒所隨手就可得，但為了生孩子而離開工作崗位，還是會對女性的職場升遷帶來負面影響。因為學校打電話來說孩子吐了導致你不得不申請早退，可能會讓上司感到不滿；那封說著因為找不到人來顧孩子、導致你必須在家工作的 e-mail，也勢必會引來關切。當然，父親可以、也應該分擔更多責任，但他們通常沒有。研究顯示，沒有孩子的婦女，其收入與男性相當。導致性別工資差距出現的原因，就是生孩子。[10]要想取得理想工作，經常需要接受數年的相關教育，而這經常包括取得第二份學歷或文憑。這樣的教育往往是昂貴的：在美國，十名畢業生之中，就有七名背負債務，而這筆債務的平均數字約莫為二萬九千美元。[11] 在找出清償這筆債務的方法以前，誰會生小孩？提高大學學費的其中一項意外副作用，就是導致生育率下滑。

在付清這筆學貸後，找到正確的人生伴侶則是另一項問題。在面對此一重大議題的態度上，人們的表現比過去還要謹慎。嬰兒潮的人們，被鼓勵著早點結婚，而這也意味著許多人因而沒能獲得幸福。在過去的世代，人們會忍受一個沒有愛的家，但在一九六九年，加州成為第一個准許無過錯離婚（no-fault divorce）的州，這讓結束婚姻關係變得更簡單。在一九六〇年、那個視離婚為一樁醜事的美國社會裡，每一千對夫妻中就有九對離婚（每年）；到了一九八〇年，離婚率激增到每一千對夫妻中就有二十三對。但接著，此數字開始下滑，而如今的離婚率約為每一千對夫妻中，有十六對離婚。[12] 離婚會對孩子造成傷害；而許多經歷或目睹離婚的人，往往會下定決心不要讓下一代嘗到一樣的苦。其中一個選項，就是乾脆不要結婚：自一九七〇年以來，結婚率下降了五〇%。而另一種方式則是等到伴侶雙方都變得更年長、更成熟，或在經濟上更穩固。在一九六〇年，美國女性多在二十歲時結婚，現在則是二十六歲。

所有證據都指出，女性生下第一胎的年紀更晚了。如同上述所提，許多國家的女性其生下第一胎的平均年齡為三十歲。現在，四十歲才第一次當產婦的女性數量，比未滿二十歲就生孩子的女性更多。令人驚奇的是，有少數、但正在急遽增加的女性，在其踏入五字頭時生下孩子：在二〇一五年的美國，共有七百五十四人，比前一年的六百四十三人、一九九七年的一百四十四人都來得多。[13]由於女性跨入三十歲以後，生育能力會下降，因此等愈久才生下第一個孩子的人，往往生的孩子數量也愈少。女性也明白這點，等到年紀大點再生、同時只生一或兩個孩子的計畫，往往是與丈夫或伴侶共同討論後，一起做出的決定。

無法生育的夫妻，有時也會選擇收養孩子。但漸漸地，基於地方性與地緣政治的因素，收養不再是一個解決之道。就單一國家內部情況來看，可認養的嬰兒變得愈來愈少——因為青少年懷孕的情況顯著減少。此外，價值觀也改變了，舉例來說：未婚媽媽再也不用基於壓力，而被迫將孩子送養。[14]這讓收養選擇只剩下海外的孩子。美國人跨國收養的孩童數量，比世界上其他國家跨國收養的總數量還高。而且直到最近，收養嬰兒一直是個持續成長的事業。冷戰的結束，讓父母親有了管道，去接觸那數以萬計的棄兒。在最繁忙的二〇〇四年，有兩萬兩千九百八十九名來自其他國家的孩童，以被收養者的身分來到美國。而送養孩童的前五名國家分別為：中國（該年共送出了七萬零二十六名嬰兒）、俄羅斯（四萬六千一百一十三）、瓜地馬拉（兩萬九千八百零三）、南韓（兩萬零五十八）和衣索比亞（一萬五千一百三十五）。[15]自此之後，數字開始下滑，且繼續一路下滑。在二〇一五年，美國只收養了五千六百四十七名嬰兒，不到十年前的四分之一。當然，原因有很多。

由於俄羅斯與西方國家的關係惡化，導致該國於二〇一二年宣布禁止他國收養俄羅斯兒童。而烏克蘭東部發生的戰爭，也讓該區域的孩子們無法被順利地帶到國外。在發生愈來愈多起犯罪事件，購買（或綁架）兒童，再將其販售到易受騙西方人手中後，許多國家也禁止送養兒童的行動。但最大的單一原因，則在於中國。隨著該國的經濟不斷成長，加上一胎化政策的後果開始衝擊每一個家庭，能送養的嬰兒數量自然逐漸縮水。現在，幾乎所有可供收養的中國嬰兒，都是需要非常特殊照顧的孩子。

收養數據有時很難取得，因為收養程序主要都是由國家或州政府來處理。但加拿大亞伯達省是相當典型的例子。儘管該省欲領養孩子的申請不斷增加，該省實際成功領養到的孩子數量，卻在二〇〇八年至二〇一五年間，下滑了二五％，且成功領養嬰兒的等待時間，也從十八個月延長至三年。[16] 將所有的數據結合在一起，我們就會發現：對避孕措施更了解、明白在沒有可靠的父親下就過早生育孩子所造成的社會與經濟負擔，以及更容易取得的事後避孕藥及墮胎藥，讓未成年媽媽數量下滑。而為了良好教育所必須付出的漫長與高昂成本，也讓女性決定不要在二十歲出頭就生孩子。職業需求、學貸償還、判斷生命中的那個男人是否可以長相廝守的渴望，是愈來愈多女性在二十歲後半仍沒有生孩子的原因。等到所有事情都到位了，人們終於敢、也負擔得起生孩子的成本時，許多女性早已邁入三字頭甚至是四字頭。而毫無意外地，這些女性也往往更傾向於擁有一個小家庭。

我們推測，無論你現在年紀多大、是男人或女人、是某人的女兒或兒子、是某人的父親或母親，你都會對上述的內容產生共鳴。這些是你正在努力著，甚至是已經做出的決定。掙扎地付清學貸、掙扎地想要找到一份好工作、努力找到能與你相伴一生的正確對象、思忖現在到底是不是生孩子的正確時間點、思考你們兩人是否能負擔得起第二個孩子，並忍受該決定所造成的後果——這些可能就是你的故事。而你的決定不只會影響到自己的人生，更會影響到所有人。因為事實證明，你的決定再加上數百萬個其他人的決定，將會對地球上的每一個人造成影響。

就許多層面而言，小家庭都是一件很美好的事。雙親可以用更多的時間與資源，來養育——甚至是寵溺自己的孩子。孩子有更高的機會，成長在有著職業父親與職業母親此種正向榜樣的環境中。而這樣的家庭反映了一個女性在職場與家庭中，能與男性平起平坐——或近似於平起平坐的社會。女性工作者同時還能消弭因為嬰兒數量過少，導致勞動人口短缺的問題。我們可以毫不誇張地說，小家庭就是開明、先進社會的同義詞。

但小家庭對經濟的影響是嚴峻的。如同我們討論過的，這會減少購買商品的消費者數量，也會減少納稅者數量去支付社會福利政策所須的稅金，這更會減少年輕、充滿創造力的靈魂。正如同日本高齡化社會成為經濟停滯三十年的原因般，毫無意外地，歐洲的高齡化也將成為該片大陸上，許多國家經濟開始停滯不前的一大因素。生養孩子或缺乏孩子的影響，對一國的經濟而言，絕對是極其深遠的。

政府的政策，如慷慨的產假及育嬰假、兒童福利等，確實能鼓勵父母生更多孩子。但這樣的正向拉力不夠大，且極為昂貴的代價也讓政府發現這些政策很難長久推行下去。無論如何，小家庭同時也與自我賦權有關聯——褪去那層繁衍後代的社會責任，轉而著重在實踐自我敘事——即人生（如同臉書試圖影響我們的）。低生育率陷阱一旦開始運作，就無法逆轉。

人口衰退對社會、政治、環境所造成的後果，還有很多，我們會在稍後的章節中探討到。但至少我們可以肯定地說：就經濟而言，少子化是一項重大議題。少子化背後還隱藏著，我們這個時代最有趣但媒體鮮少提及的現象之一：嬰兒潮復興（Boomaissance）。

高齡化社會的危機

七十三歲的米克．傑格（Mick Jagger），看上去瘦骨嶙峋，有著一頭蓬亂、卻意外地沒有參雜任何一縷灰白的頭髮。他以狡黠的幽默，問候擠在帝國馬球俱樂部（Empire

Polo Field）裡的七萬五千名粉絲們：「歡迎來到專為上流英國音樂家量身打造的棕櫚泉養老院。」接著，他和滾石樂團（The Rolling Stones）的其他成員們，一起嗨翻全場。

不對，這可不是同樣也在帝國馬球俱樂部舉辦的全球知名音樂慶典——科切拉（Coachella）音樂節。這是沙漠之旅（Desert Trip），或被人暱稱為老切拉（Oldchella）的音樂活動。滾石樂團、何許人合唱團（The Who）、巴布·狄倫（Bob Dylan）、尼爾·楊（Neil Young）、保羅·麥卡尼（Paul McCartney），以及平克·佛洛伊德（Pink Floyd）的羅傑·沃特斯（Roger Waters），在二〇一六年的十月，打造了為期兩個周末的大型音樂盛宴。重點來了：美國音樂慶典中，往往能締造最高收益的科切拉音樂節[17]，該年的收入為九千四百萬美元；而老切拉卻締造了一億六千萬的收益，幾乎快要翻倍。

原因很單純：老切拉的最高等級門票售價為令人痛徹心扉的一千六百美元，而科切拉不過為九百美元。這樣的金額，能讓你享用四道菜的正式餐點（外加最高級的紅酒），以及在開著空調的帳篷內欣賞藝術品。別忘了，還有一千個沖水馬桶。[18]人群之中擠著嬰兒潮世代，也擠著千禧世代，但人們還是開玩笑地說著整場演唱會上，最氾濫的藥物大概是「藍色小藥丸」。而且當蕾哈娜（Rihanna）做為保羅·麥卡尼演出的驚喜嘉賓現身時，有一半的觀眾必須忙著向另外一半的觀眾解釋她的來頭。

老切拉是嬰兒潮復興的典型例子：行銷企畫轉而以滿足嬰兒潮世代的需求為目標，而不管那些更年輕、且更窮的X世代及千禧世代。「儘管媒體仍舊繞著千禧世代打轉，但在這個國家裡，嬰兒潮世代才是掌握著七〇％可支配收入的族群。」一名分析師寫道。[19] 假如你覺得這聽起來沒什麼——嬰兒潮世代還正好處於從離世雙親手中，繼承十五兆美元遺產的時期內。廣告商與行銷團隊正研究著該如何開發這筆財富，像是引導使用者如何探索社群媒體的超容易上手教學影片，到油漆桶上更大的醒目字體等，簡直是無所不用其極。[20] 此刻的年輕人們，將精力都投注在高昂的教育費上，只為了在未來能換取一份好工作。畢業後，他們就必須開始償還學貸。而稱不上安穩的工作，讓他們只能暫緩進行大筆開銷的時間。倘若真正能負擔餐廳用餐消費的客人，只在乎音樂是不是放得太大聲、座位間距是否太窄（這樣的距離怎麼可能走得過去）、菜單看起來是不是很蠢（韓式泡菜？韓式泡菜是什麼鬼東西？），你又怎麼可能會想開一間嬉皮風餐廳呢？你最好還是將音樂聲量調小一點，讓座位更寬敞，並提供美味的牛排。假如你住在北美一個規模恰當的城市裡，那麼有極高的機率在你家附近的電影院，會提供更高級的電影票——預留且舒適的保留座位，還會有專人替你將食物及飲料（是白酒！可不是什麼氣泡飲料）送到座位上。這就是嬰兒潮復興。

但高齡化社會的影響，遠超過行銷策略的層面。孩子與老人都屬於依賴人口：他們同樣使用了不成比例的國家資源——尤其在已開發國家中。但兩者的需求是不一樣的，孩子需要托兒所與學校，老人則需要退休金和舒緩照顧。隨著全球的年齡中位數不斷上升（今天是三十一歲，二〇五〇年將為三十六，二一〇〇年則會來到四十二），政府的政策勢必會以滿足人口成長最迅速族群的需求為主：更少的學校和更多的銀髮照顧計畫。

而統計數據「高齡人口扶養比」（seniors' dependency ratio），貼切地反應了這些力量的交互作用。該數字顯示了每一位退休人士能獲得多少名工作年齡人口的支援。此刻，全世界每一名退休年齡人口，都會對應六・三名工作年齡人口。這是一個正比例，而且只要能繼續維持下去，這個世界的運作就能相當理想。然而，我們明白這件事已經是不可能的了。聯合國指出，在二〇五〇年時，該比例將下滑到三・四對一，二一〇〇年則甚至會下滑到二・四對一。沒錯，在本世紀末時，能替每位退休人士所使用公共服務買單的工作年齡人口，將只剩下兩人。而這還是建立在「聯合國生育率預測準確」的前提上——然而如同你所知，我們並不認為這個預測很準。因此，兩名工作人口就必須養活一名退休人口的情況，或許會比許多人預想得更快發生。許多歐洲國家目前的數據就已經非常接近二比一。

當國家必須用逐漸消失的稅收，以及因消費者減少而疲弱不振的經濟，來負擔老年人服務時，這或許會變成一場經濟硬仗。對某些人而言，這也可能是一個極端且痛苦的過程。如同中國社會學家王豐（Feng Wang）所寫，「有愈來愈多的中國家長，在等到自己年老時，無法指望他們的孩子。且許多家長將面臨極為不幸的現實：活得比自己的孩子久，因而必須孤單終老。」[21]死亡率圖表顯示，一名八十歲婦女活得比自己五十五歲兒子還要久的機率為一七%（其兒子可能因疾病或意外而死亡）。[22]即便不幸之事沒有降臨，卻仍有可能讓人活得充滿罪惡感。世界上又有多少父母能在被迫向因婚姻、親子關係或工作而忙得焦頭爛額的孩子開口求援時，能不心懷愧疚？

我們所做、即將做或已經做出來的關係與家庭抉擇，定義了我們的此刻與未來。其不僅塑造了當前社會的面貌，甚至對未來的社會樣貌也有著無比深遠的影響。這都導致社會政策、私人企業和科技研究不再以年輕人為主，而更著重在老年人口上。儘管這樣的影響或許還稱不上全面性（畢竟讓年輕人慣於使用你的產品——終其一生，還是能帶來可觀的獲利），卻絕對占了一部分。而這樣的改變，還會逐年愈來愈明顯。你居住城市的市政府，或許會討論著是否要把空蕩蕩的學校改建成看護之家；因失去成年子女而哀痛欲絕的雙親，將會有悲痛諮商服務供他們使用。我們或許還會目睹大家庭的再次回歸：三代同住一個屋簷下。

歡迎來到人口衰退的未來。或者應該說，就是現在。

Chapter 6 非洲問題

奈洛比的喬莫·肯雅塔國際機場變得和過去完全不同，但這是一件好事。五年前，一名降落在這個堪稱非洲最繁忙機場之一的旅客，發現等在自己眼前的，是一條漫長的入關人龍，而隊伍盡頭是一名看上去窮極無聊、完全忽視所有人都在苦苦等待他回應的年輕男子。這名男子時不時看一看手機，再心不甘情不願地面對還站在自己面前的耐心旅客。在收走入境表以及五十美元後，他會在粗糙的記帳本上記上一筆，然後在旅客的護照上蓋個章。歡迎來到肯亞，下一位。

現在，倘若你想到肯亞玩，你可以在幾周前上網註冊「e簽證」。降落後，你會發現那名了無生氣的年輕男子不見了，取而代之的是一個排放著自動護照查驗機的嶄新、現代、明亮接待中心，就跟西方國家的機場沒有兩樣。當你站到移民官的面前，對方會用固定在長桿上的相機替你拍照，然後掃描指紋，就跟你入境美國要做的事一樣。沒有記帳本，沒有現金交易。歡迎來到肯亞，下一位。

在這場關於我們星球未來人口處境的辯論中，我們還站在起點。聯合國預測地球上的人口在這一世紀內，將會從七十億暴增到一百一十億，因為聯合國對非洲並沒有抱持著太大的期望。他們認為在未來數十年裡，非洲——尤其是撒哈拉沙漠以南的區域，生育率仍舊會居高不下，讓人口在下個世紀終於開始減少之前，獲得最後一波大型嬰兒潮。嚴峻的日子仍在眼前，過剩人口將為了餵飽自己，降低自己對脆弱地球造成傷害等各方面繼續努力。

但在未來的數十年裡，非洲還會處於黑暗之中嗎？其社會仍舊會繼續維持農業型態、人民無法獲得教育機會、女性沒有自由嗎？又或者非洲同樣會走上都市化、教育普及與獲得解放的道路？這或許是我們所要面對的最重大問題。富裕或貧困、戰爭或和平、暖化或寒化的氣溫，決定了這個問題的答案。我們無法得出肯定的答案，但至少我們能試著找出線索。而透過奈洛比，我們能觀察到某些蛛絲馬跡。

快速成長的非洲

非洲成為二十一世紀第二十個年頭裡，最引人注目的地方。在二〇一六年成長最快速的三十個經濟體之中，有十四個（近乎一半！）國家來自非洲。排名第十二的肯亞，在其可見未來內的GDP成長預測為六％，是多數西方國家的三倍之多。[1]大部分人都相信，在未來的數十年裡，此一大陸將繼續蟬聯經濟成長中心的寶座。

這些成長中的某些部分，屬於自創性（self-generating）——因為該國消費市場的重要性愈來愈高。非洲人口預計在二〇五〇年，將會翻倍至二十六億。今日，非洲人口最多的國家，是擁有一億八千兩百萬人的奈及利亞。在本世紀中葉，該國也將成為全球人口第四多的國家。肯亞的人口在同一時期，也將成長為兩倍。與此同時，歐洲的總體人口則預期會出現四%的跌幅。[2] 倘若你是一名被迫選擇的投資者，你會選擇歐洲還是非洲？

儘管非洲是人類的發源地，但與年齡中位數四十二歲的歐洲及三十五歲北美洲相比，其同時也是一個僅為十九歲、相當年輕的區域。[3] 在接下來的數十年裡，非洲將會是世界上，唯一一個工作年齡人口出現顯著增幅的地區。所有人都贊成這一點：從此刻一直到本世紀中葉，非洲的人口與經濟都會得到成長。

一心期待自己能成為商業樞紐的肯亞，與其他競爭對手爭奪著追求非洲商機的跨國企業們，也互相較量地朝著現代化邁進。機場的大幅改善，就是企圖贏得這場比賽的表現。正如同兩個被熊追趕的男人的笑話，肯亞的優勢在於他不需要與世界競爭，只需要打敗非洲的對手。肯亞位在東非的中心與戰略核心地帶，並與印度洋、烏干達及坦尚尼亞相接。此外，也與衣索比亞、南蘇丹和索馬利亞相鄰。是的，儘管這是一個動盪的區域，但肯亞在該區域內的情況屬於相對平穩，這也讓其更具備吸引國際企業的條件。

儘管如此，現代化機場的一幕，還是有點像波坦金村（譯按：Potemkin village，專門用來指稱創造虛假美好印象的樣板建設和舉措）。在肯亞的勞動人口中，有七五%的人口仍舊以全職或兼職的農耕活動為主，這也占了該國經濟比重的三分之一。[4] 只有約莫四分之一的人口，領取私人或公有企業部門的薪水（也就是所謂的現代化勞動力）。[5]肯亞的失業率有時甚至會高達四〇%。[6]肯亞有一半的人口認為自己過著糧食不足的日子，根據調查也有三分之一的人口必須忍受著飢餓入眠。[7]十名肯亞人之中，就有七人表示自己的月收入低於七百美元；[8]十人之中，就有四人活在貧窮線之下。[9]在肯亞，有約莫一半的人口活在未現代化的舊式生活中；但另一方面，又有七五%的人口享用著行動裝置服務。[10]農村正在緩慢地被都市吞噬。肯亞的都市人口正在以每年超過四%的幅度成長，此現象又以奈洛比（四百萬人口）和蒙巴薩（一百一十萬人口）為主要核心。[11]在過去三十年裡，該國都市人口占總人口的比例從一九七九年的一五%，來到二〇一四年的三二%，成長足足超過一倍。[12]而現在，我們已經了解都市化對一個國家所造成的影響——生育率開始下滑。

多數肯亞人同時過著兩種人生：第一種是古老的、農業的、為生計所驅動的，以及——當然是父權的人生。但就在她屁股後面的口袋裡，放著一支手機。儘管她還沒想好該如何跟父母開口，但她已經計畫好要搬到都市。

部落認同

浸淫在曙光中的奈洛比，已經見不太到過去殖民時期的痕跡。玻璃帷幕、政府大樓、電子看板、現代化商鋪、綠地，占據了城市各角落。人行道上衣裝筆挺的人們，正趕著去上班。道路很現代化，也維護得很好（只不過偶爾會出現猶如末日之景般的大坑洞），就跟路上奔馳的轎車與卡車一樣好。交通繁忙，但跟紐約或巴黎相比，又絕對稱不上令人絕望。一切看上去是如此地井然有序：一座已經準備好向現代化企業展開雙臂的城市。

但只要搭著肯亞人經常乘坐的迷你巴士——馬塔圖（matatu），經歷一段短暫卻又些許令人膽顫心驚的路途後，你就會抵達離奈洛比市中心不過幾公里遠的基貝拉（Kibera）。這是全非洲——抑或是全世界人口最多的貧民窟，容納了將近二十五萬個靈魂。[13] 基貝拉代表著奈洛比同時並存的兩種現實：城市、基貝拉。

這個地方的存在就像是對感官的騷擾，而這一切就從過量的紅色開始。放眼所及，盡是被紅色鐵鏽吞噬的鐵皮屋頂。夾雜在混亂棚屋間的泥濘土地、隨處分布的坑洞、散亂的泥土通道與小徑，也都是紅色的。對於養尊處優的西方人而言，這裡的氣味實在難以形容，更永生難忘。基貝拉沒有任何正式的衛生設施，敞開的下水道就這樣任意朝某處空地奔流而去。當然，還有隨處可見的垃圾堆，以及在垃圾堆裡東翻西找的大人、小孩與動物。

在西方人眼中，基貝拉是一個「絕望鄉」（dystopic），令人絕望的醜惡。但肯亞人可不這麼認為。對他們而言，基貝拉是一個擁有特殊文化與目的的社區，就跟奈洛比現代化的市區一樣。基貝拉是傳統經濟的根基，非正規的商業在這裡橫行著——小吃攤、小雜貨店、肉鋪、二手服飾店、維修店。有些是明確的攤位或店鋪，有些則是一塊鋪在地上的毯子，商品所見即是。路過此處的肯亞婦女會在心裡記下，哪間服飾店值得周末再來拜訪。男人則可能為了某一個回收五金零件、或舊汽車的某一個部分，而再次造訪。無論你想要什麼，基貝拉都有，而且價格絕對比任何現代商店來得便宜。

基貝拉也是新移入者的落腳處——無論是從鄉村搬來或從其他社區過來的外地人。一個世紀前的曼哈頓，有自己的下東區，而現在的奈洛比則有基貝拉。儘管此處貧困、衛生條件惡劣、社會問題（如酗酒或青少年懷孕）、腐敗、犯罪行為猖獗等，對生活在奈洛比各角落的肯亞人而言，這裡卻從不會讓他們退避三舍。如同西方都市內歷史悠久的「民族飛地」一樣，基貝拉是一個獨一無二的文化與商業交會地，就像是拉丁區、小義大利或中國城。一種脫離當代，處在幾個世代前的樣貌，基貝拉裡面有太多太多事正在發生。

無論是住在基貝拉、綠樹成蔭的高級社區或介於兩者間的區域，肯亞人的自我認同都是根植於部落、宗族與家庭。而這樣的忠誠，也超越了任何對於肯亞這個國家的認同。如果一位外地人詢問自己的肯亞同事是否認同自己為肯亞人時，他會回答：「若你直接問我，我會說我是肯亞人；若是肯亞人問我，我會說我是盧歐人（Luo）。」[14]在肯亞人心裡，部落總是排在第一位，而非洲多數區域也都是如此。

肯亞共有三大種族：班圖人（Bantus，最大族群，約占總人口的七成），然後是尼羅特人（Nilotes）和庫希特人（Cushites）。而各個民族擁有各自的歷史、文化、生活方式、語言、宗教和飲食習慣。這些民族又可以進一步地約略分成四十二支部落，每個部落又可以再細分成不同的宗族。宗族就等同於家庭樹，同一個宗族的成員，擁有同樣的祖先；但宗族可以跨越種族和部落，宗族是一樣蘇格蘭高地的人也會認同的事物。

地球上，絕大多數的地區都是根據家族或社群來形塑。許多區域的地方或國家政府，只不過是一個遙遠、無能、腐敗和暴虐的綜合體，警察徇私舞弊、貪贓枉法。在這樣的社會下，宗族就是一切，你可以信任宗族，宗族不會讓你失望。你在家中或部落中的地位，決定了你是誰以及你的言行舉止。

在已開發國家裡，現代福利國家在很大程度上取代了部落、宗族與家庭，成為其公民在生活上，尋求最終權威與支柱的來源。但肯亞不一樣。對多數的肯亞人而言，政府不過是個為關係良好的政客與官員，製造大量個人利益的金權遊戲，而不是當你有難時，會對你伸出援手的地方。

儘管全世界或許找不到任何一個地方，會否定家庭的重要性，但一個由具有一定程度誠實政府所統治的國家（且氏族、部落情感聯繫較弱或甚至不存在），狀況往往比較好。你或許會認為自己的政府效率很差，但倘若你是一個民主資本主義社會的公民，你或許根本不明白什麼叫做缺乏效率。對你而言，父母、兄弟姊妹和孩子確實意味著一切，但你或許不知道與某些社會中的某些族群相比，你的姓氏、你上的教會、你註冊的小學、你的口音或穿著打扮，居然會造成如此大的影響。你或許從來沒想過在自己的人生大事上，需要如何依賴政府。但由政府主導型社會和由宗族主導型社會的二分法，只能約略等同於已開發進步國家與開發中且進步中國家的二分法（在某些情況下，後者甚至會變成開發中且崩潰中國家）。

此種二分法不夠確切：某些國家如希臘或烏克蘭，在狀況好的時候就跟其他現代已開發國家沒兩樣；狀況不好的時候，卻又像是一個腐敗的偽政府。但即便是希臘政府的最糟糕時期，其運作效率仍遠遠超過肯亞政府最好狀態下的效率。肯亞的後殖民政府，是一個混亂、脫序，有時甚至狂暴且普遍而言完全不可信的政府。在國際透明組織（Transparency International）針對一百三十九個國家所計算來的「清廉印象指數」

（Corruption Perceptions Index）排名中，肯亞排名第一百三十九。[15] 而根據自由之家（Freedom House）的評比，肯亞在經濟自由度方面，為一百七十八個國家中的第一百三十五名（「幾乎不自由」）[16]，政治自由度的得分則為五十一分（「部分自由」，滿分為一百）。[17] 肯亞現況不是最糟的，但確實也還有很長的一段路要走，這也是為什麼無論是就個人認同或社會組織而言，部落忠誠度都非常重要。即便是受過良好教育、身在世界各地的肯亞人，也會欣然同意在那片薄薄的國家認同之下，存在著強烈的部落認同感。如同某位肯亞人所說的：「政府只在乎糧食和刀子（金錢和權力），部落則在乎信任。」[18] 而如同我們早已知道的，當宗族的力量愈強時，生育率會因為家族對結婚與傳宗接代的壓力而比較高；當宗族的角色被同儕與同事所取代時，壓力消失了，生育率開始下滑。

當年輕的肯亞人因為上學或工作來到一個新環境時，他並不是孤單一人，他們的家人會確保他和血親、部落或宗族保持聯繫。而這樣的聯繫有可能是有實質幫助的，他們知道自己隨時都能取得協助。所有人都依賴著這樣的連結，所有人也都被期待著應盡自己的一份心力。在肯亞，沒有人會孤單地死去。部落、宗族和村子總會照顧他們。多數社群或傳統社會下，都擁有「葬禮社團」。這些互助團體會確保社群中的每一位成員（無論經濟地位如何），在時機到來之際，獲得一場體面的喪禮。所有人都為社群盡一份力，而每個人也都預期得到社群的回饋。

此種以社群為重的態度，甚至也出現在現代資本主義的核心處——奈洛比的跨國企業總部。當一名比利時僑民為了接手該公司的地方性業務而來到肯亞後，他很快就習慣了辦公室裡總會有為著各式各樣名目而發起的募款活動——舉辦婚禮、小孩出生、退休等。[19]肯亞人稱之為「哈蘭彼」（harambee），在史瓦希利語的意思為「大家齊心協力」。最高階的主管會被期待立下榜樣，而他們對此一事件願意做出的個人貢獻，也會受到評價。這裡所指的，絕對不是一張生日卡片或蛋糕的貢獻，這會是一份非常慎重的禮物，也是辦公室其他同仁根據本身職位高低、衡量自己該出多少力的依據。這位新來的長官，很快就會學習到自己應該扮演的角色——尤其在辦公室中的某位女性同仁將他拉到一旁，親切而又堅定地告訴他做為最高長官，其應當做出來的表現。

此種現代商業需求與傳統文化期待所交織而成的獨特樣貌，讓人口模型學家在企圖預測人口未來趨勢時，陷入歇斯底里的抓狂中。儘管我們知道肯亞的出生率在一個世代多的時間內，就減少了一半（從一九七五的八%左右，下滑到今天的四%）。不過聯合國人口司預測未來的減少速度會放緩，因此一直要到二〇七五年左右，肯亞的出生率才會下降到等同於替代率。聯合國也預測其他非洲國家的生育率在本世紀中，會以緩慢於過去半個世紀的減少速度，繼續下滑。但倘若肯亞的生育率繼續以當前的速度下滑，那麼在二〇五〇年——也就是從此刻往後推的一個世代後，其生育率就會下滑到替代率的程度。[20]因為預期壽命提升，加上高出生率而導致人口大量激增的肯亞，會如同聯合國的預測般，緩慢地褪去以宗族為本、以農業為導向、低教育程度、高貪腐社會的樣貌嗎？或者，快速擁抱都市化與現代化、國家意識獲得強化、部落影響力減弱、女性可以決定要生幾個小孩的肯亞，其生育率會繼續快速下滑？我們認為後者更有可能成真，亦即肯亞與多數非洲國家所面臨的資本主義與傳統價值觀交融，極有可能會減緩多數人口模型學家所預測的大量人口成長。為什麼？因為已有許多先例。非洲正追隨著都市化、女性受教、低生育率的全球趨勢走。而這在肯亞尤其為真。

肯亞政府於二〇〇三年開辦了免費的公立初等教育，二〇〇八年又設立了免費的國中。有約莫兩百萬名的學生在沒有執照的「非正式學校」裡接受教育，而這些學校多以信仰為根基，也確實具有不錯的教學品質。雖然仍有約莫一七%的肯亞兒童未能獲得適當的教育，但與前一個世代相比，比例已經大幅下降。[21]近期，政府更開始投注大量心力在高等教育上。二〇〇五年，肯亞總共有五所大學；十年後，數目成長到二十二所，且預期還會再新增二十所。在二〇一二至二〇一四年間，大學註冊人數翻倍，來到四十四萬五千名。[22]尚未消失的重男輕女文化偏見，讓女性——尤其是身處偏鄉者，更難獲得受教機會。但父權體制的高牆正在崩解。現在，肯亞國小與國中的男女比例相當（平權運動計畫的成果）[23]，且在大學的註冊新生中，女生至少占了四成。[24]教育是否影響女性賦權，並讓其決定生較少的孩子？根據肯亞國家統計局的統計，生育率從二〇〇三年的四．九，來到二〇〇八至〇九年的四．六，再到二〇一四年的三．九。肯亞經歷了「在過去十年內失去一個孩子的衰退，以及有史以來最低的總生育率。」[25]不妨再想想這一點：肯亞國家統計局也指出，「避孕普及率（contraceptive prevalence rate，簡稱CPR）從二〇〇八至〇九年的四六％，在二〇一四年提高到五八％。」[26]短短五年內，避孕行為有了驚人的成長，而這是讓生育率快速下滑的一個小小起點。

但這些並不意味著在中期之內，肯亞強勁的人口成長趨勢會終止。肯亞年齡中位數的最大族群——年輕人，在未來數十年間仍會出現顯著成長，但這僅只是因為年輕女性的數量真的很多。同時，兒童死亡率也在下降，儘管當今肯亞女性生的孩子數量比其母輩來得少，但這些孩子多數都能長大成人。如同眾多研究所指出的，開發國家中兒童死亡率的下降，也會導致生育率下降，因為當父母能確定自己的孩子會平安長大，其所生育的孩子數量就會減少。[27]在今日肯亞，沒被生下來的孩子數量，比沒有夭折的孩子數量還要多。

肯亞快速都市化的腳步、女性受教的迅速普及、線上科技的有力協助、跨國商業前進非洲所造成的潛移默化影響、聯合國推動的產婦醫療改善，與教育普及（包括性教育）等種種因素，都被預期非洲的生育率會保持不變或緩慢下滑的人口模型所忽略或輕視。[28]然而，實際情況遠比此種人口模型預估更加激烈且多變。

我們可以藉由檢視某一項古老的習俗——聘金，來囊括這一切大量的經濟與社會因素（如都市化、教育、現代化與社會變遷等）。在肯亞，此種習俗仍然存在，甚至還有專門為聘金量身打造的應用程式。

非洲女權出現變化

在西方文化中，當兩個人決定要結婚時，在絕大多數情況下更像是開始組織一個與原生家庭彼此獨立、卻又保有一定程度關係的新家庭。當然，在逢年過節時，大家會想辦法和平共處。但在北美洲或歐洲，家族關係絕對不是一段婚姻發生或能否成功維持的主要原因。但肯亞不一樣，在這裡，結婚更像是一種企業聯姻，婚姻會將兩個家庭結合在一起，一起擴大彼此的共通社會安全網。儘管稱不上包辦婚姻，但在為孩子尋覓並審核其嫁娶對象上，雙方家庭的參與是非常重要的，因為彼此都必須確定這場聯姻，能提升雙方的經濟與健康福祉。對多數非洲人而言，線上約會被視為一種怪誕而又不負責任的舉動。如同某位肯亞婦女所說的：「妳如何知道他是不是來自一個好的家庭？」[29]由於對肯亞人來說，求偶與結婚是強化家族勢力範圍的手段，因此他們也發展出一套極為複雜的程序，好為孩子及家族篩選出最合適、且能強化安全網的伴侶。在訪談中，我們經常可以聽到「阿姨」在這其中所扮演的角色（所謂的阿姨可以是女性血親、親近的女性鄰居或年長的家族成員）。如同一位婦女所說的：「我的阿姨總有辦法找到那些能摸清楚男孩身家背景的人，她們會為我們確認所有細節。」[30] 支付聘金在求偶及婚姻中，也是極為重要的一環，多數非洲國家的情況也是如此。聘金是相當複雜的學問，你必須先交涉出正確數量的牛、羊，或兩者皆有，才能得到將特定家族女孩迎娶進門的機會。在某些社群裡，會有牛或羊隻的標準數量；在別的社群裡，還有可能涉及其他商品（例如其他的牲畜或蜂蜜）。有些時候，儘管新娘的家族確信新郎是非常合適的人選，新郎卻有可能付不出聘金。倘若這樣的情況真的發生了，雙方就必須擬出一個時程表，讓新郎以分期付款的方式來付清聘金。

而聘金的金額，主要是根據新娘未來能提供的價值而定。影響定價的因素有很多。如同一位女性所說，這也是為什麼肯亞家庭都會有一個正式的客廳，牆壁上會掛著孩子們的畢業照。潛在追求者的家庭成員能透過這個空間，親眼確認對方孩子的成就，以及其在婚後所具有的潛在獲益能力。[31] 你或許會以為年輕一輩的肯亞人（尤其是女性），在接觸過對理想愛情大肆歌頌的好萊塢文化，以及透過網路而被商品化的性交易後，會非常排斥將自己愛情物質化的此種過程。然而，在和肯亞男性與女性交談後，你會發現無論性別、年齡或經濟地位如何，甚至是那些受過良好教育、在其職業生涯中也已經徹底現代化的資深女性管理者，都一致認同且強力支持聘金傳統。

儘管聘金是過去的習俗，但現代思想與科技自有方法，將其融入當代的運作系統裡。在奈洛比，多數家庭都缺乏圈養牛群或羊群的設備，因此他們將這筆價值貨幣化。甚至還有能根據個人背景，量身計算適當聘金的網站與應用程式，[32]但這不代表實際交易牲畜的情況已經不存在。一名認為自己是「傳統女孩」的年輕肯亞女性表示，她生長的小鎮離奈洛比有數個小時的車程，她和家人堅持，未來她的夫婿必須用活生生的牲畜來支付聘金。因此，她婚禮的開場，一定會有一輛卡車載運著適當數量牛群到家裡的牧場（同時也是婚禮場地）。所有人會聚集到農場中，一起檢查牲口，當新娘家人對牲口狀態表示滿意後，賓客們才會重新回到農舍內，繼續歡樂的婚禮慶祝儀式。[33]肯亞的婚禮習俗在這幾個世紀以來，都是朝著鞏固家族的方向發展，而未來也會繼續如此。但在全球商業化與都市化的影響下，其只會朝著不利於肯亞高生育率的方向前進。原因在於：倘若肯亞婦女想在城市裡獲得一份待遇不錯的工作，她就必須先有良好的教育背景。而取得這樣的教育程度與工作，則讓她有找到更好伴侶的機遇；擁著大學文憑和邊間大辦公室的條件，讓妳值更多頭牛羊。但這也意味著結婚和生兒育女的年齡會延後，而潛在未婚夫必須加倍努力工作，才能賺到足以支付相應聘金的存款。不過，潛在未婚妻們很樂意等待。「我們可以晚一點結婚，」一名女性說，「在生孩子前，我們希望能取得一定程度的教育水準、安穩工作，以及不錯的居住環境。現在，我們會在三十歲結婚，因為求學過程花了太多時間。接著，家中的母親與阿姨們會開始施壓，要我們趕快生孩子。但這實在太難了，我們為了取得事業成功，必須在工作上投注許多心力。而這也意味著我們不能生太多孩子，即便我們非常想要。」[34]因此，當聘金這樣的傳統習俗，和導致結婚與生兒育女腳步放緩的當代教育與工作推力（肯亞的出生率確實也已經因為這些因素下滑）結合後，未來幾年的生育率將只會繼續下滑。這也是為什麼聯合國對肯亞人口的預測會出現偏差，而另一份與維也納人口研究機構維根斯坦中心（Wittgenstein Centre）以及國際應用系統分析研究所合力做出來的較低人口預測——認為肯亞的出生率將在二〇六〇年下降到替代率的水準，則較有可能更快成真。

不過肯亞不能代表整個非洲。在這片大陸上，某些地方的生活仍非常原始，女性僅擁有少許權利或根本不具有，能獲得的教育資源更是相當稀少或並不正規。在這些地區，出生率仍舊高得令人擔憂。加拿大記者傑佛瑞·約克（Geoffrey York），記錄了救援組織如何在西非國家貝南境內，透過巡航在貧困農村間的「避孕船」（contraception boat），來教導女性關於性事與繁衍後代的知識。他所訪問的女性，相當清楚生下一個又一個孩子對自己健康可能造成的負擔。「我生了太多孩子，」曾經生下十個孩子、並有八個孩子長大成人的克里斯蒂安．詹格（Christian Djengue）這樣說，「我覺得自己愈來愈虛弱。我受疾病折磨，像是高血壓。我有頭痛、暈眩和四肢無力的症狀。」但她別無選擇。「假如妳跟先生說不想要這麼大的家庭，他會立刻離開妳，再娶其他女人，」她解釋，「這必須承受很大的壓力。我們的先生喜歡小孩和大家庭。」當地的宗教領袖也支持男人，並反覆灌輸避孕是邪惡的事物。「她只會說我說過的話，」裁縫師布罕斯瑪．庫庫蘇（Bourasma Kokossou）這樣描述自己的妻子，「我的妻子會聽我的話。沒有我的允許，她什麼都不能做。甚至連動都不可以。」[35] 如同肯亞即將起飛，倘若非洲真的崛起，那麼非洲將不可能如聯合國人口學家所預測的那樣，繼續繁衍百萬名必須生活在苦難中的人口。但是，的確，這片大陸還有另一種未來，一個貧窮、受習俗制約的大家庭社會。是否會有更多的國家如肯亞這樣繼續前行（儘管前景仍不甚穩定）？還是多數的非洲人將繼續深陷在貧困之中，並時不時地遭受疾病與暴力威脅？得出答案的其中一種方法，就是審視這片土地上女性權利的變化。畢竟衡量一個社會進步程度的最好方法，就是審視女性權利在該社會中的進展。

非洲聯盟（African Union）在二〇一七年的一份報告中，指出某些非洲國家立法機關內的女性數量，比多數西方世界還要高。事實上，盧安達更高居全球之冠，有六四％

的議員為女性。然而，其他數據卻沒有這麼樂觀。每三名非洲女性之中，就有一名遭遇肢體或性暴力。但由於非洲多數國家強烈禁止墮胎（就算孕婦有生命危險也不行），因此全球每年發生的不安全墮胎行為中，有三分之一發生在非洲。非洲有一億三千萬名女性，絕大多數都忍受過現今仍在非洲流行的女性割禮，更有一億兩千五百萬名的非洲女性在十八歲以前就結婚。[36]「只有一個能賦予女性行使並享有接受教育、習得一技之長、獲得工作的環境，才能締造出繁榮、健康的成果，和一個（並不是僅限於女性）更自由且幸福的社會。」該份報告的結論如此說。

儘管如此，許多社會因為政治動盪不安，或出於宗教利益的考量下，仍拒絕讓女性擁有這些權利，而「普遍人權與非洲價值觀也持續對立著。」如同非洲聯盟報告中相當委婉地陳述。[37]衡量女性在一個社會中發展狀況的最好方法，就是審視她們的受教育程度，因為所有事情都根植於教育之上。如同醫療慈善家瓦萊麗．阿莫斯女爵（Baroness Valerie Amos）和托因．莎拉基（Toyin Saraki）所認為的：「在低收入國家中，女性教育或許是影響其發展的最大單一因素。」[38]聯合國兒童基金會更曾指出，受教女性是「解決幾乎所有問題的方法。」[39]教育不僅僅能讓女性獲得工作並提升自主權，更能減少營養失調、疾病和童婚的發生機率。倘若非洲想要擺脫貧窮陷阱，那麼讓女性接受教育將會是最可靠的手段。

而此刻我們看到的數據，相當令人振奮。在二〇〇〇年時，根據樂施會（OXFAM）統計，在幾乎所有非洲國家中，有三〇%應該上學的女孩沒有去上學；例外的少數國家有阿爾及利亞（一一%）、南非（五%）、加彭共和國（九%）等。但在二〇一六年，不願意讓本國女性受教育的不快樂俱樂部成員，縮減到僅剩赤道附近西起馬利、東至蘇丹這樣一條帶狀分布的少數幾國。在這條線以南的幾乎所有國家，有八〇%的學齡女童都有去上學。在小學入學率方面，貝南的女童就學率甚至高達八八%。[40]然而在貝南，生育率開始下滑，一九八五年為七·〇%，現在則為五·二%。聯合國對貝南的原先預測認為，一直要到本世紀末，其生育率才會以相當緩慢的速度，下滑到二·一的程度。但現在有這麼多女孩去上學了，加上避孕船不斷地巡迴，女性也開始聆聽了。

非洲未來的縮影在肯亞？

一九一三年的除夕夜，穆海咖鄉村俱樂部（Muthaiga Country Club）大張旗鼓地成立了；一個世紀後，這裡依舊會讓人回想起英國殖民統治者企圖在非洲草原上，重現英國鄉村俱樂部那般追求物質享受的日子。如今的俱樂部仍舊保留著那令人印象深刻的原有建築，粉紅色與白色的柱廊，以及來自往日的遺物和傳統：剝製的狩獵標本、舒適的皮椅、令人驚嘆的圖書館，還有完美的木製裝潢酒吧。健身房、游泳池和更休閒的餐廳選擇，為其增添了些許現代氣息。但在夜晚，男士們仍須穿上西裝並打上領帶，畢竟這裡可是穆海咖俱樂部。受到當地一間本地公司老闆的邀請——該公司近期被企圖在非洲立足的跨國企業所併購，我們有幸在這裡享用晚餐。該公司奈洛比分部的十五名員工，也一同出席了晚宴。除了公司老闆與我們外，其餘所有人皆來自非洲，且都為女性。

這場令人愉快、舒適的晚宴，就從俱樂部內那座美麗的景觀庭院酒會開始。空氣中飄散著鮮花的芬芳，在一段熱烈且充滿歡笑聲的閒談後，我們進入俱樂部內依其牆壁顏色命名的那個「黃色房間」中。穿著制服並戴著白色手套的肯亞侍者們，在一旁的推車上以厚重的銀器分食烤牛肋排，並在放上配菜約克夏布丁後，端到賓客眼前。餐酒車上的波特酒和白蘭地，為這場晚宴畫下句點。英國用這樣的方式，來治理自己的帝國，而肯亞的上流社會也很樂於延續這樣的傳統。

我們以相當程度的直白討論著部落認同一事，這或許會讓來自西方、政治正確環境的人們感到相當不適。對肯亞人而言，許多因素如文化歷史與傾向、膚色、身高、頭髮質地、出生地等，都有可能成為部落間獨一無二且顯著的階級影響因子。這就像是英國人描述的英國階級體制——你可以透過一個人的口音知道些什麼、哪間學校該去、哪間學校不該去、誰是我們的一分子、誰又不是等等，且不會帶著任何一絲愧疚感。如同所有階級系統，細節總是代表了一切，而外來者往往會忽視那些對土生土長者而言，意味著一切的枝微末節。

話題來到家庭規模上。在場女性的母親都生了很多孩子，最多的擁有十一名兄弟姊妹，平均則為六名手足。肯亞的生育率在一九八〇年為八%，因此根據參與這場晚宴者的年齡，這樣的數據並不奇怪。六乘上十五，就是九十個孩子。但在為人父母方面，在場的賓客克制多了。有些人想要三個孩子，有些人一個都不想要，平均數字為一．五。因此，總共約是二十三個孩子。而且，在場的母親們都表示自己已經按計畫生下數量相符的孩子，這也意味著在單一世代中，孩子的數量就減少了超過三分之二。

確實，能出席穆海咖俱樂部晚宴者屬於精英階級，多數肯亞人對這些人的生活方式根本毫無概念。出席晚宴的非洲女性們，都至少擁有一張大學文憑，一份在都市中跨國企業內的高薪工作。但她們正在為自己的社會，立下成功的榜樣。只要肯亞能繼續維持內部的和平（對多數必須處理當地部落間緊張局勢，以及國家邊界被任意亂畫的後殖民非洲國家而言，這為首要挑戰），那麼人們就會繼續從鄉村移往都市，也會有更多女性接受更好的教育，以及愈來愈少的孩子被生下來。

當然，在肯亞人口成長受低生育率壓制的同時，壽命的增加也會強化人口數量。現在，肯亞人的平均壽命為六十一歲，在上一個世紀交替時，這個數字還只有五十一。[41]在這樣的時間內出現這樣巨幅的成長，我們幾乎可以預期每一位肯亞人都會活得長長久久。而其中一個影響著肯亞人壽命的因素，就是感染HIV／AIDS的普遍程度。根據推測，有五．三％的肯亞人為HIV或AIDS帶原者（在全世界的感染率排名第十三），每年更有三萬三千人因此送命（世界排名第九）。倘若HIV／AIDS的盛行或致死率升高，平均壽命自然會下降。[42]而任何一種疾病如伊波拉的大量爆發，也會產生同樣的影響。然而，可負擔的抗愛滋病毒藥物的廣泛使用（部分受布希政府於二〇〇〇年代時所採取的行動所刺激），讓人們不禁期待在較遠的未來，肆虐於非洲的HIV／AIDS將會得到遏制。無論如何，愈多老年人存活下來的事實，並不會影響孩子的數量。儘管這一點確實能讓肯亞的人口數量居高不下，但這樣的影響無法持久，且每一代都會以更小、更少的孩子數量，進行繁衍的任務。

倘若肯亞是非洲未來發展的典型例子，那麼期待非洲父母生下世界上其他地方所望塵莫及的孩子數量，絕對是不切實際的盼望。肯亞的嬰兒數量已經在下滑，且未來幾年也極有可能繼續下滑。文化、資本主義、都市化、科技和女性受教的複雜交互作用，正在各地掀起足以形塑人類未來的改變漩渦——一群更少、更老的人類，且僅有少數幾個族群能創造其餘族群自歎弗如的人口成長。是的，仍然有些國家與此趨勢背道而馳。但我們希望、並深信非洲的未來，遠比聯合國人口學家的預測更美好，有更多的肯亞人而不是貝南人，而貝南的未來也會比多數懷疑論者所想像的更有希望。在這片大陸上，幾乎所有地方的女童受教育人數都是逐年增加，而我們也明白此一發展帶來的後果。因為當人類的搖籃不再為地球孵育人口時，那一天會比預想的更早降臨。

Chapter

7

巴西工廠關門大吉

我們在聖保羅，追尋著某個謎團的答案。這個謎團的核心，是一個數字：一．八，亦即巴西的生育率。貧窮、混亂、深受腐敗政府與其適得其反政策所苦的，就是世界上人口第五多的國家，也應該是全球人口的孕育地。然而事情並非如此。一九六〇年代，典型的開發中國家平均每位婦女應該會生下六個孩子，但巴西自那時起生育率便出現嚴重的崩潰，並在千禧年之際下降到替代率的水準，又繼續減少到今天的低於替代率。聯合國人口預測認為巴西的生育率在本世紀內，應該會相當穩定，甚至出現些微成長。但這樣的預測似乎有點奇怪，既然已經知道生育率以這樣的速度在急速下墜，卻依舊預測生育率會持平或甚至上升（正如聯合國人口學家的預測），絕對非常不合理。因此，謎團在於：為什麼巴西婦女這麼快就決定不要繼續生那麼多孩子，以及未來人口成長或衰退的情況又將會如何？

這不單單是巴西人的問題。在西半球的開發中國家裡，生育率皆出現急速衰退。一九六〇年拉丁美洲與加勒比地區的平均生育率為五．九，如今為二．一，剛好等於替代率。在該區域的三十八個國家中，有十七個國家的生育率低於替代率。其中最大的兩個國家——巴西和墨西哥，人口分別為兩億零五百萬和一億兩千五百萬。如今，生育率為二．三且還在下滑的墨西哥，正在追上巴西的人口。倘若拉丁美洲能維持穩定的二．一生育率，情況就會有所不同：該區域的人口將會緩慢地成長，而所謂的「金髮姑娘」階段也會可預見地得到延長。但事實並非如此，生育率一直在下降——自二〇〇〇年以來，該區域內十四個最大國的生育率近乎減少了半個嬰兒。這絕對不是漸進、平緩地下滑，這根本是崩潰。到底怎麼了？

南美洲的過去和未來

「巴西是屬於未來的國度……未來也將如此。」法國前總統夏爾．戴高樂（Charles de Gaulle）語帶玄機地說道。這句話同樣適用在整個拉丁美洲身上，這一個擁有豐富自然資源的地區，似乎總是處在一個人民終於能擺脫長達數世紀被束縛的邊緣，然而這樣的束縛卻總是處在陰魂不散的境地。失敗的原因有太多：西班牙和葡萄牙是非常殘忍的殖民者，他們大肆搬運著此地的黃金與糖，但除了天主教以外，幾乎一點好處都不留。任何經歷過奴隸時代的社會都知道，這樣的傷痛是極難治癒的。直到今日，巴西人仍有「para Inglês ver」（擺給英國人看）這樣的句子，用來指十九世紀專門給那些提倡廢除奴隸制度英國人看的波坦金村港口（儘管其他地方的奴隸交易仍如火如荼）。現在，任何企圖用表面功夫來隱藏內部醜惡事實的舉動，都叫做「擺給英國人看」。依種族和階級施行的種姓制度，導致了那些將政府事務視為個人利益的寡頭政治。有些時候，人民會起身反抗，但每一個民粹主義強人似乎都比前一個軍政府還糟。貪腐無所不在，並合理導致人民對政府機關包括警察與法院的徹底不信任。

智利是南美洲最民主且發展最好的國家，他們找到前進的方法。而阿根廷在經歷數十年的爛政府後，似乎也終於撥亂反正。至於巴西，則曾經有那麼一陣子看上去似乎就要擺脫貧困與腐敗的陷阱。二〇〇一年，高盛（Goldman Sachs）當時的首席經濟學家吉姆．奧尼爾（Jim O'Neill），創造了「金磚四國」（BRIC）一詞，來描述開發中國家巴西、俄羅斯、印度和中國的崛起，並預測這四個國家將在二〇四一年，超越過去的已開發國家。二〇〇三至二〇一一年間，巴西由人氣極高的路易斯．伊納西奧．魯拉．達席爾瓦（Luiz Inácio Lula da Silva）總統統治。他為巴西取得了二〇一四年足球世界盃與二〇一六年奧運的舉辦權，還同時通過了許多能提升生活標準的改革。但緊接著，商品價格下跌，經濟一蹶不振，並無可避免地爆出許多貪腐醜聞。而這場政治危機也導致魯拉的繼任者迪爾瑪．羅賽芙（Dilma Rousseff）遭彈劾下台。最糟的是：魯拉本人也於二〇一七年因為貪汙和洗錢而被定罪。他持續堅稱自己是清白的，更說白了他不過是在推動改革之餘，繼續接手前人留下來的體制遺毒而已。

「Rouba mas faz」——「他偷，但他也做事」，這是巴西人對某些政治人物經常給予的評價。就如同許多旁觀者所觀察到的，正是因為魯拉改革了執法體制，才讓自己陷入了司法的網羅中。[1]有些人認為，正在興起的千禧世代巴西人，將會為這過時、腐敗的時代，畫下句點。

儘管如此，日子還是很難過。在經歷一場嚴重的不景氣後，成長又回來了。但經濟合作暨發展組織對巴西的未來展望仍很保守，部分原因就在於該國遲遲不願意開放國內封閉的經濟。[2]再一次，巴西仍是一個未來虛無縹緲的國家。

巴西中產階級女性掙扎著……

聖保羅大學（University of São Paulo）的建築物，散落在巨大、迷人卻也有些陳舊而凌亂的校園中。儘管此刻是炎熱的酷暑，在哲學、語言文學、人類科學與文學院的建築物裡，你見不到任何一台冷氣的存在跡象。對方告訴我們，經費的刪減導致校園各處都出現年久失修的問題。我們來到此處，就是希望找到類似於韓國大學生、比利時晚餐聚會出席者、奈洛比年輕專業人士的人：在社會中正處於向上流動、受過教育、專業且充滿雄心壯志者。他們的經驗與想法，又會如何與世界上其他各處的對手們相似或迥異呢？結果讓我們大吃一驚。

政治系教授洛雷娜・巴貝里亞（Lorena Barberia），聚集了一群參加研究所暑期課程的學生。這是一群聰明、奮發向上，以職業生涯為目標的年輕女性，年齡落在二十五歲至三十五歲間，能說著流利的英語，並下定決心要徹底將自己的聰明才智與專業推向巔峰。其中一名學生已婚，育有一個孩子。還有少數幾個人有男朋友；其他絕大多數者都為單身，但仍希望能結婚，並生下一或兩個孩子（其中一個人希望生更多，但懷疑自己能否兼顧事業與孩子，尤其在考量到聖保羅的育兒費用是如此高昂後）。事實證明，生孩子這件事對她們人生的影響，早就經過她們反覆思忖無數次。於是，一場問答會就這樣變成了一場團體治療會。

如同其他地方年輕、受過高等教育的女性，這些學生也糾結於該如何在追求學術目標之餘，照顧好一個家庭。該如何同時追求博士學位和理想的另一半？她們拒絕使用約會軟體，希望以更傳統的方式來找到理想的另一半——透過朋友介紹，或在社交、運動場合中被介紹。但隨著年紀愈來愈大，這樣的機會也愈來愈少。「所有的人似乎都有伴侶了。」「我們女生的標準現在又更高了。」「像我們這麼忙的人，真的很難去認識其他人。」其中少數幾個人正在考慮要不要先去凍卵，以供未來之需。

對話變得愈來愈私人且緊繃。其中一名女性掙扎地解釋為了結婚生子，自己承受了多少來自父母的壓力。其他人跟著點點頭，其中一名學生靜靜地哭了起來，其他人開始安慰並擁抱她。緊接著，溫暖、善解人意，且深深在乎這些女學生未來的巴貝里亞教授，向我們解釋了為什麼大家要透過追求更高學位的方式，來擺脫在巴西男人間仍非常流行的大男人主義。「巴西仍然是一個極具性別歧視的社會。」她發現，這些女性希望透過一個博士學位，來幫助自己取得更高的地位——無論是在職場或家庭。她搖著頭：「我不知道有多少人能真的成功。」國家刪減教育預算，讓取得教育終身職變得更難。找到一位能尊重並理解她們企圖心（即便在她們掙扎地將學位轉化成一份穩固的工作時）的男人，簡直就像是一場不可能的任務。對巴貝里亞教授而言，這個問題切身相關，「在我的職業生涯中，我一直在這樣的掙扎之中。」她結婚了，還有三個孩子。

跟世界上其他地方的女性一樣，中產階級的職業巴西婦女面臨著兼顧家庭與事業的兩頭燒處境，而某些巴西男性所抱持的古板態度，讓她們的問題更煎熬。無可避免地，這些年輕女性會生下比自己父母更少的孩子，至少，巴西的中產階級生育率將會持續下滑。但與這些女性和她們的教授相比，多數巴西人英文更不流利、教育程度也更低，多數人都生活在貧困中。倘若巴西的生育率很低，勢必是因為這些人。但常識告訴我們，較貧窮且缺乏教育的女性，其生下來的孩子數量，往往會比中產階級婦女還要多。所以，這究竟是怎麼一回事？

都市化攪亂一切

我們知道都市化之所以會導致生育率下滑，是因為都市生活讓孩子變成一種負債，而非資產，同時還讓女性獲得更大的自主權與控制權。而巴西是世界上最都市化的國家，有八〇%的人口生活在都市中。這個拉丁美洲人口最稠密的國家，在一九五〇年代就達到了亞洲與非洲在二〇〇〇年才達到的都市化程度。這種都市化的原因非常多且複雜，但在本質上：葡萄牙統治者並不鼓勵殖民化和農業，而傾向直接榨取殖民地的財富，然後送往自己的國土。二十世紀，巴西政府透過進口替代政策（用高關稅來打擊競爭者，鼓勵本地產業發展），來推動工業化，這也導致農村地區的勞動人口為了獲得工廠的工作，而移往都市。[3] 毫無疑問地，都市化成為巴西生育率下滑的一大原因。而在其他導致生育率下滑的原因中——宗教力量在拉丁美洲的減弱，都市化也極有可能又參了一腳。一份來自皮尤研究中心的研究指出，在伊斯蘭教盛行的社會裡，生育率為三・一；基督教社會則為二・七、印度教為二・四、佛教為一・六。[4] 重點並不在於宗教，而在於宗教虔誠度，亦即人民對社會上主流宗教的篤信程度。[5] 歐洲和撒哈拉以南非洲都是基督教居主導地位，但歐洲人與非洲人相比，總體而言宗教虔誠度沒後者高，且生育率也比較低。而穆斯林社會一般而言，又比基督教對手來得更虔誠。

儘管拉丁美洲擁有全世界四〇%的基督教教徒，但在近幾十年中，卻開始出現信仰危機。一九六〇年代，有九成的拉丁美洲居民認為自己為基督徒；現在，這個數字僅剩六九%。此一改變的部分原因在於該區域內新教福音派的成長——同時期內從人口中的九%成長到一九%。另一部分則在於沒有任何宗教信仰（尤其是不可知論者和無神論者）的人口，從四%成長到八%。

基督教福音派就跟天主教一樣，嚴格反對墮胎、婚前性行為和女性的完全平等，但他們准許（儘管不一定認可）避孕。就歷史數據來看，新教的生育率比天主教低（儘管在經濟更進步的社會中，此種差異消失了）。[6]但與愈來愈多人從天主教改信新教的情況相比，此地區（或至少部分區域）人們在宗教虔誠度上的轉變更為重要。檢驗此種轉變的其中一種方法，就是觀察人們對同性婚姻的態度（天主教與福音派皆大力譴責的事）。

根據另一項皮尤研究，在巴西、智利、墨西哥、阿根廷及烏拉圭的人口中，有數量頗大的少數派或過半多數人都支持同性伴侶結婚的權利，其支持率依序為四六%、四六%、四九%、五二%、六二%（阿根廷、巴西和烏拉圭同性婚姻更是合法的）。你猜結果怎麼了？這些國家也是該區域內生育率最低的國家（智利為一·八、烏拉圭二·〇、阿根廷二·四）。且除了墨西哥以外，這些國家的無神論者比率也高於平均數字。

在同性婚姻受到最多阻撓、無神論者很少的社會裡，生育率也是最高的：巴拉圭（生育率二．六）、宏都拉斯（二．七）和瓜地馬拉（三．二）。[7]結論：在多數情況下，愈不支持同婚，且宗教虔誠度愈高的社會，其生育率也愈高。研究同時也指出，「擁有愈高性別平等度的國家……對女同性戀及男同性戀者的整體接受度也愈高。」[8]因此，宗教虔誠度的減弱，提高了人們對LGBT族群的接受度、女權的重視，以及出生率下滑的情況。拉丁美洲國家的生育率之所以下滑，是因為該區域的信仰虔誠度也在下滑。

但在此一理論中，有一個惱人的問題。巴西有非常嚴重的收入不均問題。巴西國內一半的財富都被上層一〇%所掌握[9]，卻也有至少四分之一的人生活在貧窮線之下。[10]當然，貧窮巴西人生的孩子，比中產階級巴西人還要多。既然如此，巴西的生育率又怎麼會這麼低？這是亟需解答的謎題。而此一情況，也顛覆了我們那令人滿意且確切的假設。

關掉工廠，綁起管子

如同巴西的其他地方，聖保羅也充斥著各種矛盾。城市中有著金碧輝煌的辦公大樓和占據在城中天際線上的奢華公寓，但與美國中產與中上階級門禁社區（如鳳凰城隨處可見的漂亮現代化社區）極為不同之處，就在於這些建築物的外觀有如堡壘，長長的防護牆、鐵柵門、鐵絲網及監視器密集環繞四周。犯罪已經侵蝕了巴西——二〇一五年，因暴力犯罪導致的死亡人數，甚至超越了因內戰所苦的敘利亞。[11]恐懼如同街景的一部分，中產階級以高牆將自己與社會的其他部分隔離。

在中產與中上階級想盡辦法保護自己財產與人身安全的同時，有數以百萬的市民正躲在巴西都市問題專家艾杜亞度．馬基斯（Eduardo Marques）口中的「危險居所」裡（最有名的例子莫過於貧民窟），努力求生中。[12]這些貧民窟出現在一九五〇年代，當時許多北部鄉村的人口為了追求快速工業化下的工作機會，而移往南邊都市。

貧民窟的居民們沒有居住許可，他們和來到此地的先輩們，只是單純地占據了這片如今成為他們居所的土地。這些地有些曾經有主人，有些則是公有地，但多年來，巴西的各級政府都容忍這些人的占用。政府甚至提供些許市政服務如電力和馬路，目的也是為了換取政治選票。他們甚至承認某些貧民窟的地址為政府認可的居住地。在聖保羅，擁有一個居住地址是非常重要的。在巴西，只要有居住地址，你就能確認自己的市民身分，取得身分證，參與正式經濟活動並獲得有限的政府服務。[13]巴西政府接受秘魯經濟學家赫南多．德．索托（Hernando de Soto）的建議，在某些情況下授與貧民窟居民財產權（這些居民占都市人口的兩成）。然而，這樣的做法也吸引開發商收購並再開發這些資產，導致窮人被迫遷移到都市的更邊緣處，讓他們更難獲得工作或享受服務，從而招致批評。[14]講到貧民窟，所有的巴西人都會毫不猶豫地告訴你，那裡很危險。如同一位本地人所說的：「在聖保羅開車時，你必須隨時注意GPS導航，因為有時候它會帶你通過貧民窟，但這麼做很可能會讓你送命。」[15]毒品交易與幫派，更強化了貧民窟的危險性。現在，即便是為了做研究而進入貧民窟，也需要取得當地幫派的許可。

維拉．普魯登特（Vila Prudente）是聖保羅最古早的貧民窟，裡面的人口據估計約有十萬人，然而確切的官方數據並不存在。根據與我們交談者的說法，這是一個相對安全的貧民窟，因為此地並不「熱門」（實際進行毒品交易的場所）。儘管如此，安排採訪的同事還是千叮嚀萬交代地，指導我們何謂適當的禮貌：不要盯著其他人、不要離開團隊、注意時間。當人們趕著去上班或下班時，風險是最高的。

在採訪當天，司機讓我們在距貧民窟不遠處下車，然後徒步走進去。通過區隔兩座社區的那座牆，就像是跨越區分著兩個世界的入口般。儘管周圍社區並不大，卻與我們眼前看到的世界有著天壤之別。

維拉．普魯登特的建築比奈洛比的基貝拉來得堅固且耐用。但隨處可見的人類廢棄物，如垃圾、破碎的磚頭、斑駁的柏油等，卻非常相似，腐敗垃圾散發出來的酸臭味更是如出一轍。在一場暴風雨後，貫穿在販售著雜貨、電池和零食等破舊而緊密小屋間的通道，變成黏稠泥濘的黃褐色小路。然而，這些簡陋小屋就是人們的家。要區分兩間小屋的不同，相當簡單，因為從外面往往就能一眼看穿屋內。

最終，我們和在此貧民窟內的「知識方舟」（Arca do Saber）團隊碰頭，他們運作著一間收容十三歲以下孩子的慈善機構，每天都會照顧貧民窟裡的一百二十位兒童，資金來自於法國與英國大使館、數間私人企業和聖保羅市政府的資助（市府為其提供一半的預算）。[16]該慈善機構的主席伊芙琳（Evelyn）和其夥伴弗烈德里克（Frédéric），引導我們參觀收容中心和他們認為相當安全的貧民窟區域，但我們不能和任何居住者交談，因為這麼做可能會引起當地幫派的不滿。伊芙琳和弗烈德里克都是法國人，他們身邊還有兩位年輕女性——充滿理想與抱負的法國大學畢業生，想為此地帶來改變。

知識方舟的目標是協助當地的年輕人，在面臨人生抉擇時做出更好的決定，像是接受教育、遠離毒品和暴力、避免青少年懷孕等。志工會向出現在收容中心的孩子們以及他們的家庭，散播這些資訊。他們最擔心的對象，往往是男孩——尤其是特別聰明的那些。女孩比較容易能繼續待在學校，但男孩總是會受到家裡的壓力，要他們去工作。而聰明的男孩往往會被販毒的幫派吸收。

青少年懷孕是維拉．普魯登特的一大問題，有太多女孩在十五、十六歲時就懷孕。巴西婦女懷上第一胎的平均年齡相當年輕，僅有二十二歲，而按道理，這個事實應該有助於提高出生率。[17]但統計數據所沒注意到的，是全巴西婦女——包括貧民窟內的女性，比她們的父母輩更早決定不要繼續生孩子。儘管她們生孩子的年齡比會說流利英語的精英女性還要早，但她們選擇停止生孩子的年齡也比她們的上一代還要早。

窮困的巴西婦女之所以會做出這樣的決定，部分原因就在於搬到都市後，教育和素養普遍都會獲得提高。[18]但還有其他因素，例如巴西大受歡迎的電視肥皂劇——「電視小說劇」（telenovelas），這些劇本多以小家庭、女性賦權、瘋狂的消費主義、複雜的羅曼史與家庭關係為題材。隨著環球電視網（Globo TV，也是電視小說劇的主要製造者）的規模不斷擴大，研究者發現在那些能收看到電視小說劇的社區裡，以人氣角色為名的孩子數量激增，且生育率下滑。[19]而巴西政府也透過拓展國內的輸電網、提供更多如電視等可消費商品的手段，助長了此一風氣。貧民區的婦女們如今有了新的榜樣，一個讓她們欣羨與嚮往的另類人生。如同巴西人口學家喬治．馬丁（George Martine）所指出的：「被呈現出來的家庭形象，往往是小型、平等且以消費為導向的單位。除此之外，新的主題——婚外情、家庭不穩定、女性賦權和非傳統類型家庭安排等，也經常出現在電視上，並因此成為日常話題中的一部分。」[20]對這些女性及世界上其他地方的女性而言，生孩子不再是一種基於家庭、教會與國家的義務，而更像是一種個人成就。此外，不要生超過一、或兩個孩子，也是更大的成就。

另一項導致生育率下滑的推手，則是出於無意且令人訝異的原因：「fábrica está fechada」，亦即「工廠關閉了」或「關掉工廠」。[21]巴西人的剖腹產比例非常高，女性接受絕育的比率更是異常地高，而這兩者息息相關。剖腹產費用是由公共醫療系統來承擔，且對主治醫師而言，剖腹遠比自然產來得有利可圖。至於無法直接獲得健保給付的絕育手術，只要付給主治醫師另外一筆「特殊」費，就能進行。如同喬治．馬丁的描述，「常見的做法是醫生將病患歸類為懷孕併發症的高風險者。接著，他會因為她的高危險處境，替她安排剖腹，再讓病患私下支付同時進行輸卵管結紮手術的費用。醫療體制內薪資微薄的醫護人員，出於經濟利益而這麼做的情況，極大程度地解釋了巴西剖腹產與絕育手術比例異常高的原因。」[22]進行輸卵管結紮的另一大誘因，則是因為巴西不允許墮胎。

透過「laqueadura tubária」（綁起管子）來「關掉工廠」（也可以用來指稱任何一種生育控制），也是一種流行在中產階級間的現象。都市人類學家特蕾莎．卡德拉（Teresa Caldeira）發現，「在過去二十年裡，我和茶花園（Jardim das camélias，聖保羅的低層中產階級社區）裡無數名不願意再擁有大家庭的女性交談過。她們的出發點並不完全基於經濟考量，而是——如同其他中產階級女性，想要擁有更多的時間來做自己的事，像是找到比擔任女傭更好的工作等。她們不希望成為貧窮的囚犯，因此許多人在生下第二或第三個孩子時，選擇接受絕育手術。她們認為這是一種實質的解放。她們學到（從電視節目所描繪的上層社會女性行為和家庭模式），控制自己的性欲和生育，能為自身帶來極大程度的解放，而這種解放並非僅限於生理方面，更能讓自己遠離男性的主宰。」[23]在已開發國家中，女性選擇晚婚，也因此生較少的孩子。在某些開發中國家如巴西，女性別無選擇只能早婚，但她們能透過絕育手術來控制家庭的大小。

如同我們已經討論過的，當地的環境——從南韓的工作壓力，到非洲一名新娘的定價，再到巴西那大受歡迎的肥皂劇，會影響女性如何、以及為何要生孩子。但幾乎在世界各地，只要提供女性選擇，她們就會選擇生少一點孩子。對小家庭的渴望，也成為普遍的現象。市調公司易普索（Ipsos）調查了二十六個國家內的一萬八千五百一十九人：「一個家庭擁有的理想孩子數量為多少？」幾乎所有國家的回答都接近二，總平均數字為二．二，剛好是巴西的平均值。這也表明了並不是只有富裕、接受過良好教育的年輕世代，才會擁抱此一新常態，這已經成為世界各地幾乎所有人的新標準。

儘管二．二的總體平均，應該足以支撐全球人口的整體水準，卻不足以讓我們在本世紀末，實現聯合國所預測的一百一十二億人口。再加上小家庭的常態，已經成為世界上兩大人口國——中國與印度的主流（後面將進一步探討）。無論如何，以全球性或當地原因來看，巴西已經不可能維持在人口替代率的水準上，而這樣的改變相當驚人。歐洲和其他已開發國家用了近乎兩個世紀的時間，才將出生率從第一階段的六個以上，進展到第五階段的低於替代率。巴西和許多拉丁美洲的國家們，卻只用了兩個世代的時間，就完成這樣的轉變，更遑論該區域中的其他國家還緊追在後。拉丁美洲正在為人類成長的抑止，設下新標準。

Chapter

8

移民的推力與拉力

即便這件事已經過去了一段時日，每每回想起仍有一陣錐心之痛。一名年幼的男童，面部朝下地躺在被浪潮拍打的沙灘邊，而他那蜷曲的身體，看上去像是熟睡了般。當載著艾蘭．庫迪（Alan Kurdi）一家和數十名敘利亞難民的船隻翻覆時，他被大海吞噬。二〇一五年，有超過三千名難民葬身在愛琴海或地中海海底，且其中多數為孩子。當時，妮魯佛．迪米爾（Nilüfer Demir）所拍攝的這張照片，重重地敲痛了全世界的良心。善款蜂擁而至，歐洲的政治家鼓勵彼此接納更多難民，並嚴厲譴責拒絕開放者。對加拿大而言，庫迪一家因為文件缺失而被拒絕以難民身分入境的新聞，或多或少成為大選期間擊敗執政保守黨的一股助力。敘利亞難民成為全世界頭等重要之事，全球正處在移民危機之中。

然而，這場悲劇及其後續發展，掩蓋並扭曲了某些更重要的事實——就更廣義的角度來看，難民潮的影響實際不大。真正能重新塑造社會樣貌的結構性力量，來自數十年以來、從不間斷的經濟移民——從貧窮國家移往富裕國家。但此種勞動力的移動速度並沒有持續增加，反而逐漸放緩，未來甚至還會更慢。移民短缺是迫在眉睫的憂患。不幸的是，大眾對移民及難民（尤其是來自穆斯林世界的人）的猜忌心理，強化了國內民眾在民粹、本土政治家煽動下，對外來者本就存在的不友善心理。這些政策根本是自欺欺人，對生育率低於替代率的國家而言（幾乎所有的已開發國家皆如此），經濟移民是減緩人口下滑衝擊的必要手段。此外，隨著開發中國家的收入開始提高（且生育率開始下降），移民的情況只會愈來愈少。真正的政治家，會面對現實並向自己的支持者解釋。然而許多政客只懂得迎合偏見——即便自己國家的人口正在老化且消失、即便數百萬名的潛在移民者能扭轉此一趨勢（只要國家願意放行的話）。

生來註定移動的人類

我們天生就該四處移動。在六百萬至七百萬年以前，我們的祖先從東非的樹上爬下來，開始適應直立與行走的生活。而正是這種想要以雙腳行走的獨一無二適應能力，讓最初的人類與其他猿類開始有所區別，[1]這也讓我們的大腦開始成長。一旦人類開始了移動的生活，就再也停不下來。人類的機動性幫助我們找到並追蹤遙遠且移動的食物來源，也明白如何因應當地的氣候和生態，並做出改變。當食物短缺時，我們就會移動。一萬兩千年前開始出現的農耕技術，讓我們稍微安定了些，[2]但孩子的數量總是超過可耕作的土地數量。而地平線也總在遙遠的那一方呼喚著，於是我們繼續移動，但不再為著獵物，而是為了征服、為了可耕作的土地、為了改變或脅迫他人、為了榮耀。

約莫在五萬年以前，人們開始從非洲移往世界各地。[3]隨著人類不斷移動，我們發明了各種技術如輪子和帆船，來幫助自己橫渡廣闊的海洋與大陸。我們是如此擅長移動，讓全世界可居住的地方在二十世紀初，幾乎已經被占據。但我們仍繼續移動，為了與遠古祖先相同的原因，也為了最新的新聞頭條。總有事情在推著或拉著我們。推力：戰爭、饑荒、動亂、種族或宗教迫害、災難。這些讓繼續留在原地成為最冒險的決定，我們為了活下去而逃。拉力：越過那座山或那片大洋，有更豐沃或更好的工作等著我們。在那裡，有更好的機會與更好的生活等著我們——或至少是等著我們的孩子。

拉的動作往往是緩慢卻難以阻擋的：智人為了土地和獵物而離開非洲；數百萬人為了新世界和過上更好的日子離開歐洲；菲律賓人為了工作，移往波斯灣阿拉伯國家。推，則是出於恐懼：數百萬人為了躲避軍隊帶來的強暴和殺戮而奔逃；因為又一場農作物歉收所造成的饑荒而逃；因為洪水或火山爆發或地震而逃。拉的力量往往更強大，卻也比較難被觀察到，因其發生的過程總是非常緩慢且橫跨數十年或數世代。但推的動作，卻經常成為新聞頭條。

人們目前所能記得的推力事件，包括了因越南殘酷統一戰而逃的船民、索馬利亞和蘇丹的受害者、二〇一〇年海地地震、敘利亞內戰，以及ＩＳＩＳ的崛起。拉力運動則發生得更久，卻也更深遠：安地斯山脈蘊藏的金銀礦脈、北美大平原能夠養活的牲口和種植的小麥、手足寫信來表示芝加哥或多倫多有工作機會，而有鑑於你在西西里島的嚴峻情勢，何不去那邊試試看？當然，直到今日，人們都還跟著拉力跑。戰爭結束了，局勢更安定了，讓我們回到故鄉，重新來過；我們必須離開瓜地馬拉的村莊，到正在收成的加州田裡工作，這樣我們才有食物；我所擁有的知識在這裡毫無用武之地，但在歐洲或北美，卻可以發揮所長。以拉力為本的移民思維，通常是基於某一地的人口過剩（因而導致貧困），而另一處還有機會。

儘管我們生來就註定移動，多數時候，我們卻更喜歡待在原本的地方。家人在這裡，且我們更熟悉這裡。在工業革命前，旅行受走路的速度所框限，多數人的一生未曾到過比隔壁村莊更遠的地方，除非因為戰爭。即便在今日，許多美國人一生不曾踏出美利堅的領土。[4] 除非出現推力或拉力，否則家就是我們的心之所在。

事實就是：我們已經不像過去那樣移動著。很久很久以前的大遷徙，從舊世界移往新世界的活動，已經結束了。如今的大遷徙——從開發中國家移往已開發國家，已經相當平穩，甚至開始放緩。一九九〇年，移民人口占全球人口一％中的四分之三；到了二〇二〇年，數字下降到十分之六。[5] 中東的難民危機讓這個數字成長，但如同所有的推力移民，此一趨勢遲早會消退，甚至在危機解除時開始扭轉。接納中東難民的歐洲國家也預期著，當敘利亞、伊拉克和其他飽受戰亂摧殘的地區恢復些許程度的秩序後，這些難民就會返回自己的家鄉。

我們變得愈來愈熱愛定居，這是一件相當奇怪的事。當然，四處跑動從來就不是一件易事。全球空中旅行的普及化，讓移民變得沒那麼痛苦（有些人感嘆著搭飛機曾是愉悅享受而非磨難，根本忘了當年的票價貴得多嚇人）。但事情並非總是如此。即便在不久的以前，旅行很有可能會賠上性命。舉例來說：現在仍有人記得某些人甘願冒著生命危險，在愛爾蘭大饑荒期間，從歐洲跑到北美洲。自一八四五年開始的接連六年，植物傳染病摧毀了愛爾蘭的馬鈴薯收成。當時造成一百萬人死亡，還有超過一百萬人為了重新開始，逃到美國與加拿大。[6]這之中包括了於一八五二年，從利默里克郡受飢餓包圍的巴福鎮，展開逃亡的二十多歲青年——湯瑪士・費茲傑拉爾德（Thomas Fitzgerald）。他搭著其中一艘骯髒、擁擠（經常擠進規定人數兩倍以上的乘客）和緩慢的「棺材船」（依船員的技巧與天候而定，需要花上五星期至三個月時間才能渡海），與蝨子、傷寒為伍，食物和水更是經常性缺乏。人們躺在髒汙與疾病之中，等著自己最後是死是活。一般而言，旅程中會有五分之一的乘客死亡，但三成至四成的死亡率較為常見。[7]費茲傑拉爾德活下來了，來自韋克斯福德郡鄧甘斯坦的製桶工人派崔克・甘迺迪（Patrick Kennedy）也活下來了。[8]兩人在波士頓定居，並在燈塔山（Beacon Hill）上盎格魯新教徒上流社會的嚴重排擠下，千辛萬苦地活著。如今，從都柏林機場飛到紐約甘迺迪機場——亦即以他們的子孫、美國總統約翰・費茲傑拉爾德・甘迺迪（John

Fitzgerald Kennedy）為名的機場，只須不到八小時時間。

我們之所以不再如此頻繁移民，原因在於饑荒或瘟疫變得相當罕見，且通常能在當地政府或外國援助的出手下得到控制。另一個原因則在於這個世界變得更健康了，人口過剩的現象減少了。光是在一九〇〇至一九一五年間，就有三百萬名來自義大利南部及西西里島的義大利人，因為受不了鄉村的貧苦而移往美國，並在紐約等其他工業城市的血汗工廠裡工作。[9]如今，西西里人絕對不會為了一份在紐約血汗工廠裡的工作，選擇遠離家鄉。現在已經沒有血汗工廠了，而且即便西西里仍舊貧窮（人均生產毛額約為美金一萬八千元，幾乎是該國平均的一半），人們還是活得下去。至於從貧窮國家移往富裕國家的移民，則沒有停止。但如同我們所注意到的，即便是世界上最貧困的區域，如今情況也比一個世代前來得更好。生活在赤貧（一天少於兩美元）中的人口，從一九九〇年的十八億多，下降到二〇一五年的少於八億。[10]赤貧在本世紀內徹底消失的機率不僅高，更是極有可能。而非貧苦族群的人們，往往比較不傾向移動。

儘管近幾年來中東移民那可怕的移民處境，就跟我們祖先早年所經歷的情況一樣危險且艱辛，此一事實卻也掩蓋了一項更大的事實：難民的處境遠比看上去來得安穩。

被蒙蔽的難民危機

聯合國的警告相當赤裸：全球難民人口總數在二〇一五年年底，攀升到了一千九百九十九萬，遠比二戰結束時還要多。[11] 隨著世界陷入動亂，有成千上萬名人口被迫遠離家園，而許多人的生活被局限在小小的難民營中。需求非常龐大，有誰能伸出援手呢？

除非聯合國扭曲數字，二〇一五年的難民人數或許確實比一九四五年還要多，但地球上的總人口數自那時起，也已經成長了三倍。倘若穆斯林難民的處境是危險、絕望且恐懼的，那麼數百萬名因為蘇維埃軍隊逼近而逃到德國的東普魯士人，或因為波斯、捷克與匈牙利人想要奪回自己土地而被趕走的人們，其面對的處境更為艱險。接著，又輪到數百萬名因為被俄羅斯奪走其東邊領土，而被迫流離失所的波蘭人，巴爾幹半島的情況也同樣混亂。在最瘋狂的時刻，每天會有一萬四千人穿越，或被迫穿越蘇維埃政權所統治的地方，到西方國家的土地上，數千人因為貨輪在波羅的海上翻覆而溺死。那些無法或沒能離開，而被困在蘇聯封鎖線內的人們，某些時候甚至只能人吃人，許多人最終被關進蘇維埃勞動營。與此同時，西方政權將約莫兩百萬名蘇維埃公民（許多人為戰俘）送回到他們的家鄉，許多人自此之後音訊全無。數十萬名在大屠殺中倖存下來的猶太人，努力地在巴勒斯坦的土地上，重建猶太家園。前前後後一共花了十五年的時間，歐洲的最後一間難民營才終於得以關閉。[12]整體來看，在戰爭結束時，有一千四百萬名德國人流離失所，還有五十萬人死亡。[13]而根據一份調查，世界另一端的中國在一九四七年時，共有一千三百萬名無家可歸或流離失所的中國人。[14]這個數字還只是估計，不包括在二戰前後因國民黨與共產黨內戰而流離失所的一億人；[15]死亡總數更是無法估計，但絕對非常駭人。簡而言之，二戰爆發時期下的全球景況，絕對遠比二〇一五年的局勢來得動盪。

事實上，要是沒有敘利亞與伊拉克的混亂，再加上阿富汗與索馬利亞長期騷動不安，與利比亞一直以來的固有狀態，我們或許可以說當前難民的處境，算是相對安定。根據聯合國開發計畫署的數據，二〇一五年全球共有兩億四千四百萬名跨國移民者（住在非自己出生地國家的人口）。[16]儘管二億多的人口聽上去很多（畢竟這已經相當於世界上人口第四多的國家——印尼[17]），卻只占全球人口的三．三%，比一九九〇年的二．九%更高。但就更宏觀的角度來看，這不算很大的成長。

難民潮的穩定性，在多大程度上被中東危機所蒙蔽了呢？不妨想想看，二〇一五年，全球難民中有超過半數（五四%）來自三個國家：敘利亞（四百九十萬人）、阿富汗（兩百七十萬人）和索馬利亞（一百一十萬人）。[18]儘管某些歐洲人宣稱，他們的國家擠滿了難民，但事實上絕大多數的難民都擠在開發中國家（八六%），而不是已開發國家內。有四成的流離失所者，暫時居住在中東、北非的難民營裡，還有三成分布在撒哈拉以南非洲。收容最多難民的前三名國家為土耳其（兩百五十萬人）、巴基斯坦（一百六十萬人）和黎巴嫩（一百一十萬人）。[19]而隨著受西方政權支持的伊拉克人與庫德族人，一次又一次地擊敗ＩＳＩＳ，且敘利亞內戰的瘋狂逐漸減弱，難民們也開始慢慢回流——光是二〇一七年上半年，就出現五十萬人潮。[20]德國總理梅克爾（Angela Merkel）表示，她預期當前在德國的所有難民，會在中東情勢達到一定程度的和平後，全數返回自己的國家。

全世界的其他移動者（總數的四分之三），則是在拉力（而非推力）的影響下，決定從中收入國家移往高收入國家，[21]其中約有四成來自亞洲。[22]而當前規模最大的離散人口（diasporas，亦即生活在非自己出生國的人），來自印度（一千六百萬人），接著是墨西哥（一千兩百萬人）、俄羅斯（一千一百萬人）和中國（一千萬人）。[23]現在的移民，較少是因為人道危機，更多的是基於養家餬口，希望到其他國家謀求經濟發展機會。有約莫五分之一的人，選擇在美國落腳——永遠的應許之地。德國、俄羅斯（來自周圍較貧窮國家的移民）以及沙烏地阿拉伯（吸引外來移工），也是主要落腳地。

將一切事實加總在一起，再加上左頁列表，我們可以知道移動人口有些是被迫離開家園，前往願意收容他們的地方落腳；有些則是為了追求更好的生活品質，而從中等收

表 8-1 移民熱門目的地（2015 年）（以千人為單位）

美國	1,002
土耳其	400
黎巴嫩	250
德國	250
阿曼	242
加拿大	235
俄羅斯	224
澳洲	205
英國	180
南蘇丹	173

表 8-2 移民主要來源（2015 年）

敘利亞	806
印度	520
孟加拉	445
中國	360
巴基斯坦	216
蘇丹	160
印尼	140
菲律賓	140
西班牙	119
墨西哥	105

入國移往高收入國。[24]

整體而言，若先略過地方性戰爭的特殊情況，移民潮在這幾十年間已經相當穩定。但戰火確實帶來一定的危機，且不僅僅是對移民者而言，對那些被哄騙而認定移民危機正在發生的已開發國家國民而言，也是如此。這樣的思維只會同時對移民者，及移民者目的地國家的國民，造成傷害。然而移民危機並不存在。

如果移民離開了？

儘管在過去二十五年間，歐洲因為來自中東與非洲的兩千七百萬名跨國移民，出現過許多政治紛爭，但有近乎一半（四五%）的移民者，都是在歐洲出生。這些都是歐洲人在歐洲國家間的移動。至於美國，在一九九〇至二〇一五年間發生的移民之中，有一半是來自拉丁美洲和加勒比海。[25]多數情況下，移民都是沿著地緣在移動。北非和中東供應著歐洲，拉丁美洲則供應著美國。儘管全球旅行已經變得相當輕鬆，多數移民者仍偏好移動到離家較近的地方，中東難民危機也是這種趨勢。歐洲收容的難民絕大多數都預期在家鄉情勢穩定後，返回自己的國家；只有為美國和加拿大接受的難民，會考慮永久定居（從敘利亞跑到難民營，再跑到溫哥華的難民營，接著就是永久地住下來）。亞洲同時也是亞裔移民的熱門目的地，現在，有超過五千九百萬名亞洲移民住在另一個亞洲國家裡，這也讓亞洲大陸成為世界上最大的移民樞紐。[26]更值得記住的是：世界上的絕大多數人，都不想離開自己的家園。那些想要離開或不得不離開者，會選擇移往比較近，在語言或文化上至少還有些許相似之處的地方。或許，他們最終會回去，或至少探親會比較方便。過剩人口遷往無人居住大陸的全球性大遷徙，已經結束了。今日已經沒有無人之地，且開發中國家也變得更為富裕，人口更沒有過剩的問題。美國自二〇〇八年發生經濟危機後，離開美國返回墨西哥與拉丁美洲的人數，比來到美國的數量更多。關注此現象的研究者認為，這是因為美國經濟變弱、墨西哥工作機會變多，以及拉丁裔生育率下滑的緣故。[27]未來，隨著移民者愈來愈渴望回到自己的祖國，回到家人、同族與特有飲食文化的身邊，移民遷回（remigration）的現象也將愈來愈普遍。需要依賴移民來支撐本國人口的已開發國家，本應傾盡全力來挽留這些人。但相反地，他們對新移民的態度愈來愈強硬，這將是自取滅亡的做法。

錯誤的移民恐懼

凱斯・艾里斯（Keith Ellison）曾提出警告。二〇一五年七月，這位來自明尼蘇達州的國會議員，參加了星期天早晨ABC電視台的熱門脫口秀《喬治．史蒂芬諾伯倫斯的一周》（*This Week with George Stephanopoulos*）。「站在民主黨這一方並對總統川普勝選一事抱持恐懼的人，最好拿出幹勁，也最好動起來，」他警告道，「因為這個男人還真的能拉到一些票。」另一名來賓立刻笑了出來。「我知道你不相信，」史蒂芬諾伯倫斯大笑地說道。[28]畢竟，川普曾說出墨西哥移民只是「一群有著一大堆問題，還想將自己的問題丟到我們身上的人。他們帶來毒品、他們帶來犯罪、他們是強暴犯。當然某些人，」他也很好心地補充，「我認為，應該是好人。」[29]一個月後，他展開了共和黨的提名競選活動。他認為自己可以築起一道高牆，隔絕他們。六個月後，加州聖貝納迪諾發生槍擊案，他旋即宣告禁止所有穆斯林移民進入美國，直到有關當局能「釐清到底發生了什麼事情為止」。[30]問題並不在於總統川普會如何實現這些承諾，問題在於這些承諾幫助他勝選。這不是一本專門分析自由派精英，與憤怒、排外主義者間有多大差異的書。重點在於這些憤怒是真實的，且不僅僅出現在美國，更席捲了歐洲，讓極右派反移民政黨興起，更讓英國民眾投票脫離歐盟（部分原因就在於民眾對看似難以控制的移民潮感到憤怒）。

二〇一六年七月，易普索公共事務部門調查了二十二個國家的國民，訪問其對移民的看法，有半數受訪者贊成「我的國家已經有太多移民」這樣的陳述。在人口正在或即將步上衰退的國家裡，贊成者數量反而更高，例如有六五％的義大利民眾，和有六四％的俄羅斯人表示同意。而預估在二〇六〇年人口將會流失兩成的匈牙利，支持移民的比例僅有六％。當然，這些憤怒部分來自於恐懼心理，害怕本國文化、宗教或種族結構，會被移民改變，但另一個原因則是基於經濟層面。訪問中，僅有四分之一的受訪者認為移民能促進本國經濟，半數的人認為移民會讓社會福利承受更大壓力。更有四分之三的人則認為，移民會搶走自己的工作機會。

這些常見的看法其實大錯特錯。只須隨便引用任何一份調查——美國國家科學院（National Academies of Science, Engineering, and Medicine）在二〇一六年所進行的一份超詳盡調查發現，美國的合法移民（超過半數都擁有高等教育學位）填補了高技術勞動力的缺口，並透過創業而製造出工作機會，更鮮少引發本地人與移民的工作之爭。「移民擴大了經濟，並些微地提高了在地人口的平均狀況，」報告如此總結，「但最大的受惠者自然還是移民者本身，因為他們得到了在自己國家所無法擁有的機會。」[31] 如同我們已經指出的，移民人口能刺激消費，並支付稅金以供養那些無法再工作者所使用的社會福利。無論是對移民者或本地人而言，移民能創造雙贏的局面，這絕對不是一場零和遊戲。

最客觀的事實就是：要不是移民，多數已開發國家的人口成長早就已經戛然而止。

歐洲尤其如此。在這片大陸上，要不是有移民的存在，其人口早在二〇〇〇年至二〇一五年間，就開始衰退。[32]至於其他的已開發國家——尤其是美國和加拿大，自二〇二〇年左右，移民將成為刺激人口成長的唯一動力。[33]政治人物應該教育自己的支持者，讓他們明白移民對其國家經濟穩定的重要性。他們應追求政策，讓擁有語言與工作技能、適合在本國工作的移民申請者獲得移民的機會。他們也應該確保新來的人能獲得充分的支援，協助其快速且輕鬆地融入社會。相反地，易索普的調查卻揭露了大眾沉浸在恐懼中，擔心丟了工作或生活受到威脅。當然，極端分子佯裝成難民並在當地發動恐怖攻擊的事件，讓中東難民的處境更為難堪。但早在敘利亞內戰或ＩＳＩＳ崛起之前，本國主義者就因為認定自己的社會被外國人滲透而無比憤怒。ＩＳＩＳ並沒有創造出美國的川普，或法國的極右派領袖瑪琳．勒龐（Marine Le Pen），或匈牙利的反移民總理奧班．維克多（Orbán Viktor）。種子早就已經種下。

但此種糟糕的處境，並不單純是由右翼民粹與本土主義民族主義者所造成的。左翼的移民捍衛者，將移民包裝成對個人同情心與包容心測驗的做法，也讓情況雪上加霜。對他們而言，反對移民最難聽的說法就是種族歧視，最輕微的說法則是自私。對於這樣的侮辱，人們的反應自然好不到哪裡去。他們猛烈砲轟這些控訴者，譴責他們是與社會大眾脫節的金字塔層頂端，再把票投給他們認為願意支持自己的政黨。無論是左邊或右邊，任何一名理性的政治人物都應該去解釋，接納移民絕對不是一場關於同情心與包容心的考驗。這其實對商業有益、這能帶動經濟成長、這能增加納稅人口。比起為別人犧牲，人們更容易為自身的利益起而行。現在，來到美國的拉丁裔與亞裔移民只不過是最新一波的移民潮，而川普之前的美國之所以能夠偉大，正是因為當時的宗教異議分子選擇來到新英格蘭發展，愛爾蘭人、德國人與奴隸又因為各自的原因在美國落地生根。

不過人口高齡化和衰退的問題，也不能永遠靠移民來解決，部分原因在於移民者並非總是那麼年輕。根據聯合國的統計，移民者的年齡中位數為三十九歲。[34]但大多數三十九歲的人，早就不再想生育方面的事了，因此移民人口的生育潛力其實不高。另一個原因則在於，移民者往往很快就會融入當地的生育模式。「移民出生率之所以會下滑的最大原因，就在於他們傾向接受當地的生育價值觀，」《經濟學人》指出，「這一切發生得很快，某些研究指出，在進入青春期前就移民的少女，其行為舉止跟當地人極為相似。」[35]此外，或許很快地，移民者就要消失了。世界各地——即便是最貧窮的國家，其生育率都在下滑。而曾經非常窮困的國家，其收入開始成長，讓遠離家園的動力變少。中國曾經是加拿大最主要的移民來源，如今卻遠遠落在第二名後頭。請記得，如同數據所顯示的，多數人都傾向待在自己的出生地，直到我們因為推力或拉力而被迫移動。我們談論的可不是輕微的推力，能讓人們願意連根拔起原有生活，到國外展開新人生的動力，往往要非常強勁。不過就目前而言，能讓瀕臨人口衰退的國家遠離此危險的最好方法，就是要接受移民。最終，這些移民究竟是因為推力還是拉力而來，已經不重要了。你需要他們，就跟他們需要你一樣。

每一天，世界都朝都市化邁進

當我們提到移民模式處於相對穩定的狀態時（災難先不論），仍舊沒有討論到事實全貌。在過去六十年間，有一個極為重大的移動正在發生。此一移動就是從農村移往都市，而這個行為正在重塑全世界。

一九五〇年，世界上只有三成人口居住在都市中（已開發國家的比例則更高些）。但隨著開發中國家逐漸追上已開發國家的腳步，有愈來愈多的人從鄉村移往工作機會更多的都市（最初是工業，接著是愈來愈多的服務業）。二〇〇七年，全球都市人口總數首度超越了農村人口，[36]此刻，都市人口占了五五%。到了二〇五〇年，我們之中會有三分之二的人住在都市裡，扭轉一個世紀前的鄉村／都市比。全球鄉村人口已經攀登上最高峰，很快就會出現徹底的衰退。這是人類處境的一大改變，且將在一個世紀內就會發生。

儘管我們多數人都居住在人口數少於一百萬的都市裡，真正的主角還是巨型城市（人口數超過一千萬）。一九六頁表8－3列出了世界上前十大的巨型城市，與其居住人口數（單位：百萬人）。

其中，只有三個巨型城市位在已開發國家內，其中兩座在日本，但日本的人口正在縮水。這絕非巧合，如同我們已知的，都市化會導致人口下滑。身為全球都市化程度最高的國家之一，日本的都市化程度高達九三％，其正在發生的人口流失速度，也居世界之最。

讓我們將事情快轉，來看看二〇三〇年的前十名城市預估排名（表8－4）。大阪掉出了前十名之外，而東京在人口流失開始發酵後，銳減了一百萬人口。但我們也有一些新選手，包括了拉哥斯，而這是一件大事。

奈及利亞那令人不抱期待的腐敗中央政府，完全無法處理撕裂著國家的部落與宗教紛爭。但拉哥斯的情況不同，高效率地方政府的延續、中國大型投資、對該城市低工資勞力感興趣的企業，以及新興的中產階級，正在轉化這座城市與區域。此地正在興建新的深水港、新的辦公室與居住開發、新的大眾運輸工具（包括南非以外，撒哈拉以南非洲第一條地下鐵），還有十線道超級高速公路，能將拉哥斯與迦納的阿克拉、象牙海岸的阿必尚連結在一起，供汽車與快速運輸行駛。經濟學家和人口學家預測，二〇五〇

表 8-3　世界前十大巨型城市與居住人口數（以百萬人為單位）

東京，日本	38.1
德里，印度	26.5
上海，中國	24.5
孟買，印度	21.4
聖保羅，巴西	21.3
北京，中國	21.2
墨西哥城，墨西哥	21.2
大阪，日本	20.3
開羅，埃及	19.1
紐約—紐華克，美國	18.6[37]

表 8-4　世界前十大巨型城市與居住人口預測（2030 年）

東京，日本	37.2
德里，印度	36.1
上海，中國	30.8
孟買，印度	27.8
北京，中國	27.7
達卡，孟加拉	27.4
喀拉蚩，巴基斯坦	24.8
開羅，埃及	24.5
拉哥斯，奈及利亞	24.2
墨西哥城，墨西哥	23.9[38]

年，將有五千五百萬人口居住在這條跨西非濱海公路旁，使其成為更大規模的九十五號州際公路翻版——波士頓華盛頓城市帶（包括波士頓、紐約、費城和華盛頓的集合城市）的主幹。如同作家兼記者霍華德・佛倫斯（Howard French）所觀察到的：「這片大陸上最大的都市正在孵育巨大的城市帶，一條跨越國土邊界，並創造出軟弱中央政府無力管理，或甚至無力插手的欣欣向榮新經濟體。」[39]重點來了，奈及利亞、迦納和象牙海岸的生育率介於四和五之間。但我們知道拉哥斯—阿克拉—阿必尚城市帶（或無論他們之後會被如何稱呼）的生育率，不可能有這麼高，應該會更接近替代率，因為這就是當人們搬到都市後會發生的情況。那麼，聯合國為什麼要繼續預測非洲會有如此高的生育率呢？

世界上的所有地方，每一天都朝著都市化更近一步。八成的美國人與加勒比人，如今都居住在都市中，這超越了歐洲的七成、亞洲的五成；而非洲目前為四成，但正在快速成長。未來即將成形的都市化世界，將由地域集中、較老、生育力較低的人口所占據。而這些現象在過去製造過剩人口，導致移民發生的地方也顯著地發生。再加上這些區域變得沒那麼窮了，因此或許在不久的將來，移民者將變得非常稀少。這也是為什麼有生育率問題的已開發國家，更應該敞開自己的大門。然而相反地，他們卻選擇緊閉門戶，這真的是太傻了。

Chapter

9

印度象崛起，中國龍衰退

此刻，中國與印度每一個被生下和沒有被生下的孩子，都影響著人類的未來。全球有超過三分之一的人，就住在這兩個國家。今年、明年、後年總共擁有多少名新生兒，以及這些新生兒能陪伴我們多久，將決定全球未來人口的起跑點。人口模型專家必須正確判斷中國與印度的情況，因為全世界的環境、經濟與權力崛起和衰退，將全部奠基於此之上。

聯合國人口基金會預測，中國人口將在二〇三〇年左右，攀升到十四億的最高峰，然後逐漸下滑，直到二一〇〇年約莫超出十億左右——就各層面而言，這是一個多麼驚人的人口流失！而聯合國對印度人口的預測，則是在二〇六〇年成長到十七億，然後開始緩慢地下滑。[1] 我們認為這些預測是錯的。中國人口不僅僅會衰退，甚至可能會直接崩潰；印度人口則很有可能根本不會攀升到十七億。接下來，讓我們來說明白。

最大的國家，最低的出生率

中國國家統計局座落在一幢灰褐色、蒼白、低矮，且看上去不曾奢想得到任何建築獎的北京樓房內，建築物的內部整潔得令人惶恐。就在我們踏進去的同時，一群身穿清潔工制服的年長女性巡視著大廳，努力擦拭著閃閃發亮大理石地板上看不見的汙漬。大廳裡，穿著天藍色短袖高領齊膝洋裝、頭髮整齊地在腦後紮成包頭的女性們，聚精會神地排排站，就好像空姐正在接受檢查一般。在和我們的接待者（想與我們討論社會研究與民調發展的中國國家統計學者代表）碰頭後，一部分的女性跟在我們後頭，和我們一行人一起穿越最初走進來的那條長廊；其餘人則繼續站在走廊上，指引我們走到適當的房間，感覺就好像這些中國統計學家們不認得自己的辦公室。

那是一間無窗的會議室，就跟世界上那些平凡無奇的辦公室沒有兩樣，裡頭放著電腦、投影機等。女人們在每一張椅子後面站定，每當你啜飲了一小口提供的綠茶後，這些人就會立刻為你加水。在那筆芯削得完美的鉛筆和筆記型電腦旁，貼心地擺放了溫熱的濕毛巾，只要你一拿起來使用，毛巾就會立刻換上新的。天知道假如你拿起鉛筆來用，到底會發生什麼事？事後，中國同事向我們解釋，中國政府有所謂的充分就業政策（或至少是他們能做得到的充分）。這些女性是從農村招募來的，負責到北京執行這些工作。任何一份工作——即便是毫無意義的工作，也總比人力閒置好。

身為世界上人口最多的國家，中國有大量、廉價的勞動力可隨意使用。許多西方企業正是因為那大量、廉價的勞動力，而將工廠遷移至此，並引發許多認為中國廉價勞工損害美國製造業的批評。這樣的批評或許曾經是對的，如今卻也不復當年。是的，中國的人均GDP僅為美國的三分之一，但生活水準卻出現巨幅的提升，其成長率更是遠超過任何已開發國家。[2]美國經濟學家布蘭科・米蘭諾維奇（Branko Milanović）認為，如今真正的薪資落差已不存在於中國與美國間，而存在於此兩國內的高薪所得者與低薪所得者間。[3]中國的勞動市場正在逐漸萎縮，因為中國人大規模地放棄生孩子這件事。世界上最大的國家，擁有最低的出生率，而這樣的低出生率已經維持了數十年之久。由於中國不接受移民，因此想當然的數學結果告訴我們，其將面臨人口衰退與迅速老化、勞動人口縮水，且社會的依賴性更重。中國正在步上日本的後塵。[4]唯一的差別在於：日本社會是先變富裕，再開始變老。中國則沒有這麼幸運。

在近期一趟從深圳（擁有一千兩百萬人、連結著香港與中國內陸的城市）到北京的旅途中，我們對看不到什麼嬰兒的情況感到吃驚。在多數機場中，帶著孩子的父母是相當常見的情景，而安檢區內的嬰兒車更是永恆不變的麻煩（「我從來沒有見過一輛嬰兒推車能在二十分鐘內摺疊好，」喬治・克隆尼〔George Clooney〕在《型男飛行日誌》〔*Up in the Air*〕中的角色這樣說道）。但無論是在深圳或北京，你幾乎見不到嬰兒推車，見過的數量用一隻手就足以計算完畢（左手完全派不上用場）。我們真的努力找過了。

因出生率已死一事而感到擔憂的中國政府，終於在二〇一六年廢除了那可怕的一胎化政策。[5]一胎化政策是理想主義與官僚主義走火入魔的產物。在內戰結束、現代中國創立後，毛澤東鼓勵中國人民生育孩子，以滿足軍事與經濟結合的期待。結果證明，好事太多只會變成壞事。一九五〇年代末期，過剩的人口導致了數千萬人死亡的大饑荒。[6]在這場饑荒後，中國政府的態度有了一百八十度的轉變，並成立了計畫生育委員會。一九七一年，第四個五年計畫啟動後，政府展開了所謂的「晚、稀、少」政策，呼籲人民晚一點結婚、拉長生下一胎的間隔，同時生少一點孩子。[7]光這些或許就足以讓生育率掉到替代率的程度。一九七九年，在政府的鼓勵與都市化下，生育率從一九六〇年的六．二，下降到二．五（一九六〇年代，中國僅有一六％的人口居住在都市。如今，該數字已經成長到五四％。二〇五〇年更預估會攀升到七六％）。[8]但計畫者就是熱愛計畫。同年，鄧小平頒布了具強制性的一胎化政策，儘管有許多例外（少數民族有豁免權，且在許多情況下，當第一個孩子為女孩時，可以得到生第二個孩子的許可），但根據國家官員的估計，在這項政策於二〇一六年被正式廢止前，中國總共阻止了四億名新生兒的誕生。

一胎化政策是威權主義最可怕的體現。國家沒有利用激勵的方式（像是透過教育或免費的節育用品），反而採取壓迫手段，讓那些渴望生下第二個或第三個孩子的父母為之心碎，並讓獨生子女只能孤單地長大。如同多數高壓政策，此一政策也弄巧成拙，讓出生率在死亡率開始下降的同時（感謝經濟發展與更好的醫療系統），卻繼續朝著替代率以下貼近。現在，中國人平均壽命為七十六歲，比二〇一〇年又增加了令人吃驚的十八個月。[9]這也意味著在本世紀內，中國的老年與依賴人口將繼續攀升，出生率卻會繼續下降。到了二〇四〇年，中國人將有四分之一為老年人口（全球的預估平均值為一四%）。

我們必須強調此點：大量人口不代表就有大量的生育人口，尤其在平均年齡偏高時。一九六〇年，中國的年齡中位數只有二十一歲；現在，卻是三十八歲；到了二〇五〇年，更會上升到五十歲。[10]屆時，比起和自己角逐世界強權的美國，中國的年齡中位數將更接近日本（日本為五十三歲，美國為四十二歲）。[11]人口統計學家王豐用一個數字，簡潔地總結了中國的人口困境：一六〇。「首先，該國擁有一億六千萬名內部移動者，這些為了追求更好生活的人，提供了經濟蓬勃發展所須的勞動力。第二，有超過一億六千萬名的中國人，年齡在六十歲以上。第三，有超過一億六千萬個中國家庭，僅有一個孩子，這也是我國長達三十年限制夫妻只能生一胎的政策下場。」王豐嚴肅的結論指出，人口下滑與社會高齡化，或許會掀起政治正當性的危機。「在過去三十年間，中國的政治正當性都是建立在快速的經濟成長之上，而後者必須仰賴廉價且出於自願的勞動力。勞動力老化將迫使此經濟模式做出改變，並讓政治統治變得更為艱難。」[12]中國的一胎化政策還有另一項更悲劇的後果：因為針對特定性別而進行的墮胎手術，導致中國失去了大量的女性人口。一胎化政策再加上必須生下男丁以傳承香火的傳統思維，是男女比例失衡的主因。一般而言，每一百零五名男嬰應該對應一百名女嬰。[13]在中國，卻是每一百二十名男嬰對上一百名女嬰。[14]而男女失衡的情況，在中國某些鄉村間更為嚴重。「失蹤」的中國女性數字約介於三千萬至六千萬之間（儘管有些鄉村地區的女性根本沒有報戶口）。[15]倘若有至少三千萬名女性失蹤了，這也意味著至少有三千萬名男性找不到老婆。[16]此外，儘管在中國社會風氣下，女性大多會結婚，但現在有許多女性為了追求個人事業而反抗結婚。這也意味著她們會透過晚婚的方式（倘若最後有結的話），來追求自己在教育與事業上的目標。[17]中國或許很快地，就會出現數百萬名孤單、在性方面受挫的年輕男性，而這對社會安定絕對不是一件好事。

中國政府認為，一旦廢除了一胎化政策，很快就會迎來國內的嬰兒潮。但截至目前為止，這樣的嬰兒潮並未發生。如同我們在其他地方所見到的，一旦小家庭成為常態，這樣的常態將會延續數個世代。低生育率陷阱抑制了預期，這點在中國尤其顯著，畢竟政府長久以來不斷宣揚小家庭的好處。此外，輸卵管結紮是中國最受歡迎的節育方法，生育年齡的婦女之中，有整整一半的人表示自己或伴侶有進行結紮。[18]因此，即便潛在父母現在想要再生一個孩子，他們的生理條件也不允許。

易索普關於理想家庭規模的調查，也強調了此點。高達九三%的中國受訪者，一致同意最理想的家庭規模，就是擁有兩個以下的孩子。有兩成的受訪者甚至認為只生一個或沒有小孩，是更為理想的狀態。小家庭常態已經深深烙印在中國的文化內，就連離開中國的中國女性，往往也會繼續抱持著這樣的思維。在加拿大的所有移民族群之中，中國女性的生育率是最低的，甚至比本來就已經夠低的土生土長加拿大女性還低。[19] 儘管有這麼多壓倒性的證據，指出中國的生育率會繼續維持低水準，聯合國卻預測數字會從二〇二〇年的一．五，成長到二〇五〇年的一．七五，再攀升到二一〇〇年的一．八一。這將讓中國在本世紀末，仍能維持著十億人口的水準。但有鑑於所有證據都指出中國家庭傾向維持現在的小規模，或許我們可以認為沃夫岡．魯茲和其維也納同仁的預測，會更接近現實。考量到中國女性教育程度提高所帶來的影響，他們認為中國生育率在本世紀間，將會維持在一．四至一．五間。假使預測為真，中國的人口將在二一〇〇年下滑至七億五千四百萬人——比聯合國的預測人口還少上兩億五千萬，也比當前的中國人口少了令人震驚的六億三千萬。在本世紀內，中國就有可能失去近乎一半的人口。但這還不是最糟糕的情況，倘若魯茲的快速發展模式或聯合國的低出生率預測成真，中國人口有可能崩解到僅剩六億一千兩百萬至六億四千三百萬。整整七億人，將從地球表面消失。

這種低出生率有可能成真嗎？不僅有可能成真，甚至還有可能太樂觀。目前中國統計部門的生育率數字為一．二，[20]且官方分析師考量到未報戶口的可能新生兒，判定這樣的數字過低。[21]但假如這個數字一點都不低呢？某些人口學家引用了中國國家統計局在二〇一六年發表的一份調查，其中所使用的生育率數字為一．〇五。[22]其他研究則指出在長達十年中，生育率一直維持或接近這樣的水準，直到二〇三五年為止，生育率將會繼續如此。[23]這聽上去並不會讓人難以置信。畢竟，香港和新加坡也顯示當地的生育率已經下滑到一．〇或以下；中國的大城市如北京和上海，其生育率也低於一．〇。與此同時，還有許多中國人生活在生育率較高的農村地區，正朝都市蜂擁而去。[24]倘若中國的父母繼續如此，在本世紀末，中國的人口將只剩下五億六千萬。就人口層面來看，中國將不再是如美國般的大國。無論如何，中國的人口正面臨蓄意、被操控的大型崩潰邊緣。過去從未發生過這樣的事情。在本書的稍後，我們將探討此種改變帶來的經濟與地緣政治後果。但對中國來說，這都不是什麼好預兆。

全球人口要成長到如聯合國預測的一百一十億，其中一種方法就是靠印度繼續維持其在上一世紀中那樣瘋狂的高生育率。一九五〇年，印度的人口只有三億七千六百萬；五十年後，其人口卻成長了三倍，直逼十億。在未來幾年內，印度就會取代中國成為世界上人口最多的國家——據聯合國預估，二〇六〇年在這片次大陸上，將住著令人吃驚的十七億人口。接著，人口會開始緩慢地下滑。這種預測成真的機率有多高呢？我們一起來看看。

印度完美家庭內藏隱憂

在印度與中國之間往來，往往會讓人有些震驚。儘管北京人口高達兩千兩百萬，一切卻很井然有序。沒錯，空氣汙染或許有些可怕，但該座城市多數的市中心建築，都是在這個世紀內蓋好的。即便是最貧困的地區，政府也能良好地運作，維持低犯罪率，而嚴寒的冬天也讓該座城市不存在任何類似貧民窟的區域。

相反地，新德里是研究無秩序對比的最好所在。馬路的一側是現代辦公大樓，另一邊卻是體型巨大的野生黑色母豬，以及在荒野塵土中歡快打滾的小豬仔們。抗議活動與宗教慶典隨處可見，猴子爬過屋頂，牛與羊則恣意漫步。還有狗，大量的流浪狗躺在食物攤販前，在人行道上流連，或在辦公大樓與大學內的廣場上愜意地睡到飽。沒有人管理牠們。對這個印度教社會而言，要想淘汰牠們大概是不可能了。

新舊夾雜的私家車、卡車、公車、綠黃嘟嘟車（auto-rickshaw）、摩托車和用各式動物來拉動的拖車，讓馬路寸步難行。嶄新的賓士車不情願地，和努力拉著過重拖車的驢子共享著一條路。倘若你認為紐約市裡汽車狂按喇叭的聲音很惱人，不妨來新德里圓環體驗一下。在其中一輛隨處可見的嘟嘟車（加裝載客車廂的三輪摩托車）後頭，貼著一張以印度文和英文寫下的標語：「這輛負責任的嘟嘟車會尊重並保護女性」，讓當地女性的處境再清楚不過。印度仍是一個極為父權主義的社會，這張貼紙之所以重要，是因為「德里是印度的強暴之都」——許多女性這樣告訴我們。這樣的問題延伸到計程車與嘟嘟車從業者身上，這也是為什麼德里的交通部要讓駕駛去上關於性別意識的課程。任何想要取得嘟嘟車年度營業執照的人，必須接受一個小時的強制課程。[25]然而，讓多數印度女性擔心害怕的暴行，並不是來自陌生人，而是來自她們的先生、父親、叔叔、兄弟、成年兒子，或甚至是丈夫的兄弟和男性親戚。男人幾乎能決定家中女性人生的各個面向，無論是教育、工作、婚姻和家庭計畫。如同一位女性對我們說的，男性的控制層面甚至可以擴及一名女性能不能去某個地方。[26]這樣的控制幾乎無所不在，而鄉村地區男人對女人的控制又尤其嚴苛。

幾乎所有印度人的婚姻，都是出自於雙方家庭的安排，[27]這樣的習俗也獲得宗教（印度教與伊斯蘭教）和大為盛行的宗族與種姓制度所鞏固。「因愛而結合」的例子確實有，卻極為罕見。倘若一名女性想要和某個沒有被家族同意的對象私奔或結婚，她很有可能會置自己於危險之中。那些未獲得允許就私自結婚的女性，會因為讓家族「蒙羞」而淪為榮譽處決的受害者。二〇一五年，印度共發生了兩百五十一起被政府單位歸類為榮譽處決的謀殺案。[28]或許還有許多未通報的。再一次強調：這樣的行為在鄉村發生的頻率，比都市更高。

對多數文化中的女性而言，保持單身是一種可行的選擇，但對印度女性來說，卻是極為激進的舉動。如同印度人口學家K・斯里尼瓦桑（K. Srinivasan）和K・S・詹姆士（K. S. James）所解釋：「儘管政府、非政府組織和某些政黨團體做了各種努力，在短期內，印度絕不可能達到西方世界的性別平等程度。印度社會是以女性在其家族中的角色——妻子、媳婦與母親，來衡量一名女性的價值。無法讓自己擔任這些角色的女性（如寡婦或單身女子），則會被不公平地對待，且在許多情況下，甚至會失去自己的財產。由於沒有婚姻關係的女性被認為是不完整的，因此未婚女性、寡婦和離婚者，會被社會嚴重的汙名化。」[29]我們在印度的一名女性同事，向我們描述她決定單身後，家人帶給她的一連串折磨。[30]她說自己之所以這麼做，是因為她不想將自己的人生主導權，交給陌生的包辦婚姻對象（她稱這是「印度的冒險運動」）。相反地，她的夢想是接受教育、找到一份好工作，並賺到足以讓自己獨立的收入。為此，她必須付出的代價就是和父母同住，讓身為一家之主的父親，決定她生活中的各種面向（無論是直接或透過社會壓力）。[31]有鑑於這樣的社會與家族壓力，多數印度女性毫無意外地，會在青少年晚期或二十歲出頭就結婚。一般而言，新郎的年齡會大上五歲。[32]其中一個原因在於習俗上，印度新娘的家族必須支付新郎一筆嫁妝（與肯亞的傳統相反）。想要在印度結婚市場上獲得一筆豐厚的嫁妝，潛在新郎就必須花時間取得一定的學歷和工作，好讓新娘的家人認定他是一個理想的投資對象。最搶手的新郎是大學畢業生，且擁有一份公職。

既然幾乎所有印度人都會結婚且結得很早，你可能認為印度夫婦一定會生很多孩子。如果將時間拉回一九五〇年、生育率還有五．九的印度，這個描述確實為真。然而今日，印度官方公布的生育率已經下滑了六成，來到二．四。儘管這個數字仍然超越替代率，更遠超過中國當前的生育率，但小家庭的常態已經開始在印度社會扎根。問題來了：為什麼？既然印度女性成為母親的平均年齡依舊很年輕（二十歲）、既然女性在一段關係中擁有的權力很少、既然有三分之二的人口仍舊生活在鄉村地區，那麼為了印度和為自己好，印度女性所生下來的孩子數量應該遠超過二．四。然而結果證明，還有其他因素發揮了影響，這些因素包括了政府政策和漸漸改變的文化習俗。數十年來，政府（尤其是地方政府）不斷宣揚著小家庭的好處——即人們稱呼的「完美家庭」。完美家庭有兩個小孩，且其中一個是男孩。或像是政府所宣傳的：「夫妻倆，孩子兩。」一旦你有兩個孩子了，就該收手了。[33]「夫妻倆，孩子兩」及各式各樣的變化版，就像是印度版本的中國一胎化政策，且同樣是出自於政府對人口過剩災難的擔憂。但印度對這版家庭計畫政策的熱情程度，或許就連中國政府的計畫者都自嘆弗如。儘管某些生育控制辦法屬於自願性，像是分送免費保險套、推廣節育教育等，印度施行強制或半強制絕育手術的情況，也是由來已久——儘管對象有男有女，但多數情況以女性為主。現在，印度還有一些地方政府會舉辦絕育營，誘惑大量且絕大多數來自鄉村地區的女性接受絕育。[34]儘管印度大力推行了許多較不具侵入性且可逆的絕育方法，女性絕育手術仍是當前最盛行的生育控制做法。僅有四%的印度女性會服用避孕藥，同時僅有六%的女性能說服男性使用保險套。如同K．S．詹姆士告訴我們的，多數女性會在生下第二個孩子後，也就是二十五歲左右，立刻接受絕育手術。[35]儘管現在許多印度地方政府大力鼓吹更不具侵入性的避孕手段，許多女性卻仍傾向接受絕育手術。儘管你一定聽過許多政府試圖達成績效而強推，或丈夫讓妻子去接受手術以換得滿口袋的鈔票（一千四盧比，大約二十塊美元。有鑑於印度年收入中位數為六百一十六美元，這筆金額確實不少）的傳聞。但與我們交談過的印度女性都是在本身自願下，選擇進行手術。當你聽到她們的解釋後，會忍不住想起遠在巴西的婦女們。

女性的困境

斯里尼瓦普里（Srinivaspuri）是一座大型都市貧民窟，位在德里南方，就在繁忙的高速公路和辦公街區旁。你很難推算這裡到底住著多少人，因為德里絕大多數的人口都擠在非法的社區裡。[36]每一天，都有來自鄰近區域和鄉村的人們，離去或留下。我們只能就自己親眼目睹的情況，告訴你這裡有非常多人。如斯里尼瓦普里這樣的社區，就處在印度生育率變化的前沿。這些農村移民此生第一次發現，生孩子是這樣一件昂貴的事，因為孩子已經不能像過去那樣，為下田耕作貢獻勞動力。許多女性也是人生頭一遭，經歷教育、受僱和現代科技的洗禮。因此，這些造成世界各地出生率下降的因素，對斯里尼瓦普里造成了什麼樣的影響呢？

用劣質磚頭與回收建材搭蓋的臨時住所，集結成這座貧民窟的混亂風格。這些只有一房的棚屋，就巧妙地擠在任一處可容得下的縫隙間，唯一可以界定其位置的特徵，就是蜿蜒在整座社區間的龜裂水泥小徑。每一間屋子的前頭都有著遮廉，要不是完全敞開，就是拉開了部分。少數幾間屋子是有門的，屋子內部是一個房間，泥土地板或水泥地板上則鋪有一塊大地毯。生活中的所有事情，都在這個房間裡發生——煮飯、睡覺和人類會做的所有事情。鍋碗瓢盆等廚房用品及雜貨，要不是堆放在地板的一角，就是掛在牆壁上。

隨機出沒的梯子讓狹窄的人行通道更加窒礙難行。這些自製或組合式的梯子，能通往加蓋在街旁建築上方的屋子裡。七彩繽紛的晾曬衣物隨處可見。多數的房子似乎擁有某種程度的電力，但以各種方向恣意垂掛的電線，大概沒有依照任何安全法規來架設。人行道的兩側，各有一條約莫兩英尺寬、淺而整齊的水溝，這些是開放式的下水道。至於廁所，我們一間都沒有看到。但空氣中瀰漫的味道暗示著：無論此地使用哪種廁所設備，應該都是相當原始的。

那是三月某一個星期五的宜人早晨，時刻約莫為十點，斯里尼瓦普里非常繁忙。人行道上擠滿了人潮，男女老少皆有。女性穿著顏色鮮亮的紗麗，長長的深色頭髮則用頭巾包覆，或整齊地綁在後腦勺。男性則是西式的打扮——印著商標的T恤、短褲或長褲。至於鞋子，男女皆穿著涼鞋，在走進家門前，所有人都會脫鞋。想到此刻我們正踩著的路面，這個做法確實很好。

我們的目的地是一個離貧民窟入口處約莫十三分鐘腳程的幼稚園。我們的同事安排了兩個焦點團體，主角是住在貧民窟中的女性，計有十五名女性願意參加。這些人有的已婚，有的單身；最年長者為三十五歲，最年輕者為十七歲。四位參與者是穆斯林，其餘皆是印度教徒。我們分別和已婚及單身女性交談。討論過程用印地語（編按：Hindi，印度官方語言之一），而負責組織團體的同事，再以英文複述一遍。

如同其他的住宅，這間迷你、僅有一室的幼稚園，也以大大的地毯覆蓋著泥土地板。牆壁上以破舊的字母海報裝飾，還有標示著各種形狀、顏色與動物的表格，其中一張字母海報是在教英文。我們脫下鞋子走了進去，所有人都坐在毯子上。這裡沒有任何門或遮簾可以關上，只有一道需要跨越的水泥門檻，房間對著馬路敞開。

其中一名參與者，在自己的披巾下餵著嬰兒喝母奶。所有女性都穿著顏色明亮的紗麗，並戴著各式各樣的珠寶首飾，像是手鐲、戒指（手和腳）與鼻環。有些人還塗上指甲油或指甲花彩繪（henna tattoo）。看著她們精心打理的外觀，可以想像她們為了這場聚會花了不少心思。

但在討論時，她們相當害羞，畢竟是在公開場合討論相當敏感的主題。在經歷了一段「認識彼此」的交談後，主辦者將話題拉回主題。「妳計畫生幾個孩子？」她詢問道。還沒開始生孩子、或只生了一個孩子的女性，其回答相當一致：「兩個。」主辦者又問了為什麼，事情開始有趣了起來。年輕女性表示自己想過和母親不一樣的人生，視母親的經歷為一種警惕。她們希望生少一點孩子，期待透過良好的教育，以及教育賦予自己的賺錢能力，來贏得獨立自主的生活。她們認為，擁有收入就能讓自己擁有影響力，得以和男人（包括她們的先生）協商自己的人生大事。

生兩個孩子的其他原因，則是希望創造「完美家庭」。看起來，「夫妻倆，孩子兩」的常態，已經深入家家戶戶。如同好幾位女性所說的，她們不想要只生一個孩子。這是因為對印度家庭而言，家庭義務（尤其是照顧長者）非常重要，而這份義務對獨生子女來說太過沉重。但生超過兩個孩子，開銷又會太大（儘管一名女性表示自己生了五個孩子，且日子還過得下去）。借用一名參與者的話：「考量到孩子的養育開銷，生兩個孩子是盡一切努力所能做到的極限。」

儘管在場的女性希望能有完美家庭，但她們也很快地提醒我們，這並不是她們能做的決定。如同一名參與者對我們說的：「決定孩子數量的是丈夫，不是媽媽。」「生下男孩才是關鍵，」一名母親解釋，「我有三個女兒，但必須繼續生，直到生出一個男孩。」已婚團體中的女性也表示，擁有五個孩子是因為一開始都生了女孩的緣故。

她們不太願意討論的其中一個話題，就是避孕。儘管如此，對她們而言，顯然解決手段愈絕對愈好（像是在兩個孩子後接受絕育手術），因為她們的丈夫根本不可能會使用保險套或接受手術。但對穆斯林而言，絕育手術則因為宗教考量而不能成為一種選擇。

在場的女性幾乎沒有怎麼談到羅曼史，單身女性對於理想伴侶和童話般的婚禮，也不抱持任何幻想（多麼諷刺啊，在想到寶萊塢熱門電影中那美妙的羅曼史後）。這些女性對自己的丈夫沒有太高的期待，丈夫是不可靠的經濟支柱和煩人的伴侶。多數人的丈夫為臨時工，只在想工作的時候工作，絕大多數的薪水也都花在了賭博和酒精上。許多人都提到酒精是她們婚姻中的一大問題。

對所有人來說，婚姻和孩子是一種義務，而不是渴望。儘管如此，還是想要成為妻子與母親的她們，卻依稀渴望能按自己的想法而行。有一種想法慢慢成形：隨著這些年輕女性將自己對獨立的渴望傳承給女兒，對自主權的渴望只會愈來愈高——在一個又一個世代後，形成緩慢且無法阻擋的趨勢。在德里的貧民窟裡，家庭計畫牽涉到經濟需求、衝撞傳統、宗教力量和父權，以及女性企圖為自己人生做主的期待，而這一切只會導致更大程度的獨立和更少的孩子。渴望獲得權利的女權奮鬥，只會朝著一個方向前行。

在我們談話間，也悄悄地透露出這場奮鬥的最終結果。時不時地，這些女性就會將手伸到長袍下，瞄一眼手機螢幕。即便身在德里的貧民窟裡，女性仍可以獲得智慧型手機、月租方案和網際網路；即便在德里的貧民窟裡，人們的手中仍能握著集人類智慧於一身的事物。

人口模型預測會成真嗎？

印度的人口會如聯合國預測般，在二〇六〇年攀升到十七億的高峰嗎？在這點上，沃夫岡・魯茲和國際應用系統分析研究所的同事們大致上是同意的。但停留在德里的期間，負責進行當地研究的人口學家與官員們一次又一次地對我們悄悄說道，他們認為生育率已經下滑到低於二・一。倘若真是如此，那麼印度的發展已經超前聯合國與維也納學者們的預期十年。如果印度的生育率真的為二・一或甚至低於此，那們根據低出生率人口模型，印度的總人口數不太可能超越十五億，更會在二一〇〇年時下滑到十二億。

假如聯合國的模型是正確的，中國和印度就能帶領世界邁向一百一十億人口的大關。但中國與印度正在發出強烈的訊號，暗示這樣的預測實在過高，且此兩國將會在更短的期間內攀登上人口高峰，然後和世界上其他地方一樣，加入人口流失的行列。

當然，這也有可能是錯的，但我們並不這麼認為。我們忍不住回想起在德里貧民窟學校中的女性們，不斷盯著長袍下的那支手機。

Chapter

10

第二個美國人的世紀

中午時分，他們開始準備午餐，在半個小時內，使用攜帶式烤盤將牛肉煎得酥脆，放上墨西哥薄餅，搭配莎莎醬。在場約有十二個人，都是墨西哥移民，最年輕者才二字頭，最年長者則約五十多歲，他們都是棕櫚泉這幢宏偉、中世紀風格別墅翻新工程的工人。從玩笑與嬉鬧的方式看得出來大家都是熟識，他們多數人是家人或朋友。雇用他們的承包商，跟他們一起吃飯。他說自己只雇用墨西哥工人，因為他們最努力且技術最好。有些工人是合法移民，但有些是非法移民，必須躲躲藏藏。

他們全都來自墨西哥的聖米格爾，這在移工間相當常見。多年前，一位移民來到這裡，瀏覽了招工資訊，找了份工作，接著開始向家鄉的親朋好友們散播消息。他們之中，有些人才剛到，但多數人都已經待了好幾年。他們在這裡結婚，他們的孩子也在這裡出生。

從許多層面來看，他們的生活非常美式。他們的孩子去上本地學校，他們工作並繳稅，但心中仍舊充滿憂慮。其中一人的姊夫，儘管已經在美國住了數十年，也有在美國出生的孩子，卻因為交通違規而被警察攔下。警察發現他是非法入境者後將其驅逐出境，整整花了五年的時間，他才和家人重新團聚。

非法移工對墨西哥的思念是如此強烈，但他們永遠都回不去了。如同其中一人所說的：「除非你能籌到一萬五千美元給人蛇集團，否則你連父母出殯都參加不了。」

「美國已經不是世界強權。他的力量正在減弱，別再妄想了。」一名巴基斯坦外交官在二〇一六年的會議上這樣說道（他或許不知道自己的言論被記錄下來）。[1]許多人的看法跟他一樣。二〇〇八年的金融危機、中國經濟強權的崛起、在普丁帶領下再次興起的俄羅斯，加上伊拉克、阿富汗和利比亞的混戰，在在顯示了強權的沒落。在美國國內，種族衝突在各大城市浮現，非裔美國人與警察似乎水火不容。基礎建設的衰敗和國際各項測驗的分數，更讓美國學生尷尬不已。川普令人震驚的當選，以及革新派美國人對其當選的難以接受，讓我們發現政治兩極化的情況是如此可怕，甚至已經危害到民主自身。難怪美國國家情報會議（National Intelligence Council）於最近如此作結：「單極時刻（unipolar moment）結束了，自一九四五年起，美國開始成為國際政治強權的時代——美國治世（Pax Americana），正在迅速地崩潰。」[2]情況或許真的如此，但還是有很多「相反」論述。無論中國經濟有多麼強盛，美國人的平均收入為中國人的八倍；美元仍是最搶手的全球儲備貨幣；儘管中國大量投資在軍備上，美國在防禦上的能力仍是對手的三倍，在全球五十個國家內共有八百個軍事基地；全球排名前二十的大學中，有十所位在美國；[3]全球九大高科技公司之中，有八間總部位在美國；美國人所發明的網路，也由美國企業龍頭如Google、臉書和亞馬遜所主宰；能源曾經須依賴進口的美國，如今也成為主要的能源輸出國；最後一點、也是最重要的一點，美國是民主國家，中國和俄羅斯不是。而全球歷史的曲線——借用馬丁・路德・金恩（Martin Luther King）的話，是朝向自由前進的。[4]美國的文化霸權地位，仍舊無可動搖。全球有一百九十個國家可以使用網飛（Netflix）。你可以在一百一十九個國家裡買到大麥克漢堡，在一百一十三個國家內使用 Apple Music 服務，以及在一百八十八個國家裡欣賞《星際爭霸戰：發現號》（*Star Trek: Discovery*）。二〇一七年全球電影最佳票房前十名，全部來自好萊塢，最賣座電影總是出自好萊塢。出自當今（還活著）作家之手的全球最暢銷書籍，就是丹・布朗（Dan Brown）的《達文西密碼》（*The Da Vinci Code*）。[5]至於音樂？福音、藍調、爵士、百老匯、鄉村、搖滾樂、嘻哈、饒舌……我們可以滔滔不絕地說下去。

如同分析師伊萊・拉特納（Ely Ratner）和湯瑪士・萊特（Thomas Wright）所寫：「美國出色地結合了人口、地理、高等教育與創新等扎實面的根基。這也確保了美國能在國內及國際場合中，獲得必要的人才、點子和發光發熱的可能。全球各地的精英之所以渴望將自己的命運和家人交付到美國手中，自然是有原因的。」[6]美國衰退論就跟美國例外論一樣歷史悠久，出現的時間也和這個共和體一樣久。美國開國元勛暨財政之父亞歷山大・漢彌爾頓（Alexander Hamilton）曾警告過，只有當所有的州都團結起來組成一個強而有力的中央政府，美國才能避免「貧窮與失去尊嚴」（他的警告生效了，這也是為什麼他會出現在十塊美金鈔票和百老匯中）。十九世紀，有太多事情如一八一二年戰爭（儘管直到今日，美國還是拒絕承認自己輸給了英國統治下的加拿大）和南北戰爭，讓人預測這個共和國或許會走向衰敗。一九二〇年代的孤立主義和一九三〇年代的經濟大蕭條，讓美國孤立無援而漂泊無依。就在美國最風光的時候，批評者仍預測其隨時都有可能瓦解：在俄羅斯於一九五七年發射史普尼克號衛星（sputnik）以後；在一九六八年的黑人民權運動與金恩博士被暗殺後；在水門案、輸掉越戰，與一九七〇年代的停滯性蕭條發生後；在日本經濟於一九八〇年代開始崛起後。如同作家約瑟夫・喬飛（Josef Joffe）常掛在嘴邊的：「對美國人而言，衰退就跟蘋果派一樣稀鬆平常。」[7]但這個共和國總能找到方法回到正軌，並帶領周圍的世界一起恢復正常。

美國衰退論，沒有任何時刻比此時更不適用這個論調。二十世紀被命名為美國世紀，二十一世紀也會是。美國的經濟與文化強權，再加上地緣政治與軍力，只會繼續成長而不會衰退。只要美國人不打算封閉自己，他們對全世界的影響力就會繼續下去。這些在棕櫚泉吃著午餐的墨西哥工人們，就代表著某部分的原因。

向移民招手

儘管人們對移民政策有著永無止盡且激烈的爭辯，美國依舊繼續歡迎新來者。皮尤研究中心一份二〇一六年的民調指出，有六成的美國人認同「移民的努力工作與才能，強化了我們國家」的論述；與此同時，只有三五%的民眾認為「移民搶走我們的工作、住房與醫療保險，因此是國家的負擔」。如果在二十年前，這個數據一定會是完全相反的。這種分歧是政治性的，也是一種世代差異。十個民主黨員中有八個歡迎移民，而共和黨卻僅有三分之一的人抱持相同態度。千禧世代中有四分之三的人支持大規模的移民，嬰兒潮世代的支持度卻僅有一半。[8] 儘管澳洲與加拿大接受移民的人口占比更高，但美國接受的合法移民數量絕對能讓其他國家相形見絀（一般而言每年有一百萬人，是其他國家的兩倍之多）。要不是歐洲近期因敘利亞與葉門內戰、ＩＳＩＳ戰亂、利比亞混亂等原因，成為流離失所者的暫時收容處，差距可能還會更誇張。

然而，還有第二波外來者——墨西哥人與其他拉丁美洲人，非法橫跨美國南方的邊界。據估計，約有一千一百萬名非法移民，居住在美國並在此工作。[9] 儘管他們的存在引起諸多爭議，但他們確實對美國的經濟與社會帶來豐富的貢獻，填補了本土人口生育率低於替代率下所造成的人口缺口。而移民較高的出生率，也讓美國的整體出生率得以提升。

美國、中國和俄羅斯的生育率差異，也是美國另一項寶貴的優勢。美國的生育率為一．九，俄羅斯為一．五；至於中國，官方數字為一．六，但如同前一章所討論的，實際上有可能更低。美國繁衍的後代數量，遠比其他地緣政治競爭者還要扎實。美國本世紀內人口的處境，之所以能處在一個遠優於其他已開發國家的位置上，必須感謝移民與其較高的生育率。

另一項祕密武器則是美國態度。美國歡迎新來者，而世界各地的人們也想要去。中國不允許移民，俄羅斯無法說服其他人放寬心前來。美國樂於透過接納移民的方式，來彌補本土出生嬰兒數與維持人口所必須嬰兒數的差距，是美國之所以能確保強權地位的關鍵原因。

少數族群生育率急速下降

美國生育率之所以比其他已開發國家更高，是因為非裔美國人與拉丁裔的婦女，願意比美國白人女性、歐洲、中國，或其他工業化社會女性，生更多的孩子。然而事實也顯示，所有美國女性（無論種族）的生育率曲線，都在朝更少的嬰兒數量貼近。這也是為什麼要想讓美國夢不要熄滅，移民是如此地重要。

千禧世代的生育率尤其低落。在二〇〇七至二〇一二年間，美國於二〇〇〇年後出生者的生育率，下滑了一五%，創下美國有史以來最低的生育率紀錄：〇．九五，每名女性生下的嬰兒數還不到一個。[10]在那幾年中，大規模的不景氣自然是一個原因：如同前面探討過的，當一個生育率低於替代率的進步社會處在不景氣時，其嬰兒數量會被壓抑得更加嚴重。但無論是哪些短期因素導致千禧世代女性放棄生育，其造成的長期後果都將非常深遠。整體來看，千禧世代的美國女性大多不會選擇在二字頭時生小孩，這也意味著這些女性開始生小孩時，她們能生的孩子數量會更少。這進一步暗示了千禧世代所生下來的後代數量，會比自己這個世代的人數還更少。

但真正讓人對美國近期出生率衰竭感到吃驚的不僅止於此。在經濟不景氣期間，美國白人女性的生育率下滑了一一%，非裔美國女性下滑了一四%，拉丁裔婦女下滑了二六%。[11]這徹底顛覆了長久以來，人們假設黑人與拉丁裔的高出生率，彌補了白人不足的生育率。實際上，事實完全相反，美國少數族群的生育率正在急速下滑。換個角度來看，美國的白人、非拉丁裔婦女的生育率自一九九一年以來，一直維持在每位婦女一．八個孩子左右，且幾乎未曾改變（儘管千禧世代最終可能會打破這個數字）。而在同一期間內，拉丁裔的生育率卻從三．〇下滑到二．一。

而效法歐洲、選擇生更少孩子的族群，還不僅限於土生土長的拉丁裔或合法移民們。在二〇〇九至二〇一四年間，非法入境女性所生下的嬰兒數量從三十三萬名，減少到二十七萬五千名（每年）。就短短五年而言，這是一個非常誇張的減少幅度，遠超過在經濟不景氣期間選擇返國的非法移民數量。[12] 在過去一個世代裡，平均每一位拉丁裔美國婦女減少了一個嬰兒；與此同時，非裔美國人的生育率也從二．五下降到一．九。[13] 現在，白人、黑人、拉丁裔美國人的生育率差距已經不大，而這樣一個將對美國人口產生巨大衝擊的數據，卻鮮少被提及。

「生育率發生的改變，根本沒有得到充分的關注，」內布拉斯加大學奧瑪哈分校公共事務研究中心的人口學家大衛．德羅茲（David Drozd）這樣認為，我們也非常同意他的看法。[14] 美國生育率的下降和收斂，應該會對未來的種族關係帶來正面影響。非裔美國人與拉丁裔美國人的平權抗爭，尚未走到終點（甚至根本還沒接近終點）。但倘若這些族群的生育率繼續下滑，那麼我們就能判斷非裔與拉丁裔美國婦女獲得了更高的教育水準，且擁有更多的權利。

非裔青少女的生育率，下滑得尤其顯著。在一九九一年，每一千名非裔青少女（年齡介於十五至十九歲間），會生下一百一十八個嬰兒——任一年的每十名非裔青少女之中，就有超過一位會懷孕。但到了二〇一三年，這個數字減少了三分之二。[15] 為什麼沒有那麼多非裔青少女懷孕了呢？其中一個原因，就跟所有青少年一樣，她們選擇晚一點發生性行為；[16]另一個原因則在於她們更懂得避孕。[17]但為什麼她們的行為更負責任了呢？更好的性教育自然是一大原因，以及為了避免HIV／AIDS散播的大力宣導活動。政府與醫生讓避孕措施變得更容易取得，且事後避孕藥的使用率在近幾年中也顯著提高。[18]非裔美國人的影響力變得更高，或許也是另一個原因。許多研究指出，倘若青少年與父母親的關係較為緊密，其發生性行為的時間就會愈晚，且會採取較安全的性行為。這意味著青少年在家中的狀態很穩定，也就是家中的財務狀況很安穩。儘管近年警察屢次射殺非裔美國人的事件掀起軒然大波，還有「黑人的命也是命」（Black Lives Matter）活動發起的種種抗議，美國黑人的生活確實正在穩定地提升。[19]我們並不想誇大提升的情況，畢竟平均每個美國黑人家庭的淨資產為白人家庭的六％，其中一個很大的原因就在於黑人家庭更傾向於租屋而不是買房，而擁有房產是美國人累積自己財富的典型手法。[20]另外，黑人的失業率為白人的兩倍；美國的貧窮率為一五％，黑人卻為二七％，差距也是近乎兩倍。儘管如此，黑人貧窮率還是遠低於一九六〇年的六〇％。[21]而根據一份研究，非裔美國人的大學註冊率如今已高於美國全國平均值（前者為七一％，後者為六八％）。[22]另一項研究則發現，在大學入學後的兩年，有八成的白人學生會繼續上學；而非裔美國人的比率則是七成。因此，兩者間確實還有差距，但已經沒那麼懸殊了。[23]美國非裔青少女的懷孕率減少，正好與教育和收入提高的情況成正比，這是值得我們高興的。

逐漸棕色化的美國

正在棕櫚泉吃著午餐的墨西哥工人們，述說著相當典型的故事。在他們的家鄉，許多出生在鄉村的人搬到了城市，過剩的勞力導致工廠薪資下滑，並讓更多勞動者選擇跨越北方的邊界來到美國。都市化是全球性的發展，但其造成的影響卻深入在地：在墨西哥，從鄉村遷往都市的移動，造成了第二波移民——從墨西哥城市移往美國城市。

另一個影響當地的普遍現象：隨著墨西哥開始都市化，羅馬天主教對社會的掌控變弱了。如同一名工人所說的，他的祖母生了二十四個孩子，其中十二個活了下來。而且教會跟他的祖母說，避孕是重罪，女性的角色就是照顧生了很多孩子的家庭，讓家成為先生下班後的避風港。現在，人人都會避孕，正如同其中一名工人說的：「女人開始去上學，她們會開車，她們還會一起聚會……」「她們喝起龍舌蘭就跟男人一樣！」另一個人插嘴說道。這些工人都有、或預期擁有兩或三個孩子，這也反映出拉丁裔當前的生育狀態。「你有八個孩子，就意味著八雙鞋，」其中一個人指出。在棕櫚泉，經濟原因讓墨西哥移民（無論是合法還是非法）決定生較少的孩子，而他們的女性伴侶也左右了這個趨勢。

拉丁裔正在實現自己的美國夢。如同我們見到的，拉丁裔的生育率正在往非拉丁裔的美國白人接近。拉丁裔青少女的懷孕率就跟非裔青少女一樣，同步下降。這裡還有一個非常美妙的數據：在一九九六至二〇一六年間，拉丁裔的中學中輟率從三四％下降到了一〇％，黑人的中輟率從一六％下降到七％，白人則是從八％減少到五％。[24]各族群的中輟率正在不斷貼近，這些孩子的未來讓人放心。

數十年來，從拉丁美洲進入美國的合法與非法移民，已經深刻地改變了這個國家的民族構成與心理層面。如今，拉丁裔美國人的數量，已超越非裔美國人，並更進一步地降低種族間的藩籬。一九九五年，也是加拿大、墨西哥與美國簽署北美自由貿易協議（Northe American Free Trade Agreement）的隔年，全美境內有三百萬名來自墨西哥的非法移民。二〇〇八年，在美國國土安全部（Homeland Security）所預估的一千兩百萬名非法移民中，來自墨西哥的非法移民就有七百萬人（堪稱高峰）。而今日許多人因為經濟不景氣而選擇回到家鄉，讓此刻美國境內的墨西哥非法移民人數，約莫落在五百五十萬人左右。[25]在進步派與民主黨政治人物試圖透過特赦的方式，讓非法移民——或至少是在孩童時代就被非法帶到這個國家的人們，取得合法公民身分的同時，許多共和黨與保守派卻大力反對特赦。總統川普更是積極地想辦法將能驅逐出境的人都趕出去，但這麼做只會帶來損失。高加索人有可能在二〇四四年左右，成為美國國內的少數族群。拉丁裔族群人口數在二〇一六年約莫為五千七百萬人，也就是總人口的一八％。到了二〇六五年，拉丁裔將占美國四分之一的人口，而僅占四六％的白人，將失去多數地位。非裔美國人的數量將重回一三％，和亞裔並駕齊驅。[26]美國人稍微變得更棕色、更天主教（而非基督教），西班牙語也將超越英語，成為最普遍的語言。即便在此刻，每一年在美國境內出生的少數族群嬰兒數量，都比白人嬰兒還要多。[27]但老實說，就連在二〇四四年認為白人將成為少數的想法，都會是一種過時的見解。如今，美國境內一五％的婚姻，是跨種族的婚姻。隨著這樣的界線開始變得模糊且被逐漸消滅，美國普查局要想界定一個人到底屬於哪一人種，或具有哪些血統，將變成一大挑戰。民族大熔爐的最後階段，將會巧妙地繼續進行。[28]警告：「我們將變成一個更多元的社會，但不一定會是一個後種族（post-racial）的社會。」社會學家理察・艾巴（Richard Alba）這樣說道（編按：後種族社會是描述美國將成為沒有種族歧視和偏見的理想性社會）。奴隸、種族隔離、有色人種群聚化（ghettoization）等各式各樣歧視的歷史，並沒有陳舊到能讓我們坦然地放下過去。「但我們必須承認，這些分類充其量只能讓我們粗略地了解自己會變成什麼樣子，」他補充，「我們的社會被移民和新的認同形式所改變，卻尚未發展出一套能捕捉此種細微現實面演化的詞彙。」[29]就算下滑的出生率對未來的種族大和解，釋放出充滿希望的訊息，我們仍須面對老化、低生育率人口的挑戰——勞動力與總體人口縮水。非裔美國人的生育率顯著下滑，主要和生活更富裕且具有更多自主權有關（尤其是非裔婦女）；而拉丁裔生育率下滑，則和移民逐漸接受移民國生育習慣的傾向有關。儘管就種族和諧的部分來看，此兩種情況令人振奮，但其同時也點出了未來的美國，將會是一個更老，且無法依靠國內出生率來支持人口的國家。倘若美國想要繼續偉大，就必須繼續對移民敞開大門。為此，美國人必須再一次戰勝人性中最邪惡的那一面。

移民模式改變了

一條串著種族主義、本土主義及偏執民粹主義的線，貫穿了美國的歷史。近期的移民者跟我們不同，他們不具有我們那樣的英式價值觀、基督教信仰，而這兩者正是建構美國價值與宗教的真實根基。他們永遠不會被同化、我們不能夠再讓他們來到這裡，對於那些已經混入我們之中者，也應該嚴加監視。他們是一種威脅。

上述言論，就是一七九八年美國企圖透過《外國人與煽動叛亂法案》（Alien and Sedition Acts），確保法國移民及法國影響力不能滲透新共和國的態度。同樣的觀點可以在一八五〇年代的「一無所知」（Know-Nothing）運動中見到——企圖阻止德裔與愛爾蘭天主教徒湧入，成為美國這個大熔爐的新一分子。南北戰爭後，白人新教徒發起了「黃禍」的口號，專門指稱成千上萬名來到美國，從事粗重、骯髒、危險且薪水卑微的鐵路建造工作的中國人，他們身影在礦坑與田裡也可見到。一八八二年的《排華法案》（Chinese Exclusion Act），禁止中國移民，而已經定居在此的中國移民則不可和白人女性結婚，或取得公民身分。

在一八〇〇年代末與一九〇〇年代初期，蒸汽船讓更多的移民得以抵達美國的海岸。地中海地區與東歐的勞力過剩，讓數百萬名歐洲男人與女人願意為了一份工作，橫渡大西洋。迫害與大屠殺讓猶太人逃離歐洲，尋求更安全與更好的生活。大批的新來者在都市裡的猶太街落腳，而那人滿為患、疾病肆虐的廉價公寓，勢必讓這些新美國人想著自己到底落入了什麼樣的處境。

故事永遠都是大同小異：因戰爭、貧窮或迫害而逃的人們，來到嶄新且人煙稀少的土地上，準備展開新生活。他們願意接受本地人嗤之以鼻的危險、低賤工作。雇主督促政府敞開國門，因為他們需要新移民為他們的工廠和田地勞動。但本地人痛恨新移民，認為他們拉低工資、認為天主教徒永遠都只會對教宗效忠、認為亞洲人與高加索人永遠都不可能結合、認為無論新來者是誰，都不可能成為真正的美國人。但他們的想法被證明錯了，因為最新一波的移民也融入了。接著，移民的模式改變了，新一波外來者再次拍打著美國邊境的大門，舊人再次敲響了警鐘。

其中，芝加哥天主教神父查爾斯．愛德華．庫格林（Charles Edward Coughlin），曾大力抨擊猶太人與共產黨，成為反對勢力的一大主流。一九三八年，這名徹頭徹尾的法西斯主義者預言：「在我們好好處理美國的猶太人後，他們會認為自己在德國遇到的事情根本不算什麼。」[30]然而，令人悲傷的是，還有其他聲音成為主流，且影響更為深遠。美國歷史上，由政府所主導的種族仇恨行動中，最嚴重的莫過於二戰時期，聯邦政府將十萬名日裔美國人與日本居民趕到集中營內，只因為擔心他們對國不忠。當然，這些人是忠誠的。美國政府只是基於純粹對他者的種族恐懼，就將自己的國民趕到集中營裡（加拿大政府也丟臉地如法炮製）。身為進步象徵的美國總統富蘭克林．羅斯福（Franklin Roosevelt）和厄爾．華倫（Earl Warren，時任加州州長），讓自己被敵意與偏見所蒙蔽。如今，對日裔美國人的囚禁，成為美國政府對自己人民所做出最令人震驚的不人道事件。

但種族主義、孤立主義、反移民等各種破壞美國本質的流派，永遠不可能贏。數百萬人聽信庫格林的偏激言論，但還有數百萬人忽視他。他在一九三六年大選中企圖擊敗羅斯福的野心，只換來一場空。在日裔美國人囚禁事件的四十年後，聯邦委員會宣稱這是一場「嚴重不公義」的監禁，單純受「種族偏見、戰爭偏執與缺乏政治領導能力」所驅使。[31]總統雷根（Ronald Reagan）也正式發表道歉聲明，聯邦政府給予每一位倖存者兩萬美元的賠償金。後來成為美國最高法院首席大法官的華倫，也在回憶錄中表示，自己對此一驅離命令「深感懊悔」。「每當我回想起無辜的孩子被迫離開自己的家、學校裡的朋友與安穩的環境，就感到無比愧疚。」[32]而在每一次的反對消失後，移民潮又回來了。世界大戰後，美國歡迎了超過二十多萬名企圖遠離歐洲混亂與蘇維埃政權的流離失所者。接著，移民模式從水平方向，改變成垂直方向。自一九六〇年代開始，墨西哥與其他拉丁美洲的移民開始非法跨越美國邊境，只為了那些本地人根本不想從事的低薪工作。而一連串企圖封閉邊境同時給予已經入境者公民身分的特赦，完全阻擋不了這波非法移民潮。二〇〇七年，正當國會針對一項特赦法案進行辯論且最後未能通過時，據估有一千兩百萬名非法移民成為美國經濟最底層的支柱。

其中一名和我們在午餐時間聊天的墨西哥工人，是先到加拿大，再通過華盛頓州貝靈漢（Bellingham）附近無人看守的邊界，才輾轉來到美國。一名在加州的親戚特地開車來接他，雙方在指定地點會面後，再一起回到南邊。其他人則採取比較常見的方法來穿越墨西哥與美國的邊界——付錢給把人偷運到美國的人蛇集團。根據他們的說法，收費金額為一萬五千美元，且部分需要預先繳付，剩餘費用則等到工人領到薪水後的數年內再慢慢付清。附近有些人的工作，就是負責收齊這些款項。

現在，許多美國白人含蓄地（像是在網路上匿名發文），或公然地（如參與所謂的另類右派運動〔alt-right movement〕）抱怨著，美國已經失去以白人為主的基督教國家認同。這也是為什麼他們在二〇一六年的大選中甘願支持川普，甚至贊成他企圖在墨西哥邊界打造一道「巨大而美麗的長城」，隔絕所有「非法者」的計畫。其他人則害怕來自各國的移民者，會偷走「真正」美國人的工作機會並拉低薪資。認為移民會偷走工作的想法，其實是一種謬誤，事實恰恰相反。此刻，市價超過十億美金的美國新創公司之中，有超過半數都是移民所成立的。[33]至於無技術和非法移民是否壓縮了美國低收入者的薪資，證據則比較複雜（儘管多數都指向非法移民只會壓縮到其他移民者的收入）。[34]是的，這些壞想法是具有腐蝕性的。無論你住在美國的哪裡，你都知道自己因為非法移民的存在而確實受益。他們替你修剪草坪、打掃家裡，為你入住的酒店清掃房間，或在新大樓的工地裡倒著混凝土。這個國家對非法工作者的依賴就像是在嘲笑著法律條文，並清楚揭示了美國經濟是如何需要這些沒有規範且低薪的勞動力。然而，移民潮仍有可能停止，或甚至逆流。二〇〇八年的不景氣，以及墨西哥經濟的改善，導致了這樣的回流。此刻，非法移民的數量遠比十年前還要少。[35]儘管如此，大家還是不停抱怨：右派認為這些工作者蔑視法律，因而必須大規模地將他們驅逐出境（儘管根本不可能做到）；而左派則認為這些工作者需要法律庇護，和取得公民身分的管道。與此同時，在全球化浪潮下被政府與雇主棄之一旁的失業與低度就業白人，則將自己的悲慘遭遇全怪罪到拉丁人身上。這並不公平，但就這件令人悲傷的議題而言，事情總是不公平。

儘管如此，美國本身就是一個移民國家。在美國兩百五十多年的歷史中，反移民情緒就這樣反覆糾纏著美國意識。但歷史告訴我們，反對運動很少能長久。從《外國人與煽動叛亂法案》到川普，本土主義者、種族主義者對移民的反對，這波潮流或遲或緩終將褪去，而屆時新的潮流又會竄起。而最棒的是（對移民者而言也是如此），這就是美國的祕密武器。

美國可以，也應當為了自身利益，接納比當前一年一百萬更多的移民數量（假如他們追隨加拿大的做法，他們每年可以接納三百萬人）。只要具備一套能吸引世界各地具特殊專長經濟移民的簡潔、開放系統，美國大可以吸收世界上最傑出的人才。但即便在當前那套繁複、諸多限制且就像是在自我懲罰的規範下，每年仍有一百萬人能通過申請，這不是一個小數目。美國人口之中，約有一五％為移民；在中國，這個數字連一％都不到。

無論是非法移民或合法移民，他們都解除了人口老化的問題，並支撐著美國的新生兒數量。而歷史也告訴我們，無論他們何時來、擁有的教育程度多高、能做什麼工作或說什麼語言，這一切都無關緊要。他們無可避免地，都會漸漸變成美國人。大熔爐中的風味或許會隨著時間而漸漸被改變，但成果總是一樣的。

在三大擁核強權中，只有美國的人口在本世紀內仍可以繼續成長——只要他們願意繼續接納新來者。即便在當前的水準下，美國人口仍預期會從今日的三億四千五百萬人，成長到二〇五〇年的三億八千九百萬人，與二一〇〇年的四億五千萬人。這和今日相比是整整一億人的差距，且離正在縮水的中國更近了。無論在地緣政治計算上還有哪些因素需要考慮，就人口學而言，美國的優勢是絕對的。

為了避免有些讀者至此還無法相信，不妨想想：二〇一六年，有七名美國人贏得諾貝爾獎，其中有六名為移民（唯一例外的是羅伯特．齊默曼〔Robert Zimmerman〕，如果你不認得，他有另一個響亮的名號——巴布．狄倫）。

移民或許是美國二十一世紀下最強大的競爭優勢。最終，隨著移民主要來源的開發中國家變得更進步，其生育率也繼續下滑，移民潮將開始放慢腳步。我們也將在移民遷回中，見到移民因為新工作與家鄉親人的誘惑，而選擇返回出生地。有鑑於世界各地都面臨著人口老化與縮減的問題，或許終有一天，國家們會開始爭奪移民。在這樣的爭奪中，美國將會占上風。從牛仔褲、T恤到HBO，美國的文化價值觀統治全世界。美國生氣蓬勃的經濟（儘管有些混亂），仍然是一個值得投資的市場。美國的政治也同樣生氣蓬勃，同樣混亂。在創業精神與創意方面，美國仍然領先群雄。期待獲得新機會與獲得更好生活的人們，將會繼續朝著這座狂野、閃閃發亮、混亂、毫無計畫卻蛻變得如此出色的山巔之城（編按：City on a hill，出自麻州殖民地時期總督的佈道辭，指一處理想化的典範世界，後來變成美國政客的流行語）湧入。這座城市永遠都不可能失去光彩——只要其願意永遠敞開大門。

Chapter

11

衰退時代下的文化滅絕

米克．杜德森（Mick Dodson）戴著自己的招牌黑帽，豪邁地咬著黑胡椒鮮蝦堡，坐在坎培拉舊議會大廈（曾為澳洲議會所在地）內一間有著最貼切名字的餐廳——「販夫走卒」（譯按：Hoi Polloi，出自希臘文，原泛指群眾）裡。儘管他堪稱澳洲最傑出的原住民——第一位法學院畢業生、原住民羈押死亡調查委員會的顧問、《帶他們回家》（*Bringing Them Home*）的共同作者——一份針對如同加拿大原住民寄宿體制澳洲翻版的詳盡報告、獲選二〇〇九年澳洲風雲人物（或許是該國最高榮譽）。但就個人而言，他是一位謙虛、有趣的人，隱藏在鼻梁間掛著的老花眼鏡背後，是一對時不時閃過淘氣光芒的雙眼。和他一起共進晚餐者，還有另一位著名的澳洲原住民——前英式橄欖球球星卡翠娜．范寧（Katrina Fanning）。但多數時候都是杜德森在發言，談論著澳洲原住民社群那混亂的過去，與充滿不確定的未來。

他生於一九五〇年的北領地（Northern Territory），是原住民母親與非原住民父親的混血後代。他十歲時成了孤兒，被送到維多利亞州漢密爾頓的一間寄宿學校。如同加拿大已被廢棄的原住民寄宿學校體制，澳洲的寄宿學校是進行虐待與同化的場所，也是澳洲政府企圖透過強制同化來讓原住民文化消逝的系統性手段。澳洲總理陸克文（Kevin Rudd）於二〇〇八年，為過去澳洲政府對原住民所進行的數世代錯誤行為，發表正式道歉聲明，而杜德森被公認是這場歷史性事件的重要幕後推手。

儘管如此，即便到了現在，「原住民青年要想獲得教育，幾乎只能被迫離開家鄉。」杜德森解釋道。[1] 如今，在寄宿學校的孩子之中，有四分之一為原住民。「你只能選擇寄宿學校，或放棄。」而選擇寄宿學校因而離開家鄉與家人的孩子，通常不會再回來。他們會選擇搬去都市，然後通常會失去說母語以及與原生文化保有聯繫的能力。隨著愈來愈多原住民青年搬到都市中心，「這也意味著最出色與最聰明的人不會留在本地，支持整個社群，」杜德森發現。許多澳洲原住民只有到生命的最後，才會選擇回家。「許多人回家是為了迎接死亡。」

如同世界各地的原住民，澳洲原住民也和高於平均的貧窮率、犯罪率、暴力與藥物濫用糾纏不清。但隨著愈來愈多人移居到城市，另一波嶄新且逐漸擴大的中產階級興起，這些人也開始興起保護原住民文化——尤其是語言方面的念頭。「新南威爾斯擁有跟歐洲一樣多的語言。」杜德森表示。但試圖保留非都市化原住民環境中的語言，是一件極為困難的事，即便政府已經努力地將其加入學校課程中。

「新原住民體驗，將是一場都市體驗，」杜德森推測。但這也意味著在這場體驗中，英文將成為主流、有愈來愈多的原住民學生取得學位並繼續攻讀高等學位、原住民中產階級擴張、生育率下降。「在二十五年內，（生育率）將會和其他族群一樣。」他如此認為。

讀到這裡，希望我們已經成功剷除了某些關於人口成長的迷思。不，我們的人口不會繼續成長，直到地球為這一百一十億的負荷而痛苦呻吟；九十億人或許更接近現實——直到人口開始衰退。不，開發中國家的生育率並沒有如天文數字般高，許多地方等於或甚至低於替代率。不，非洲並沒有長期陷入貧困，註定永遠會生出遠高於其資源可養育的大量孩子，且為全球人口帶來正成長；非洲是一片精力充沛的大陸，他們的經濟正在改變，出生率也正在快速下滑。不，非裔美國人與拉丁裔美國人並沒有用超高的生育率，來壓倒美國白人的存在。最終，這三個族群的生育率必然會逐漸貼近。

這些迷思或許很難被破除，因為在一個國家的生育率已經接近替代率的同時，卻還有最後一大群年輕、象徵著人口成長幻象的年輕世代存在。走在曼谷那繁榮的街道上，試著說服自己泰國正處於人口衰退的困境中，這怎麼可能！但泰國的生育率確實是一．五。儘管聯合國令人費解地認為在本世紀內，該國生育率會緩慢成長，其仍然預測泰國人口將在二〇三〇年開始下滑，並在本世紀末從七千萬的高峰下降到五千萬初頭。但更有可能的是：泰國的生育率不會成長，甚至還會減少，導致更多的人口流失。

還有另一個**迷思**：原住民人口的出生率非常高，且遠高於總體人口；此外，正因為其出生率是如此地高，讓原住民人口更為年輕。許多原住民年輕女性在自己和伴侶還無力照顧小孩前，就不小心懷孕，導致原住民陷入惡性循環的貧困中，並助長該族群逞兇好鬥的風氣（尤其年輕人）。由於原住民的生育率是如此地高，其占總人口的比例也不斷上升，且還會繼續擴張。低端原住民人口不斷增加且陷入貧困的情況，不但是一種道德與社會危機，更會危及到整體人口的經濟與社會安定。

我們不會刻意美化西方世界下原住民的貧窮問題：這是真的，且相當嚴重。從坎培拉到渥太華的政府，其社會政策的當務之急，就是突破此種惡性循環。但這些人口的生育率，事實上並沒有那麼高。他們的生育率接近或落在替代率的水準之上，且正在下滑。在至少一個案例中，我們甚至會發現其生育率根本低於全國平均，當前大批的年輕原住民，將會是最後的盛況。很快地，原住民人口就會跟全國一樣開始老化，且必須面臨此一變化所帶來的挑戰。而與一般人口相比是如此稀少的他們，將會發現要保存自己的語言、文化，以及主流社會下的自主意識，居然這麼困難。加拿大、澳洲、美國與紐西蘭原住民所面臨的挑戰，就是他們擁有的嬰兒數量實在太少了。

欣欣向榮的最後一代

二〇〇八年六月十一日，也是陸克文代表國家向澳洲原住民發表道歉聲明的同一年，加拿大總理史帝芬・哈珀（Stephen Harper）也代表所有加拿大人，為加拿大原住民在寄宿學校所遭受的對待表示歉意。「現在我們了解，這些機構大多時間是虐待、忽視與失序的溫床，而我們為自己未能保護你們而感到抱歉。」[2]哈珀說道，在他面前的是鴉雀無聲的眾議院議員們。在澳洲組成聯邦後不久，一直到一九七〇年代為止，有成千上萬名第一民族孩童（First Nationas，在加拿大政府的《印地安人法案》〔Indian Act〕中，仍以「印地安」來稱呼）被迫離開家人，前往天主教和基督教會經營的寄宿學校住宿和接受教育。肢體、甚至是性虐待的情況相當猖獗，渥太華當局企圖「趁印地安人還小時就除掉他們」（引用某位政府官員的說法）[3]所導致的傷痕，至今依舊能在這些學生及他們的後代身上見到。

加拿大原住民人口（較好的正確稱法為第一民族、梅蒂〔Métis〕和因紐特〔Inuit〕）在過去十年中，從占全加拿大人口（三千六百萬人）的四％，成長到五％。這主要歸功於人們的平均壽命更長，且有愈來愈多人認同自己身為原住民的身分。[4]儘管某些第一民族保留區的狀況確實欣欣向榮，但這些區域卻多數位在偏遠的地方，如安大略省北部、曼尼托巴省北部或努納武特地區等，並深受貧窮、藥物濫用與暴力所苦。生活在第一民族保留區內的孩子裡，有六〇％處於窮困，[5]且六處保留區之中，就有一處缺乏乾淨水源。[6]而自殺是導致四十四歲以下加拿大原住民死亡的最大原因，原住民年輕人自殺的比例為非原住民年輕人的五倍至六倍。[7]原住民社群已經是草原城市如溫尼伯（Winnipeg）和薩斯卡通（Saskatoon）內，比例最高的少數族群，而多數假設都認為這些少數族群的數量在未來仍會繼續成長。但這些假設錯了。這一大群年輕原住民將會是最後一代欣欣向榮的年輕原住民，下一個世代的規模，將變得非常小，而再下一代甚至會更小。原住民人口在加拿大人口中所占的比例，將會穩定下來，然後開始縮減。

回到一九六〇年代，原住民的生育率為五．五，是一般人口的兩倍之多。然而到了二〇〇一年，此數字卻下滑到二．六，而當時一般人口的生育率為一．五。二〇一一年，生育率僅剩二．二，一般人口則為一．六。[8]因此，我們知道加拿大原住民人口的生育率劇烈下滑，並和一般人口生育率貼近。此刻，這個數字或許已經掉到替代率之下。

原住民生育率下滑的原因，就跟世界上所有地方、所有族群生育率下滑的原因一樣：在都市化與教育的影響下，女性獲得了更多自主權。儘管原住民領袖強調在自身文化中，女性享有極高榮譽，但一直到最近，女性的合法權利卻總是處處受限（且在某些層面上，至今仍未改善）。根據一項統計，生活在保留區的女性之中，有八成經歷某種形式的性侵害，是全國平均的四倍。「對整個國家而言，這無疑是一大羞恥。」參議員羅密歐．達萊爾（Roméo Dallaire）憤怒地說道。[9]原住民女性與男性（其成為謀殺被害者的機率，為住在保留區外原住民女性的兩倍），是遭遇貧困、暴力等各式各樣問題的高風險族群。看看這個數據：保留區內的高中畢業率為四成，保留區外的數字為七成。至於整個加拿大，此數字更高達九成。[10]有超過半數的第一民族生活在保留區外，其中有七成為梅蒂人。[11]隨著原住民也開始都市化、生育率開始下滑，他們註定在加拿大社會結構中，縮得更小（而不是更大）。加拿大每年接受三十萬名移民，多數移民來自菲律賓、印度、中國等其他亞洲與太平洋國家。在加拿大一百七十萬名的原住民中，只有三十二萬八千名第一民族的人，生活在保留區裡——僅比每年的移民人數再多一點。[12]有鑑於二〇%的加拿大人並非在加拿大出生，原住民人口占總人口的比例（尤其是保留區內的第一民族人口），勢必會隨著時間逐漸減少。同時會在這樣一個種族組成複雜，愈來愈不歐洲的社會中，變得更加邊緣化。

並非只有加拿大原住民出現生育率下滑的問題。在原住民人口占總人口三%的澳洲，其原住民生育率在二〇一五年還有二·三（與加拿大相當），而該國總體生育率則為一·八。[13]但在一九六〇年代，原住民的生育率為五·八。[14]紐西蘭的例子就比較特殊，因為毛利人（Maori）占總人口一五%，這也意味著他們的數據足以影響總體數據。但就跟所有地方的原住民一樣，毛利人的生育率劇烈下滑，從一九六一年的高點——六·九，崩跌到一九八六年的二·一（等同替代率）。近幾年，則出現了上升趨勢，來到二·八，而這或許只是嬰兒回聲潮帶來的結果。[15]很少有原住民社群能如美國原住民那樣，獲得廣泛完整的紀錄——儘管絕大多數紀錄都是出自好萊塢之手，且內容經常大錯特錯。以下，是我們可以肯定的史實：在歐洲殖民時期開始時，美國原住民人口約莫落在五百至七百萬人之間。疾病、戰爭（貨真價實的種族滅絕運動）、強迫搬遷、貧窮與饑荒，讓他們的人口數在一八九〇年時，下降到二十五萬。當時，他們的處境是如此岌岌可危，許多觀察者都預測美國原住民或許將就此滅絕。[16] 但出乎預料地，他們卻開始成長，憑藉的是高於其他種族的出生率。到了一九八〇年，白人婦女的生育率下滑到一．七個孩子，美國原住民和阿拉斯加原住民（根據美國統計學家的定義）的生育率則為二．二。但緊接著，非常奇怪的事情發生了，美國原住民的生育率驟然崩跌，在一九九九年掉到比白人還低的水準，接著繼續下滑。到了二〇一四年，此數字一路崩潰到一．三，不但是美國所有種族中的最低者，更堪稱全世界數一數二低。[17] 該年白人女性的生育率為一．八，美國原住民落後了半個嬰兒。在這樣的生育率水準下，美國原住民終有一天會發現自己的數量正在大幅減少，而這一次，罪魁禍首就是人口學。

儘管如此，如同二〇一七年一份研究筆記的作者所言，在這樣一個為研究癡迷的美國境內，居然沒有任何一份研究，專門去調查美國原住民與阿拉斯加原住民婦女為什麼只願意生這麼少的孩子。[18] 澳洲正在努力保留原生文化——為了後代子孫。據估計，當前約有一百三十人正從事將原住民語言及其他文化面向數位化的工作。儘管米克．杜德森認可這樣的努力，但他也點出了「這麼做，無法維持一個文化的活性」。澳洲原住民，以及世界各地的原住民文化並不孤單，全球生育率下滑的趨勢，讓許多文化陷入危機，也讓這些文化未來可能愈來愈同質化，變得沒那麼多采多姿。

島民的困境

島嶼是特別的，島民是很特別的族群。他們和大陸人不同，也認為自己是與眾不同的。在島嶼上，文化的演化也大不相同，而且這些文化的根，往往比國際性大陸還要根深柢固。島民無可避免地深深以自己的文化為榮，同時對大海另一端的人們抱持懷疑。海洋統治一切，海浪的節奏似乎滲透到了土地與空氣之中。人們根據島嶼的時間來過日子，用著較慢的步調，以及滿不在乎的態度去面對專權統治。

大海能讓島民更外向，畢竟這就像是他們的高速公路。英國人是航海者，他們利用環繞在自己周圍的海水，建立了一個橫跨整顆地球的帝國。但英國人同時也因為孤立而出名：英吉利海峽就像是一道護城河。「有色人來自加萊。」他們過去總愛這麼說（在這麼說還不會惹上麻煩的年代）。二〇一六年，五二％的英國人因為反對移民等種種原因，投票離開歐盟，此一舉動也嚇壞了所有人和他們自己。

如同原住民，島民願意為了維護讓自身島嶼之所以獨特的特質而挺身奮鬥；但也如同原住民，他們總是輸。衛星和光纖纜線帶來了好處與壞處，它們讓島民得以和世界連接在一起，卻也將世界帶向了島嶼，讓島嶼上的年輕人為了工作和夜生活而搬到大陸居住。而他們就跟原住民一樣，其下滑的生育率讓島民在滅絕與同質化面前，更為脆弱。讓我們以大西洋兩座截然不同的島嶼為例，這兩座島嶼各有特色，卻同樣面臨危機。

聖海倫納島（St. Helena Island，不是拿破崙病逝的那座），是美國南卡羅來納、喬治亞和佛羅里達沿岸上百座島嶼的其中一座。該座島嶼有著低窪平坦的沼澤區，總面積不過一百六十五平方公里，離南卡羅來納大陸非常近（要不是伯福特河〔Beaufort River〕，它便是大陸的一部分），沿著二十一號高速公路就能到達。一開始西班牙人占領此地，接著是法國人，然後是英國人。在兩個世紀中，來自西非的男人與女人被運到此地充當奴隸。南北戰爭後，此地的偏遠性與種族同質性（多數人為黑人），促進了獨特文化與克里奧語的發展——古拉語（Gullah），此區約有二十五萬人說著古拉語，更被描述為「美國境內最原始的西非文化」[19]（喬治亞州同樣為人所熟知的族群是吉奇人〔Geechee〕，而所謂的古拉—吉奇走廊，便從佛羅里達北端延伸至北卡羅萊納的南端）。[20]聖海倫納島上約有八千四百名居民，其收入低於南卡羅來納州的平均，年齡中位數為四十四歲（該州其他區域則為三十八歲）。他們深深為自己的古拉文化感到自豪，當鄰近的島嶼如希爾頓黑德島（Hilton Head）都已經被徹底開發時，聖海倫納島的政治領袖成功發起保護運動，使其免於商業化。當地的潘中心（Penn Center），也努力保留古拉語言和文化。[21]在聖海倫納，居民多是小家庭，島上每個家庭的平均人數約為三·一人（父母加小孩）；而該州平均人數為三·二，全美平均人數則為三·三。聖海倫納的家庭系統很穩固，與美國其他地方相比，島上孩子的一對父母通常都還在一個屋簷下。但相對較小的家庭規模，卻也意味著島上的古拉語言與文化所受到的威脅並非來自外在開發，低生育率才是真正的威脅來源。

在海的另一端，另一座非常不一樣的島嶼，也面臨著同樣的困境。住在曼島（Isle of Man）上的居民，是維京、英格蘭人與蘇格蘭人的後代——就如同我們對一座位在愛爾蘭海上，距蘇格蘭、英格蘭與愛爾蘭幾乎等距的島的想像。一千年以前，當地發生了多次戰爭，但最終英國贏了。儘管如此，曼島人仍是一支非常獨立的民族。這一處自治皇家屬地，組織了自己的議會，且在超過一千年的歷史中未曾受過打擾，更成為全世界歷史最悠久的立法機關（此點的可能性有待商榷，因為冰島人也這樣宣稱，但冰島會議曾經被中斷過）。曼島的人民只有在外交事務與防禦上依賴英國，其餘皆靠自己。他們甚至不屬於歐盟（這也意味著英國人正在追隨著曼島人）。曼島人是曼島領主（Lord of Mann）伊莉莎白二世（Elizabeth II）最忠心的臣民。

過去曾經非常原始、貧窮，依賴捕魚和農業為生的曼島，如今卻成為銀行業的落腳中心（說直白點就是避稅天堂）。島上現今人口有八萬八千人，古時候的與世隔絕和近代的富庶景況，為這座島嶼吸引許多投資者和外來者。近期，勞動人口的增長趨於平緩，島上政府更是傾盡全力，試圖吸引新的工作者。其目標是在二〇三〇年吸引一萬五千名工作者，讓總人口上升到十一萬左右（須視其帶來的眷屬數量而定）。曼島政府也警告，倘若這個目標無法達成，那麼很快地，這座島將必須面對經濟困境——全島逾半數人口皆在六十五歲以上。

但島上許多人開始抵制，「一萬五千名攜帶伴侶或家眷的外來者，可能會對曼島的文化、認同，甚至是曼島人本身的存在，造成災難性的影響。」一位稱此種政策為「文化種族滅絕」的評論家如此說。[22] 但就在曼島人爭執不休的此刻，該島人口已開始下滑：二〇一一至二〇一六年間，減少了一千兩百人。「我們正在流失年輕人口，尤其是二十歲出頭者，」該島某份人口調查報告的作者這樣說著，「這和出生率下滑有關，這種危機是經年累月不斷漸進的。隨著愈來愈少人在當地長大，愈來愈少人投入勞動市場……」[23] 曼島的人口之中，僅有不到一半的人（四九．八％）出生在本島。

每新來一位外來者，振興曼島語的努力就被削弱一分。在長達一個世紀的時間裡，曼島的父母親總是鼓勵自己的孩子們說英語，而不是島上那獨特的蓋爾語，導致此一語言開始式微。「cha jean oo cosney ping lesh y Ghalick」，這句諺語的意思是：「你不可能從曼島人身上撈到任何一分油水。」[24]一九〇〇年，講本地語的人口減少到一〇%。曼島語的最後一位使用者納德．馬德利爾（Ned Maddrell），於一九七四年逝世。聯合國教科文組織於二〇〇九年宣布曼島語正式滅絕，但這份死亡證明開得為時過早。一直以來，當地熱心的民眾試著根據錄音，教會自己與其他人使用此種語言，現在甚至成為某些學校的課程。今日，有一千八百名居民能說著不同程度的曼島語，而聯合國教科文也將此語言的狀態更新為「極度瀕危」。

但長久的將來，曼島語仍舊置於危險之中。移居到該島上的外來者，不大可能有興趣去學習一種在世界上任何地方都沒有在使用，僅剩島上一小群人會說的艱澀語言。當然，倘若原本居民的孩子在學校學會此種語言，他們有可能會將語言帶回家裡，並在納德．馬德利爾逝世半個世紀後，創造出第一批以曼島語為母語的族群。但這似乎不值得付出這麼多心血，曼島上的生育率僅有一．七，約與英國本土相當。由於島上的九萬名居民中，多數為新移民，且人口增長也是依賴移民，此情況點出了曼島人註定朝著同質化邁進，成為說著英語的另一處歐洲邊緣區域。而曼島人的未來並不特別。同樣的描述，我們可以輕易地用在昔得蘭群島（Shetland Islands）、奧克尼群島（Orkneys），或丹麥的法羅群島（Faroese）身上。在當代文化與生育率下滑的事實面前，這些偏遠的北大西洋島嶼，企圖保留舊有生活方式的努力，看似前途渺茫。

上述所提到的例子，都發生在先進的已開發國家之中。但在開發中國家境內，也有將近數千種其他的本土文化，正處於危險或滅絕的處境下。

肯亞境內的波尼人（Boni），人口數為四千；但在半個世紀前，其人口數為兩萬五千人。蜂蜜是他們日常飲食的必需品，採集者會對著帶自己找到蜂巢的鳥類鳴唱。波尼人也會狩獵，這讓他們和肯亞野生動物服務署（Kenyan Wildlife Service）處在敵對的立場上（他們的狩獵成為對方眼中的盜獵）。波尼人希望自己的後代能享有妥善的醫療照顧和教育——誰不想呢？但這也讓他們直接接觸到現代的肯亞，讓獨特的波尼語言和文化受到威脅。「我們的生活方式正在消失，」身為波尼部落一分子，也是市政顧問的奧馬．阿盧努（Omar Aloyoo）對記者說道，「波尼人面臨消失的危險。」[25]而穆斯林叛亂組織青年黨（al-Shabaab）與肯亞軍方在波尼生活領地內發生的戰火衝突，也讓他們的情況變得更加危險與艱困。

某些波尼人會使用行動電話，而這些手機通常是共用的。要想收到訊號，有時候你只能爬到樹上——如同某位部落成員說的，這個動作結合了舊時代與新時代的智慧。[26]當年輕人爬上樹梢時，他接收到的可不只是訊號，他接觸到了更好的工作、更好的食物、更好的生活標準、更少嬰兒的可能。對於僅剩四千人的波尼人而言，生育率下降是他們最不樂見的發展。但我們沒有原因認為波尼人的困境是非常特別的，生育率下滑就像是亙古不變的現實——即便在肯亞偏遠的森林裡也不例外。隨著波尼人愈來愈融入肯亞的社會，嬰兒的數量也會變得愈來愈少，讓本就已經稀少的波尼人，變得更單薄。

「能享有一系列從教育到健康、語言和生活等權利，是文化權利至關重要的核心，」非政府組織國際少數族群權利（Minority Rights Group International）的報告，這樣總結著，「一旦缺乏這些，就不可能實現公平、公正的生活。」[27]但全球化、氣候變遷（可能導致島嶼和低窪地帶陷入危險）、因為戰爭而流離失所、占領軍對古文物的蓄意破壞、為了發展農業而砍伐樹林、宗教不容忍或純粹出於暴力的血腥思維，讓世界各地上千種少數文化面臨威脅。無論單一因素或綜合原因為何，「唯一的下場就是讓少數族群失去存在的空間，並讓他們獨特的傳統逐漸萎縮。」[28]在這險惡的混亂之中，我們還必須加上生育率下滑的影響——因為邊緣且脆弱的族群，正逐漸接受低生育率的全球化潮流。無論是對芬蘭人或智利人而言，生育率下滑都是一個問題；但對波尼人和古拉人，或全球上萬個瀕臨滅絕的種族而言，這是一個攸關存亡的大問題。

英語增加了文化脆弱性

那時，天下人的口音、言語都是一樣……他們說：來吧！我們要建造一座城和一座塔，塔頂通天，為要傳揚我們的名，免得我們分散在全地上。耶和華降臨，要看看世人所建造的城和塔。耶和華說：看哪，他們成為一樣的人民，都是一樣的言語，如今既做起這事來，以後他們所要做的事就沒有不成就的了。我們下去，在那裡變亂他們的口音，使他們的言語彼此不通……因為耶和華在那裡變亂天下人的言語，使眾人分散在全地上，所以那城名叫巴別。[29]

耶和華弄垮了巴別塔，弄亂了人們的語言（至少《創世紀》是這麼告訴我們的），因為祂明白單一語言會讓人類的進步一飛沖天，「他們所要做的事就沒有不成就的了。」為了讓我們離開巴別塔，祂更想辦法讓我們幾乎難以了解彼此——無論是就文化上或語言上。別人口中說著我們完全聽不懂的呢喃，讓我們因此更想躲避和畏懼對方。

但又一次地，巴別塔開始動工了。

英文一點都不特別，除了它跟多數歐洲語言不一樣，不具有陰陽詞性和繁複的動詞變化型以外（第三人稱單數要加上 s，過去式則加上 ed，未來式則使用 will。好了，大家可以下課了）。英文憑藉著同樣一種原因——征服，成為這個時代的新拉丁文。數千年以來，一直是歐洲知識分子通用語言的拉丁文，其實是來自羅馬帝國的遺物。大英帝國征服、或者該說是殖民了全世界四分之一的土地；而其後代——美國，在長達一個世紀的時間內，一直是全球經濟與地緣政治的主宰者。隨著大眾傳播的發展，美國文化散播到全世界，讓英語與金色雙拱門無所不在。

現在，全球企業總部多使用英文，即便公司位在根本不使用英語的國家裡，如德國西門子（Siemens）也是如此。[30]多數主流科學研究都會選擇發表在英語期刊上，英文也是全球航空交通管制的語言。英文是全球化的語言，更是研討會、網路與好萊塢的語言。儘管以英文為母語的人數僅排名第三（前面還有中文和西班牙文），但英文是多達五十五個國家的第二語言，是當前最常見的第二外語。將英語當第二語言的人口數（十二億），遠比將英語當母語的人口數（三億六千萬）還要多。[31]如同上帝所擔憂的，單一語言加速了人類對知識追求的步伐，並讓那些散落在世界各地的人，再次齊聚一堂（至少在數位世界裡）。

但要說英語確實讓世界各地的人們能更容易相處，卻也反過來增加了文化的脆弱性。今日，據估計全球約存在著七千種語言，但每一種語言的使用人數卻有著天壤之別。[32]使用中文或粵語的人數約為十二億，但有約莫兩千種語言的使用人數卻少於一千人。[33]這些語言正面臨威脅，有四十六種語言甚至僅剩一人會使用。[34]每一年，有二十五種語言消失，[35]而在都市化與全球化的影響下，消失的步伐還有可能繼續加速。在一個世紀前，這個世界總共有六百種核心語言[36]，而最主流的語言為中文、西班牙文以及英文（新一代全球共通語）。語言的語法和文法能讓使用者以獨特的角度來理解世界，因此一種語言的逝去，就代表某些事物的逝去。倘若人類因為多元化而顯得多采多姿，那麼語言和文化的消失，會讓人類遺產變得黯淡無光。

對已經相當脆弱的文化和社群而言，生育率下滑無疑會讓他們的處境雪上加霜。不同的社會用著不同、且經常相互矛盾的策略，來保護並推動自己的文化。我們應該用更多的移民來刺激那老化並消失的人口嗎？但如此一來，我們又該如何保留舊有的生活方式與舊有的語言？我們可以利用社群媒體與新通訊技術來記錄過去的歷史，並保留那獨一無二的事物嗎？但這不會讓我們面臨均質化與同化的威脅嗎？我們應該直接切斷自己與更大世界的連結嗎：利用孤立來保留文化？但我們的處境又會因此變得如何？

這一切全都圍繞著一個棘手的問題：無論年輕族群的人口有多少，這個世界上多數地區其下一代人數都會變得更少，且再下一個世代又會更少，直到我們逐年變得愈來愈少為止。而此一威脅所導致的文化滅絕，至今仍無解藥。

Chapter

12

加拿大的解決之道

當某位旅客走向等在機場外頭的計程車隊伍時，一陣以阿拉伯語進行的熱烈談論聲讓他不禁愣了一下。馬更些河（Mackenzie River）沖積而成的三角洲城市因紐維克（Inuvik），擁有三千五百名居民，位在加拿大西北領地、北極圈以北兩百公里處。在六月這樣的日子裡，太陽高掛天空，每年冬天則會有連續三十天見不到太陽。其人口組成約莫為四〇%的因紐特人、四〇%的第一民族，還有二〇%的其他人種（在這些其他人種中，包括了約莫四十名阿拉伯人，其中有些人是計程車司機）。城鎮的中心甚至有間清真寺（世界上最北的清真寺），是二〇一〇年透過駁船從南邊載運過來的。[1]對旅客而言，這是加拿大最驚人的多元文化時刻。

這也是世界上最國際化國家的典型情況，來自世界各地的人們，占據了這座北方小鎮。加拿大的人口之中，有兩成人口不是在加拿大出生，而這個比例還在逐年升高。在北美第四大都會區——大多倫多地區的人口之中，有半數是在外國出生。[2]這個擁有三千五百二十萬人口的國家（根據二〇一六年的人口普查，全國人口比五年前還多了五%[3]），每年都會吸收三十萬名移民。也因為企圖讓加拿大人口於二一〇〇年攀升到一億，因而讓這個數字被試圖提高到四十五萬人。[4]這個規模等同於每年複製一個該國第十大城市（事實上，應該說是基奇納、滑鐵盧與劍橋合併的三聯市，位在安大略省西南邊）。但即便以現在的移民數來看，加拿大統計局（Statistics Canada）仍預測加拿大的人口將在二〇六〇年，攀升到五千萬人。[5]多麼驚人呀！在這樣多數已開發國家只能眼睜睜看著國家人口衰退的世紀裡，加拿大卻能穩健地繼續成長。在一個所有人口都逐漸老化的世界裡，加拿大的人口老化卻比較緩慢，因為移民的平均年齡比全國平均年齡年輕了七歲。[6]是的，加拿大還是會擔心嬰兒潮世代的老化；是的，醫療照護永遠都處在緊繃的狀態下；是的，對於是否要提高退休年齡、改善公共退休金體制（或兩者兼行），政治人物仍然爭執不休。而加拿大日復一日、年復一年地吸收著各種類型的移民，其舉動足以讓多數國家（包括向來歡迎移民的美國和南半球）感到不解。再說一次：以人口基數來看，加拿大吸收的人口量等同於美國每年接納三百萬名合法移民——亦即美國當前規模的三倍。[7]這些移民是否過著貧苦的日子，住在警察避之唯恐不及的高犯罪率區域中，那些骯髒而灰暗的公寓裡？絕對不是。平均而言，來到加拿大的移民其教育程度都比加拿大本地人還要高。[8]他們在這個寧靜且繁榮的社會裡，締造並開創榮景。在半數居民都於外國出生的多倫多市，其人口為兩百六十萬人（大多倫多區域則有六百四十萬人），每年發生的謀殺案不到六十件，也讓其成為全球排名第八的安全城市。[9]如同多數的加拿大城市，多倫多是一個精力充沛，融混著不同種族、語言與背景，卻又依舊井然有序的城市。所有的人都在同一幢辦公室、同一座社區裡工作與生活，一起烹煮著討人喜愛又融合多種文化元素的食物，一起抱怨著過分擁擠的地下鐵，並在全世界最多元化的城市裡享受生活。[10] 這是一個再明顯不過的提示。對任何一個國家而言，只要其企圖抑制因人口衰退（或停滯、沒有成長）所造成的經濟影響、課稅對象減少及債務增加、世代之間的老少對立（年輕人總是比老年人少），就必須採用加拿大的解決方案：每年接納等於或接近總人口數一％的移民。每一個出生率等於或低於替代率的歐洲或亞洲國家，都面臨著一個很簡單的選擇：變成加拿大，或接受衰退。但這或許是一個做不到的選擇。

接納大量移民與難民

採訪進行得不太順利。一名正在研究加拿大移民政策的瑞典記者，為了調查受訪者的背景而打電話給一名加拿大記者。但雙方似乎出現誤解。從渥太華這邊得到的答案，對斯德哥爾摩的記者而言完全沒有道理。最終，他們搞清楚問題出在哪裡：他們對**移民**（Immigrant）此一詞彙，有著完全不同的理解。

瑞典向來以收容難民的傳統為傲。二戰時期，有上千名丹麥籍猶太人為了逃離德國的滅絕集中營，而跑到友好且中立的瑞典。南斯拉夫的瓦解，也讓十萬多名（多為波士尼亞人）逃到了北方的新家。當敘利亞與伊拉克因為陷入內亂，而讓無數人為了安全而被迫逃亡時，瑞典不像別的國家那樣，反倒選擇挺身而出，收容了十六萬名尋求庇護者（二〇一五年），而當時正是移民危機爆發的高峰期。對一個僅有九百五十萬人口的國家而言，這樣的舉動確實非比尋常。

但壓力很快開始浮現。有這麼多來自世界上最絕望之地的人們，這麼快地湧入，還有這麼多人都是年輕人。他們可以多快學會瑞典語？他們能做哪些工作？無家可歸的人數暴增，還有失業、犯罪率及仇恨。瑞典政府對新來的移民施加限令，並提供已經入境者離開瑞典的旅費。瑞典保守黨派更開始提出反移民政策。[11]因此，瑞典記者想知道加拿大為什麼有辦法年復一年地，接納成千上萬名的難民，並且成功地讓他們融入社會。

然而，加拿大並沒有這麼做。一般而言，每年獲得永久居留權（繼而有機會得到公民資格）的移民之中，僅有一成的人為難民；其他的移民要不是因為自身能為加拿大經濟帶來助益，就是因為其家人屬於加拿大經濟類移民的一分子。瑞典的記者非常震驚，「瑞典接受的移民向來都是出於人道考量。」[12]這就是瑞典與加拿大在根本上的不同。加拿大接受移民的原因幾乎是出於自私考量，這也是為什麼加拿大移民的情況比瑞典來得好。

理想的公共政策總是建立在共同利益之上，我們每個人都是以自身利益為出發點。在多數情況下，「我們」一詞包含了最緊密的家人，然後是依重要性顯著遞減的鄰居，我們的村莊小鎮或城市、我們位處的行政區域、我們的國家、我們的地球。當然，我們也有同理心，我們也會做出利他主義的行為。但當你做著一件長久以來都被視為善行的事情時，你還是會想問問自己：「我到底為什麼要做出這些犧牲？這對我或我的家庭有什麼好處？」對於赤裸裸的自私行為，當前仍有許多壓抑：傳統道德義務與約定俗成的自我保護機制認為，在緊急情況下，應當讓女性與孩童先行。但總體而言，有效的公共政策總能呼應集體利益：這對所有人都好。而這在難民與移民議題上，尤其為真。

在難民危機時期，以人均標準來看，每十萬名瑞典人就接納了一千六百六十七名難民，這是無與倫比的善行。德國則是每十萬人接納了五百八十七人。「我們做得到。」當上百萬名尋求庇護者湧入德國邊境時，總理梅克爾如此對人民呼籲。綜觀整個歐盟，各國平均每十萬人收容了兩百六十位難民，[13] 但極少國家有做到這樣的平均水準。最初，匈牙利接納的難民最多（每十萬人對上一千八百名難民，但大部分只是為了前往德國而過境），但這個數字在該國封閉與克羅埃西亞的邊界後，開始快速下滑。其他的東歐國家則沒有那麼大方：波蘭接納的難民數為每十萬人對上三十二人，羅馬尼亞則為六人。官員解釋，給予本地人的社會服務本就不足，根本不可能再分給尋求庇護者。且不得不說，許多東歐人都懷抱著與匈牙利總理奧班．維克多一致的反移民心態。此區域內興起了許多本土主義者、民粹主義者，和純粹的種族主義黨派。

而某些西歐國家也沒那麼大方。像是因為畏懼難民情況難以控制，而投票離開歐盟的英國，實際上也只接納了每十萬人對上六十人的難民數；法國則接納了一百一十四人，僅歐盟一半的水準。而且如同我們所知，二〇一五年的蜂擁情況導致了二〇一六年的反彈聲浪，讓許多大方的國家也不得不關上自己的大門。

在加拿大，難民危機在聯邦選舉的中期也爆發開來。史蒂芬．哈珀的保守派一直採取移民友善態度，每年接納的移民數也比過往執政的自由黨還要多。但在二〇一〇年一艘載滿泰米爾難民的生鏽舊船抵達英屬哥倫比亞的海岸後，保守黨的態度也變得沒那麼開放，開始收緊入境的限制。哈珀手握大權已經快十年了，加上他本來輸掉這場大選的可能性就很高，但當人民得知艾蘭．庫迪一家——那位葬身於地中海的敘利亞三歲男童，曾經被加拿大政府拒絕入境後，事情再無轉圜的餘地。冷血無情的哈珀內閣，迫使投票者轉向自由黨那位年輕且充滿個人魅力，並承諾在當選後的第一年內，開放兩萬五千名敘利亞難民入境的賈斯汀．杜魯道（Justin Trudeau）這位領袖的懷抱。

杜魯道在二〇一五年十一月當選總理後所做的第一件事，就是兌現政見，或至少試著兌現承諾：嚴格的安全檢查和僵化的官僚作風，卻讓這個數字一直到二月之前，都未能達成。不過人民是健忘的，他們明白政府已經傾盡全力，官員日以繼夜地忙著，公務人員更是自願性地取消了聖誕假期。聖誕節剛過，加拿大總理本人就現身在多倫多皮爾遜機場，親自迎接第一名入境者。「你到家了，」杜魯道對他們說，「歡迎回來。」[14]全國上下都紅了眼眶。二〇一六年年底，有五萬名中東難民入境加拿大，儘管排在瑞典與德國之後，卻也領先了無數個國家——在考量到這些難民可是會永久定居在加拿大後。隔壁的美國，儘管人口為加拿大的十倍，卻總共只接納了不到一萬三千名的難民。[15]加拿大之所以接納了比美國多這麼多的難民，是因為加拿大人比較善良？當然不是。加拿大人知道，只要處理方式得宜，接納難民也能成為一件對國家有益的事。而這個道理早在四十年前，他們就已經學會了。

後民族國家

從歷史來看，加拿大過去在接納貧苦之人這方面，表現得實在不怎麼光彩。一九一四年，駒形丸（Komagata Maru）載滿期待展開新生活的錫克教教徒，在溫哥華海岸遭加拿大政府拒絕入境。更糟的是，一九三九年，載著一千名猶太難民的聖路易斯客輪（St. Louis），抵達哈里法克斯（Halifax）港口，卻被加拿大政府要求駛回海上。當加拿大移民官員被問到，加拿大應該讓多少名猶太人入境時，他回答：「一個都嫌多。」[16]最終，聖路易斯號折返歐洲，許多乘客喪命在納粹手中。

在移民部長羅恩·艾特凱（Ron Atkey）於一九七九年和其他的進步保守黨內閣同僚見面時，聖路易斯號的醜惡還一直縈繞在他的心頭。聯合國發布緊急申訴：有數十萬名越南人因為南越被北越的共產黨占領，而搭船逃離自己的國家。那些僥倖逃過溺死或被強盜殺害者，也只能淒涼地擠在處境艱難的難民營內。一份民調顯示，多數加拿大人並不想讓他們入境。政府應該順從民意嗎？當內閣成員抵達時，所有人都發現自己的座位上擺了一本厄文·艾貝拉（Irving Abella）和哈洛德·卓伯（Harold Troper）的代表作——聖路易斯悲劇事件研究：《一個都嫌多》（*None Is Too Many*）。「我們希望別人認為我們是一個只會說不的政府嗎？」艾特凱詢問自己的保守黨同僚們，「還是一個會挺身而出的政府？」[17] 內閣成員投票決定挺身而出，但這也造成了一個難題：加拿大政府會收容五萬名越南難民，但他們還需要公民與社運組織的私人民間力量援助。結果全國熱烈響應，教會團體、服務性組織、家庭或宗族團體全部團結一心，幫助每位新來者。最終，有六萬名越南船民入境加拿大，感激的聯合國也頒發南森難民獎（Nansen Refugee Award）給加拿大。

加拿大從經驗中，學到了幾項寶貴的教訓。第一，難民是非常好的移民者。越南人很快地就融入了當地社會，人們開玩笑地說著，每個街角似乎都有一間由越南夫妻開的小雜貨店；二十年後，該國每所大學校內最出類拔萃的學生們，似乎總是那些雜貨店夫妻的孩子。第二，民間私人援助是讓難民完美融入的好方法，這樣不僅能讓他們分散至各地，更能讓他們獲得當地社群的幫助而不至於陷入孤立無援的狀態。私人援助成為加拿大難民計畫的長久特色——尤其是在危機時期。二〇一五至二〇一六年間入境加拿大的五萬名敘利亞難民中，有約莫半數是透過私人援助。事實上，準備好自願援助難民的人數，遠遠多過於經過官方適當審核的合格候選人。

加拿大願意接納移民與難民，並不是因為加拿大人比較善良，而是因為他們明白敞開大門才是真正對自己國家有助益的舉動。這個發現部分來自於加拿大人的DNA，以及一項令人不太開心的事實結果：做為一個國家，加拿大實在不怎麼出色。這個國家的失敗，正是締造加拿大後民族（postnational）、多元文化的祕密配方。[18]一八九六年，克利福德．西夫頓（Clifford Sifton）面臨了對任何一位政治家而言，都是極為嚴重的問題。才剛剛獨立不到二十五年的加拿大，面臨了崩解的危機。人們不想住在這裡，許多住在此地的人，都只想著離開。就在他們的南邊，剛擺脫南北戰爭並開始復甦的美國巨人，在數百萬來自歐洲、打算進一步前往西部拓荒的人群加持下，變得愈來愈強盛。但加拿大的領土卻很空曠，太冷，又太偏僻。已經定居在這個新國家的人們（其範圍沿著伊利湖和安大略湖，再一路延伸至濱海省份的聖羅倫斯河流域），思忖著是不是該到美國賭一把，才是更好的做法。結盟是必要且眾望所歸的，「身為加拿大人就已經輸了。」作家兼專家哥德溫・史密斯（Godwyn Smith）斷言。對他而言，「無論是血緣，或特質、語言、宗教、習俗、法律和利益，分布在這片大陸上的兩大盎格魯薩克遜族群，其實是同一種人。」[19]加拿大很寒冷、虛弱且貧窮（整個一八七〇與八〇年代的經濟都不景氣），南邊的美國則相反。這個新政府好不容易才平息了梅蒂人在大草原區域的叛亂，整個國家的人數已經少到根本可以直接被美國吸收掉。加拿大的未來是如此地黯淡無光。

但西夫頓不願放棄。解決方法就是再努力一點，這也是他本人之所以能成功的祕密。西夫頓是加拿大出生的盎格魯—愛爾蘭後裔，並在一八七〇年代（他還是青少年時）和父母一起從安大略南方搬到曼尼托巴。這也讓他對這塊以英國人為主的心臟地帶及西部邊境，有著最敏銳的判斷。他因為猩紅熱而部分失聰，但他也憑藉著鐵的紀律克服此一難關。在法律學校，他是班上最出色的學生，早年就展露出卓越的協商技巧。他精力充沛、一絲不苟、思慮縝密，讓他在各方面都能脫穎而出。三十五歲那年，懷抱著政治抱負的他，順利進入了威爾弗里德・勞雷爾（Wilfrid Laurier）的內閣——加拿大第一位也是最偉大的魁北克總理。[20]他的職責就是找出增加移民，並搶在美國人攻占大草原之前，就先將其填滿的方法。而他採取的手法就當時來看，絕對是非常大膽：積極招募來自東歐的移民。

對許多加拿大人而言，這樣的想法簡直是個詛咒。這個國家已經被分裂成魁北克法國人和其他加拿大人，而這樣的分裂打從這個國家在一八六七年成立之初，就不斷威脅著內部的團結，甚至影響到整個國家的存在。批評者提出警告，加拿大英語區的盎格魯薩克遜文化、新教徒文化，會被進一步削弱，導致整個國家更為鬆散。新來者將會是天主教徒或東正教徒，他們根本不說英語，他們永遠都無法融入。但西夫頓不在乎，他需要人口，此時此刻就要。原本的移民仲介被撤銷資格，加拿大另外成立了新的委員會；政府將用各國語言鼓吹加拿大是「最後、最棒的西部」「新黃金國」的傳單，撒向斯堪地那維亞、德國、巴爾幹半島、烏克蘭等所有周遭國家，宣揚加拿大是「可受政府保護」的「豐饒處女地」，且「沒有什麼需要畏懼的」（如原住民等）。[21] 西夫頓深信，來自經濟且政治受壓迫地區的貧苦農民們，擁有擊敗大草原凍土、忍受酷寒氣候的意願——因為他們有足夠的絕望。「披著羊皮大衣、生長在農村、其祖上十代都是農民、有著結實妻子和半打孩子的強壯農人，就是最棒的人選。」他這樣表示。[22] 十九世紀末的斯堪地那維亞與東歐，正處於人口成長的第二階段——出生率高且死亡率下降。當地沒有足夠的新耕地，所以這些古老的國家對年輕男女而言，已經沒有什麼發展機會。於是，他們接受了西夫頓的提議。一八九〇年代開始，數百萬名的移民（許多人來自歐洲同一區域）橫渡大西洋，抵達哈里法克斯二十一號碼頭。再沿著橫跨大陸的鐵路，抵達曼尼托巴、薩克其萬和亞伯達省，並和來自美國的新移民融混在一起。西夫頓的賭注成功了，而且是全面性的成功。東歐人民不僅填滿了加拿大的大草原，更給予加拿大一個更完整的面貌。如同一位愛開玩笑的人所說，要是沒有西夫頓，我們就不可能有冰上曲棍球球星韋恩・格雷茨基（Wayne Gretzky）。[23] 我們上了一課。移民振興加拿大的經濟，填滿廣闊無邊的荒蕪。是的，他們是外來者，他們永遠不可能加入聖公會。由於法語和英語區早已勢不兩立，這讓新來者根本沒有任何大熔爐可以加入，因此即便是生活在這一個日漸和英國疏遠的獨立新天地上，他們還是保留了自己大部分的生活傳統。一戰過後，又有數百萬名移民者來到此地；二戰後，也有許多因為戰爭破壞與入侵而無家可歸者到來。一九五〇年代，義大利人取代英國人，成為移民最大宗的來源。但是，儘管人們不斷湧入，社論作家仍不斷感嘆著加拿大缺乏強烈的國家認同。加拿大過去只有法國人和英國人，現在，有法國人與英國人和許多無數其他人。但到底是哪一件事物，成就了加拿大人？「至少，我們不是美國人。」人們這樣總結。戴上民族主義的帽子並不是一件值得驕傲的事。

但仍有嚴重的偏見存在著：政治或甚至是立法，仍想辦法讓中國人與其他亞洲移民更難入境加拿大。不過這樣的情況在一九六〇年代有所改變——根據教育程度、職業技能、英語或法語流利程度，以及與加拿大關係來計分，讓潛在移民入境的系統推出後，計分制確保了各類族群都能入境。加拿大和吸收了數百萬名拉丁移民（許多為非法）的美國，以及依賴北非與中東移民的歐洲都不同，他們對所有人敞開大門——只要新來者具備快速找到工作的技能與教育水準。一般而言，移民是最首要也最重要的經濟政策，可用於彌補勞動力不足和鞏固人口數量。一九九〇年代，隨著低出生率的後果開始浮現，當局於是敞開大門，每年迎接二十五萬名移民來到加拿大。從當時到現在，加拿大迎來了約莫等於三個多倫多的人口數量，而這些人口也不再來自於英國與歐洲大陸，而是從中國、印度、菲律賓和世界各地前來。某些人警告，這些亞洲新移民實在與我們差異太大，永遠都不可能融入這個大環境。但在這樣一個不太像是大熔爐，更像是多元文化馬賽克的國家裡，他們適應得不錯（這其中也有運氣成分：海洋包圍三面，唯一鄰國就是美國，因此施行邊境管制自然相當有效）。

至此，加拿大做為一個國家可能會失敗的危機，已經過去了。身為加拿大人遠比身為挪威人或波蘭人，甚至是美國人與澳洲人（兩大成功創造出單一國家認同的移民文化），更來得模糊和定義不明。加拿大成為多元文化的混合物：法國人、英國人、蘇格蘭人、愛爾蘭人、德國人、波蘭人、烏克蘭人、冰島人、匈牙利人、義大利人、希臘人、葡萄牙人，接著是中國人、印度人、菲律賓人、巴基斯坦人、海地人、宏都拉斯人、斯里蘭卡人、阿爾及利亞人、牙買加人、摩洛哥人、蓋亞那人等，而每一個社群都保留了各自的文化連結，每個社群共享著一座城市、一個省分、一個國家。而此種放任的處事態度在魁北克於一九九五年舉行獨立公投、最終僅以些微差距決定繼續留在加拿大時，差點迎來失敗。

但倘若民族主義能讓一個國家團結一致，那麼根據其定義自然也會排外。那些能將我們與整個國家連結在一起的事物，如語言、宗教、基因、共享的文化規範（臉頰上的一吻；不，兩個臉頰各親一下；不，三下，從左臉開始；不……），也很有可能將我們的族群與其他族群區隔開來。這讓你很難理解他人，進而不太加入別的族群，也讓別的族群很難理解並加入你。丹麥人就是丹麥人，日本人仍舊是日本人，這就是全貌。即便是其他的移民國家如美國或紐西蘭，也擁有強烈的國家性，讓新來者認為自己必須全盤接受這種認同，否則就只能離開。

然而加拿大的民族性沒有這麼強烈，加拿大人尋求的是互相包容。批評者認為，這種「調適文化」（culture of accommodation）[24]導致了這個國家定位不明、毫無目的，最終落得毫無意義——「地表上最棒的旅館。」加拿大作家楊．馬泰爾（Yann Martel）如此描述。[25]儘管他是出於讚譽，其他人卻用這個描述來輕視一個擁有乾淨毛巾、卻沒有認同的國家。

不過加拿大缺乏國家認同的特性，正是其成功蛻變成後民族國家的祕訣。來自世界各地和各行各業的人們抵達加拿大，定居在最大的城市（多數情況為此），然後在這片願意敞開心胸的新土地上，展開新工作與新生活。這讓加拿大成為地表上最多元，卻也最和平、最和諧的國家。近幾年，美國、英國、歐洲大陸的本土主義者和民粹主義者之火開始延燒，讓加拿大成為開放的前哨。「向來以無可救藥地沉悶，沒有美國那麼急躁與好戰的加拿大，在外人眼中，卻是舉止端正、包容與明理的堡壘。」《經濟學人》如此評論。但是，隨著前盟友開始彼此互築高牆抵制，「如今，孤單捍衛自由價值觀的加拿大，儼然是一位徹頭徹尾的英雄。」[26]《滾石雜誌》（*Rolling Stone*）於二〇一七年七月的雜誌封面放上加拿大總理杜魯道，同時問道：「為什麼他不是我們的總統？」滾石真正想問的是：為什麼美國不能更像加拿大一點？至少，對美國左派者而言，這就是他們近期的感受。

但在我們開始歌功頌德之前，讓我們先面對某些不太愉快的事實：加拿大對待移民的態度，並非總是如此寧靜美好。

多樣又包容的文化馬賽克

二〇一七年一月，在川普的就職典禮後，美國境內的外籍人士開始擔憂著會被遣送出境。因此，有上千名外籍人士（多為索馬利亞人）千辛萬苦地翻越明尼亞波利斯的冰天雪地，從曼尼托巴進入加拿大，企圖尋求庇護。夏天來臨時，更有數萬名外籍人士（多為海地人）進入魁北克（光是八月就有六千人）。[27]民調顯示，加拿大對這些逃亡者不太高興，因為他們的國家平常不會有難民出現。另一份民調也顯示有三分之二的加拿大人，不視這些尋求庇護者為合法難民。[28]邊界的混亂情況（甚至一度召集軍隊，只為了提供難民暫時住所），動搖了人們對加拿大移民系統的信心。

凱斯・班廷（Keith Banting）在安大略京士頓市的皇后大學（Queen's University）研究公共政策。數年來，他和自己的研究生記錄了加拿大對移民與多元文化主義的態度演變。他發現，加拿大人並不如自己所想的那樣具包容心。「所有人可以粗略地被分成三類，」他表示，「三分之一的加拿大人並不支持多元文化主義；三分之一者為熱情的多元文化主義者；還有三分之一的人，你可以稱他們為『溫和的多元文化主義者』：支持當前的政策，但有所保留。而他們的支持也有可能隨時改變。」[29]事實上，出了魁北克省，加拿大人對於移民與融合的態度就跟美國人差不多。十名美國人與加拿大人之中，有六人反對讓宗教領袖擔任警察職務或成為軍人；十人之中則有四人反對要求雇主必須付出額外的心力，來雇用少數族群和移民；十人之中則有兩人反對女性出現在公共場合時包著穆斯林頭巾。[30]那魁北克內部的反應呢？事實指出，和其他加拿大人相比，魁北克人更無法容忍多元文化。部分原因就在於其政策的「世俗主義」（laïcité）——對世俗主義的推崇，乃是對天主教會權威的反動。然而，許多世俗主義的捍衛者，也同樣捍衛與天主教的聯繫。因此，在街上戴頭巾會招致怨恨，但出現在國民議會上的十字架則完全合情合理。這樣的邏輯衍生出一個主權主義的政府，並在二〇一三年提出命令，禁止民眾在進行公共服務期間，攜帶「顯眼」的宗教象徵物品，如尼卡布（譯按：Niqab，穆斯林女性用於覆蓋面部的布製面紗）或基巴（譯按：Kippa，猶太男性佩帶的頭飾）。[31]然而，在這條法令通過前，這個政府就被趕下台。不過在二〇一七年，執政的自由黨通過了另一條被稀釋後的法令。許多知識分子與政治家（包括杜魯道）都談論過魁北克的「跨文化主義」：在讓其他文化融入法語主流文化之餘，繼續尊重其他文化的不同。

社會學家、也是負責政府少數族群事務委員會共同主席的傑拉德．布夏（Gérard Bouchard）認為，跨文化主義「在魁北克早就不新鮮，因為大家都知道那裡有所謂的主流文化，那個文化就是法語文化。任何處理魁北克多樣性的模型，都必須將這個最大公約數納入考量。」[32]儘管加拿大從未凝聚出國家認同，魁北克卻是最驕傲的民族主義者。加拿大議會也在二〇〇六年承認「魁北克是在統一的加拿大下的一個國家」，充分體現他們對此的認知。

為了保存自己的民族認同，魁北克人花了許多心力，用法律限制英語的使用，要求移民後代必須上以法語為主的學校。由於會說法語能讓移民在魁北克省享有一定優勢，因此這裡的移民組成和加拿大其他地區相當不同。加拿大當前移民主要來源前三名為菲律賓、印度和中國，魁北克移民的最大來源前三名卻是法國、阿爾及利亞和中國。[33] 魁北克省的其他移民來源國，還包括了海地與摩洛哥。殖民主義的歷史，讓魁北克移民有相當數量來自西非法語區，且許多為穆斯林。他們的教育程度與加拿大其它地區的移民相比，往往較低，當地社會與經濟也因此籠罩在緊繃的氛圍下。這也是為什麼魁北克所接受的移民比例，和其人口占全國的比例並不相稱。二〇一五年，占加拿大總人口二三%的魁北克，接受的移民僅占全國的一八%。[34] 換言之，魁北克面臨了該如何在保有民族認同之餘，接納足以彌補低生育率的新移民數量挑戰（儘管加拿大其他省分迎來了一波又一波的移民，卻鮮少發生社會動亂）。但即便在加拿大其他地區，仍有顯著的一小部分族群，無法適應新來者，也無法嘗試在多元文化的社會中接納對方。加拿大各黨派的政治人物，都應該努力保護並保留加拿大文化馬賽克的多樣性與包容性。在任何情況下，此種文化馬賽克都能提供比民族主義更為成功且可靠的社會架構。在維護與振興社會方面，民族主義只會成為枷鎖。

民族主義VS族群融合

匈牙利那仇外的總理奧班．維克多，稱難民為「毒瘤」。「每一位移民都會帶來公共安全與恐怖攻擊的威脅。」他如此聲稱。[35]事實上，他不接受任何一種移民。「匈牙利不需要任何一位移民來振興經濟、支撐人口數量，或打造這個國家的未來。」他在二〇一六年時如此表示。[36]真的嗎？身為人口不到一千萬的國家，匈牙利每年都會流失三萬名以上的人口；同時間，整個社會也在迅速老化中。[37]但匈牙利很匈牙利，就像日本很日本。其九成的人口為匈牙利人，或所謂的馬札爾人。除此之外，匈牙利語還是世界上最難學習的語言之一，其起源為烏拉語系而非印歐語系，因此和其他歐洲語言完全沒有共通之處。匈牙利語有三十五種不同的格（case）、十四個母音、變位和不變位動詞，還有一大堆只有匈牙利人才懂得的諺語。像是電腦這個單字為 **számítógép**。[38]因此，即便匈牙利真的歡迎移民（儘管他們不），光是語言因素或許就會讓有意願者重新考慮。

倘若一個擁有獨一無二歷史與文化、獨特語言，甚至是獨特物理特徵（想想看斯堪地那維亞人的金髮）、特殊社會習俗，與某種形式的政府與主流宗教的國家，讓一大群說著不同語言，擁有不同歷史、文化、社會習俗、宗教信仰的人們來到自己國家，融入絕對會是一個大難題。主流文化會期待這些新來者能盡可能地變得更像自己（即便外觀看上去跟他們非常不同），但完全一樣是不可能的。因此，新來者往往會擠在貧民區或郊區，永遠都無法、或可以覺得自己屬於這裡。更糟的是，隨著移民人數增加，本地人還有可能做出帶有種族主義的行為。即便如美國這樣一個移民國家，都可能會發生這樣的事。事實上，拉丁人相當完美地融入了美國社會，但他們或許還融入得不夠好，至少無法阻止本土美國人將票投給川普。另外，如同我們所提到的，魁北克政府試圖保留魁北克語言和文化的舉動（即便他們接受了大量非洲與加勒比法語區移民），也導致社會充斥著緊繃的氣氛與誤解。

儘管如此，緊張的局勢是可以控制的——無論是在魁北克或出了魁北克。當二〇一六年敘利亞難民開始被空運到加拿大後，《紐約時報》驚奇地描述，「平凡的加拿大人們——讀書會成員、曲棍球媽媽、撲克牌老友和奶奶們……試圖一起挽救地球上最糟的問題。」即便許多人跟中東一點關係都沒有，即便「全世界許多地方都用猜忌和對立的態度來對待難民。」[39] 一個國家的民族主義愈不強，移民的融入就能進行得更順利；文化愈弱，推行多元文化主義就愈容易；對自我的感知愈薄，就愈不容易將別人歸類為他者。但這並不意味著在任何事情上都很隨便：加拿大權利與自由憲章（Charter of Rights and Freedoms）是如此健全，讓許多試圖尋找先例的國家，現在反而都採用加拿大的版本，而不是美國版本。[40]加拿大至今仍保有英國的民主政治與議會傳統，法國的自由、平等與博愛精神，以及歐洲那得來不易的宗教與社會寬容。任何一位真心認同加拿大的加拿大人，都會珍惜這些事物。

這也是為什麼人們願意來到加拿大，在加拿大結識許多和自己相仿的人，開心地過著日子，卻又因為清楚意識到自己的孩子對於學習原有語言完全不感興趣，而抱有一絲遺憾。談到團結和清楚的自我認同，加拿大或許無法以此為傲。但談到包容、和平、多元文化與日漸增長的後國家主義，加拿大的發展確實再好不過。

Chapter 13

未來的挑戰

我們見過了高出生率與高死亡率的過去，也看到了低出生率、低死亡率的現在。我們的未來，將會面臨不曾發生過的事：一個因為出於選擇，而變得愈來愈小的世界。倘若今日的人口衰退情況還如微光那般不起眼（政府那憂心忡忡的統計報告，也只有官員們才能理解其價值），那麼在半個世紀後，當這道微光變成讓人睜不開眼的強光時，世界又會變得如何？對於一個在此時此刻出生的孩子而言，當她／他邁入中年，也是全球人口開始衰退的時期，世界又會是怎麼樣的？她／他的孩子又會面臨怎麼樣的未來？我們相信，那個世界將有許多地方讓人傾心，那會是一個更乾淨、更安全、更寧靜的世界。海洋獲得淨化，大氣層也開始冷卻——或至少不會繼續升溫。人們或許不會變得更有錢，但這可能也已經沒那麼重要了。權力中心或許會轉移，創新與創造中心也是。我們會活在一個幾乎都是都市的世界，無論是在世界各地的哪處，我們都會住在一座能感受到整座城市正在一起變老的都市中。

我們並不認為生育率下滑是一個全能、無可阻擋，同時形塑著人類未來的宿命。原有的規則仍會發揮作用：對權力的渴望；對財富的嚮往；對環境健康的關注或不關注；對創造、創新、探索的渴求；保留過去、放慢腳步、堅守自己所擁有事物的期望。而一如既往地，總會有某些時刻，一位領導者的決定將對數百萬人的命運造成好與不好的影響。我們的目標是，點出某些不曾經歷過的情況將會開始出現：國家人口邁入衰退，此情況在過去某些被稱之為北邊的地方，已經開始出現；很快地，這樣的衰退就會蔓延到南方；最後一個仍經歷人口爆炸性成長的國家，也會結束那爆炸般的成長。人口衰退不僅會影響我們的未來，更會形塑我們的未來。我們已經忽視這個不斷逼近的事實太久了，絕對不能再坐視不理。

遏止氣候變遷的終極手段？

快問快答：你認為美國哪一州的人均碳排放量最低？

你或許會回答加州。該州積極推行總量管制與排放交易系統（cap and trade），以對抗全球暖化。猜夏威夷也挺聰明的，畢竟溫帶氣候能減少對冷氣與暖氣的開銷。你或許還會猜懷俄明州或蒙大拿，因為這比鄰的兩州人口最稀疏。但這些答案都錯了，贏家是紐約州，原因就在於紐約市。[1] 我們知道這個答案有多違反直覺，但都市人口愈稠密，對環境就愈有利——尤其在對抗全球暖化上。自己開一輛車的人，其所排放的溫室氣體量為搭地鐵者的六倍。[2] 紐約的地鐵之所以對環境非常友善，就是因為它非常擁擠，擁擠到足以拉低每個人的平均溫室氣體排放量。住在已開發國家大型都市裡的人們，往往需要仰賴大眾運輸來移動，倫敦人每年平均都會花一一．五天在地鐵上。[3] 如同我們討論過的，都市化是一種全球趨勢。已開發國家已經高度都市化（三分之二的冰島人住在雷克雅維克），而開發中國家則正在快速都市化（有四分之一的埃及人住在開羅）。聯合國預測，二〇六〇年，全球有三分之二的人口將會生活在都市或大城鎮中。[4] 開發中國家的快速都市化，可能會引發各式各樣的問題：基礎設施不足、醫療體制不完善、人滿為患的學校、貧窮狀況增加、犯罪率飆升。[5] 即便在先進國家，跟上人民對基礎建設需求的腳步、抵抗空氣汙染等，仍舊是一場長期抗戰。但整體而言，將所有人塞到一座城市裡，有利於提供更多服務——以更低廉的價格（也更有利於環境），提供大眾運輸、汙水下水道和電力服務。

鼓勵人們放棄鄉村生活，也有助於環境。是的，這聽起來也很違反直覺。誰沒有夢想過逃離都市，在林間、甚至是湖的旁邊蓋座木屋，用太陽能板來為房子提供能源，親近大自然並與大自然和諧相處？許多人已經擁有這樣的生活，但這樣的生活方式一點都不環保。

為了購買雜貨，你必須開車到最近的鎮上。道路相當顛簸，因此你需要四輪傳動的車，而這類車子非常耗油。假如住在一起的人還有不同的生活計畫，你會需要第二輛車。假如你所在的地方冬天會下雪，這意味著你需要清雪機，即便你總是勤勞地剷著雪，地方政府還是必須派鏟雪車來清理周圍道路。倘若你有孩子，交通車必須開到你家門口接送他們。太浪費了。此外，只有離你非常遙遠的大城市，才有能治療你膝蓋疼痛的專家。一來一往，一來一往。這幢房子座落在一大片（至少有半英畝大）的空地上，而這片空地原本是原生林，這片原生林希望回歸自然。倘若你想要加入抵抗全球暖化的陣線，請住在充滿高樓大廈的都市裡（一個熱輻射可以穿透牆壁鑽進別人家，從而降低暖氣消耗的地方），並搭地鐵通勤。在未來的數十年裡，為了彌補政府為對抗全球暖化而耗費上百億的公帑，居住在鄉村地區者或許會因為其對能源和資源的公然浪費，而面臨極高的責罰。這也會導致只有真正的超級富人，才能負擔得起鄉村生活。

都市化將是對抗全球暖化的最佳盟友，並為環境保護戰線找來新盟友：隨著一塊塊農地再次回歸自然，將會有更多的樹木。再一次重申，這樣的趨勢已然發生。在移民國家中，有一些長者依稀記得在所有家人搬到城鎮前，自己家族的農場位在哪裡。一般而言，這些農場都是歐洲移民在十九世紀中期的定居處，那裡的土壤品質不是太好，氣候也不理想，因此日子僅能餬口——如果你能讓玉米成熟，就有飼料能養活一群奶牛。每個家庭都會有一個自己的菜園，多數收成會拿來製成可以過冬的醃漬品，其餘的則收藏在冰冷的地窖中。或許，大蕭條迫使這家人離開農地；或許，戰爭後的好景氣誘使他們搬到擁有電力、超市的城鎮上。假如你今天開車來到農場舊址，你或許可以找到部分柵欄，也或許一點痕跡都不剩，那裡已經回歸自然。

在未來的十年間，世界各地的農田數量將開始縮減。[6]此刻，農業技術的提升和效率高過於家族農場的企業經營方式，已經讓耕作地的面積開始縮減。在二〇〇七至二〇一二年間，美國有七百萬英畝的農地消失。[7]有些農地是被郊區所吞噬，但絕大多數都是因為那片土地已經不再適宜做為獲利的田地。隨著人口在數十年後將開始下滑，有更多的農地會消失。邊緣農地的重新造林（無論是自然發生或透過創建林地的公司），對環境絕對是一大福音。農場會帶來汙染，包括牲口所排放的甲烷，與流到附近河流裡的肥料。取代農田的樹林，能吸收二氧化碳、製造氧；瀕臨滅絕的物種有了更廣闊的棲地，生存更有優勢。在本世紀中，隨著基因改造作物技術的進步，將來所需要的農田面積將縮得更小。其餘的土地，將回歸自然，讓地球變得更涼爽。

地球上的海洋，也面臨著巨大的威脅：過度捕撈、田地與都市逕流造成的沿海汙染，以及因為各種人類濫用行徑而混亂的食物鏈。這些造成的損害從珊瑚白化，一直到鯨魚瀕臨滅絕。我們愈快對氣候暖化採取行動，海洋的處境就會愈快好轉。但到頭來，減少人類數量是保護海洋的最好方法，畢竟吃魚的人更少了。

二〇一五年十二月十二日在巴黎，所有國家都同意限制人類活動對氣候變化的影響，並決定將其升幅壓縮到與工業革命前氣溫相比，不得超過兩度。全球領袖也曾在一九九七年的京都做出相似承諾，但地球還是繼續暖化。關鍵決策就掌握在極少數者的手中——中國、美國、印度這三大排放國。隨著中國與印度變得更現代化，兩國都必須大量依賴火力發電來擴張供電網。蓋一座火力發電廠，將是我們對空氣所做的最糟糕舉動。好消息是：太陽能成本的快速下滑（以及中產階級納稅人對空氣品質的怒吼），有助於迫使兩國放棄燃煤。中國於二〇一七年宣布，終止一百零三座火力發電廠的建設，[8]印度也降低了其每年所使用的煤炭總量至六億噸（人們曾擔心其使用量會在二〇二〇年增加到十五億噸）。[9]至於第二大排放國——美國，則交出了一項令人振奮的數據：自二〇〇七年後，該國的用電量開始下降，且在經濟開始復甦後仍繼續維持下降。然而，令人沮喪的部分在於，這或許是因為許多工廠選擇關閉後轉移到海外。但另一個更令人振奮的消息，則是因為離網電力（如人們利用太陽能板來供應家中暖氣）和節約能源的進展。[10]對全球前三大排放國和世界其他地方而言，電力儲存和太陽能與風力發電技術的重大進展，確實能夠降低對化石燃料的總體需求。

儘管如此，人們預測開發中國家對化石燃料的需求會繼續成長，因此全球的消耗量要到二〇四〇年才會攀上最高峰。[11]中國的燃煤發電廠發電量目前仍為美國的三倍，印度仍然計畫增設三百七十座發電廠。[12]二〇一七年，川普帶領美國退出巴黎氣候協定（儘管許多州政府仍計畫實現當初的承諾），因此對抗全球暖化的戰鬥仍然艱鉅（編按：下一任總統拜登已於二〇二一年二月重新加入協定）。好消息是，人口衰退或將成為限制碳排放量的重要因子。近期一項研究指出，倘若聯合國的低出生率預測成真，相關排放量將在二〇五五年減少一〇%、二一〇〇年減少三五%。[13]減少二氧化碳排放的終極之道，或許就是減少人類數量。

我們可以預測，未來那些縮水的人口將會集中在都市裡的摩天大樓，而有更多位在城市間的土地將回歸自然。熱帶雨林和北邊的北部森林面積將會擴大，吸收更多的二氧化碳並排放出氧氣。各式各樣的再生能源也將降低化石燃料用量，甚至完成取代。都市化、創新和人口衰退，或許是遏止氣候變遷的最佳手段。運氣好的話，今天生下來的嬰兒（或至少在未來十年或二十年內生下來的），將在中年時期，迎來一個更乾淨、更健康的世界。

人口規模將決定國際地位？

但是，未來將是一個和平的世界嗎？這仍是一個謎。多數情況將取決於中國。二〇一七年十月，習近平在每五年舉辦一次的中國共產黨全國代表大會上，展示了自己是毛澤東以後最強的領導者。在一場深具代表性的談話中，習近平擬定計畫，期望中國在二〇五〇年擁有徹底現代化的經濟和「全球戰鬥力」，威權資本主義也成為「其他企圖加速發展並同時保有獨立自主國家的新選擇」。[14]換言之，中國試圖取代美國，成為經濟、軍事與意識形態的主宰。

但這一切還言之過早。

還有那些不快樂、無法結婚的年輕男人；每一年，也都有更窮、更大量的老人。狂野的東方在歷經數十年的擴張後，成長開始放緩，內陸還有著躁動不安的少數民族，難以約束的都市人則要求鬆綁網路監控。

到了二〇五〇年，比起稱霸全球，中國或許會沉浸在因人口銳減而導致的不安之中。歷史告訴我們，沒有什麼比身陷在動盪之中的帝國更危險。一九一四年，德國政府面臨街頭抗議、騷動的國會大廈，以及數量與日俱增的中產階級要求政治自由。「隨著愈來愈難安定國內政治平衡，藉由外交政治來團結人民的手段，自然對德國統治者而言變得格外誘人。」[15]像是一場小小的、能讓男人們趕得及回家過聖誕節的戰爭。於是，和搖搖欲墜的奧匈帝國結盟後，德國拖著全世界陷入兩場大戰中的第一回合（堪稱近代最愚蠢且悲劇之舉）。

中國也會受到同樣的誘惑嗎？台灣堅守自己的定位會成為一大導火線。還是要讓所有人都知道南海是「中國內海」？一場小而緊湊的戰爭，讓所有男人可以趕在農曆年前回家的戰爭。

事情並非一定會如此。中國有可能和平地蛻變為成熟的世界強權，冷靜地處理好內部的人口難題。倘若其他地方的熱鍋如北韓、伊朗，或我們根本無從預知的國家，也能好好地避免引發戰爭，那麼全球就能進入一個嶄新的和平時代：老年和平（geriatric peace）。這個詞彙由政治學者馬克．哈斯（Mark Haas）所發明。「這個世界正在邁向一個前所未見的人口統計學時代，」他在二〇〇七年時寫道，「在未來數十年間，高齡化社會的普及與擴散程度，將首度成為一重大問題。」[16] 哈斯認為，中國與俄羅斯的人口老化是如此劇烈且嚴重，將導致這兩國無法取代美國成為世界的經濟與軍事霸主，而且光是解決高齡化人口的需求，就忙得焦頭爛額。感謝廣大的移民，美國的老化速度將慢於其他強權，鞏固其國際領導地位。儘管哈斯的預言不受所有人認同，但我們認為它確實有些道理，而我們希望再添加一些無形的因素——關於年輕人（魯莽而搞事之輩）更少、老年人更多的世界。隨著非洲與中東的生育率劇烈下滑，軍閥與思想家將招募不到人手；人口成長放緩，也意味著對稀缺資源的爭奪不再如此劇烈。因此，擁擠非洲和逐漸中空化歐洲間的拉扯，也將和緩。

在追尋和平的道路上，世界上衝突最多的中東，也將一如既往地成為最大變因。在這方面，我們也同樣寄望於生育率下滑所帶來的好處。世界上最不快樂的國家，也是生育率最高的國家：阿富汗（五．二）、伊拉克（四．〇）、葉門（三．八）。這些以氏族為根基的文化，宗教信仰強烈，多處於農村狀態，且社會動盪不安。對女性而言，這裡是地球上最不適宜居住的地方。不過，伊朗的生育率只有一．八，全因為伊朗政府多年來不遺餘力地遏止人口成長。被自己努力所驚醒的德黑蘭，目前正試著反過頭來說服父母多生一些孩子。但我們都知道結果會是如何。再加上穆拉（編按：Mullah，意思是先生或老師，通常指伊斯蘭教法的領導者）把經濟弄得一團亂，父母們根本負擔不起多生一些孩子。[17]突尼西亞共和國——另一個在阿拉伯之春中崛起，且創建了一個更民主政府的國家，其生育率為二．〇。即便是沙烏地阿拉伯這樣一個女性權利受伊斯蘭教法嚴重壓迫，一直到二〇一七年才准許並授權女性開車的國家，其生育率也僅等於替代率的二．一。原因很單純：在一九七〇年，沙烏地阿拉伯女性的識字率為二％，但試圖表現出（相對）開明的沙烏地政府，開始准許女性去上學。現在，大學畢業生中，有五二％為女性。教士可能會以伊斯蘭教令來禁止女性觀看足球賽（唯恐她們因為看到男性的大腿而分神），但看看世界各地的先例，我們都知道事情最終會發展成什麼樣子。[18]

傳統觀點認為，巴勒斯坦人的高生育率會威脅到以色列，使其成為少數者（無論最後國界會怎麼畫）。但在以色列國內，巴勒斯坦婦女與以色列婦女的生育率相同：三．一。[19]這堪稱是已開發國家中最高的生育率，是其他國家的兩倍之多。被充滿敵意的阿拉伯海環繞的猶太人，感受到提高人口數量的必要性。相較之下，以色列境內的阿拉伯人，則因為婦女接受更好的教育、擁有更多的權利，生育率反而開始下降。看來巴勒斯坦後代的復仇，將不會撼動到猶太人的地位，但如此高的生育率加上穩健的移民，將帶領以色列人口於本世紀中葉，攀升到一千六百萬大關（當前的兩倍），這將對國內的足夠生存空間造成威脅。既然雙方都無法在人口數量上取得優勢，那麼公正且長期的和平，將是雙方最好的選擇。

加拿大學者貝絲瑪．莫瑪妮（Bessma Momani）觀察到新一代的年輕阿拉伯男性與女性：有良好的教育、宗教虔誠度較低、用智慧型手機接觸全球事務、具創業精神、對那些管理並毀了自己國家的老人已經毫無耐心。莫瑪妮深信，這一代年輕人的天下終會來臨。「年輕一輩已歷經一場社會和文化的革命，價值觀也發生了根本性的變化。」[20]另一項浪漫的統計：有六四％的阿拉伯年輕人，希望為了愛走入婚姻，這人數與十年前相比，成長了一〇％。「我們不能再繼續想著未來會比現在還糟，」她堅持道，「我不這麼認為。」沙烏地王儲穆罕默德．本．薩爾曼（Mohammed bin Salman），於二〇一七年十一月發起的反貪腐計畫，會是這場革命的序幕嗎？抑或是另一場虛假的春天？全世界屏息以待。

另一個嚴重的問題仍然存在：在本世紀裡，美國仍願意領導眾人嗎？一切發展都對其有利。合法與非法移民，將繼續支撐其人口量。科學家、工程師、程式設計師仍會朝著開放的美國市場湧入，刺激其創新領域；非法移工將繼續擔任那些過於卑賤或對機器人而言過於困難的工作，並如同所有從底層開始打拚的移民那樣，期待自己的孩子能過上更好的生活。[21]沒有任何原因能阻止我們認為二十一世紀仍將屬於美國。除非……

最大的危險在於美國可能親手拋棄那個曾經讓他們偉大的祕訣。如同過去那樣，種族主義者、反移民情緒正深深困擾著這個共和國。川普的「美國優先」運動，根基能扎得多深？美國真能關緊大門，不讓那些在基礎建設與服務業中占有關鍵存在的非法移民進入嗎？他會將那些心中懷抱著未來趨勢，願意將其想法與加州創業資本家分享的上海軟體工程師，拒之於門外嗎？一個在自己與世界間築起高牆的美國，只會迎來不幸的未來，也只能擁抱這樣的未來。但歷史告訴我們，美國人擁有更好的理智。如同邱吉爾從來沒說過的（儘管大家都認為是他說的）：「我們永遠都能指望美國人做對的事情——等到他們進行了各種嘗試之後。」[22]倘若美國真的由盛轉衰，另一個強權有可能因此崛起：印度。儘管印度國內存在許多矛盾，這個國家仍朝著現代化與成長邁進。有著等同於替代率的生育率，印度可以享受數十年金髮姑娘時期——擁有充足的年輕人口去製造並消費財富。最終，印度的人口也會開始消退，但與此同時，全世界都將著迷地看著這個年輕、充滿活力的社會，是如何邁向世界舞台的中心。

以人均數來看，接納移民數量為美國三倍的加拿大，其人口將在二〇六〇年攀升到五千萬。倘若加拿大能採取許多商業與思想領袖的意見，提高每年接納的移民數量，人口甚至有望成長到六千萬。[23] 屆時，在一切條件相同的情況下，德國人口將從當前的八千萬高峰，下降到六千八百萬人。[24] 儘管這一切還很難想像，但加拿大的國際地位很有可能單純因為人口規模，而獲得提升。不過，數字永遠不是這個國家取得成功的唯一祕訣。有許多國家將移民政策視為解決高齡化社會的良方，但缺乏根深柢固多元文化主義的移民，只會是災難的開端。對願意為新來者敞開心胸，並擁有包容文化的加拿大而言，二十一世紀或許將會是他們的黃金時代。

那個逐漸縮小的未來

在本世紀中葉出生的人，可以預期自己會活上一百歲。[25] 部分生物學家認為，人類的預期壽命在本世紀末將有望達到一百五十歲。[26] 多麼美好啊！但高齡人口同時也是非常花錢的人口。為了支撐人力市場、退休金計畫和稅金收益，必須提高退休年齡。你會活得更長，但你也必須工作得更久。關閉空蕩蕩的學校，確實能挪出一些資金。自動化、人工智慧和其他可刺激生產力的方法，可以解決人力短缺的問題，但在購買電冰箱等其他消費經濟方面，這些就派不上用場。而企業執行長、高知識工作者，跟一般人之間的財富差距，也會因此變得更小。這並不是左派思維，只是社會的安全閥。

某些分析師預測更小的家庭能讓社會更富裕，因為這類家庭中的父母親可工作的時數更長，從而擁有更深厚的工作技術與知識，同時會在好不容易回家後，傾向將所有的關注與金錢都花在獨生子女身上。[27]這點我們不敢肯定，我們不想逆轉馬爾薩斯論，預測世界會因人口衰退而變得更貧窮、社會更緊繃。事情總會找到自己的出路。

但我們確實擔心創新與創造力的喪失。沒寫成的歌、沒發現的療方、因為逐年減少的人力而無法繼續精進的科技——這些該如何被量化？因為年輕人口流失而喪失的創造力又該如何衡量？另一方面，從農村移往都市的不間斷趨勢，則會強化創造力。爵士樂、後結構式主義、圖像使用者介面此三者的共通點為何？全都不是在農場裡誕生的。此外，比起數量，創造與創新更依賴的是態度。在柏拉圖寫下《理想國》時，雅典這座城市只有二十五萬人；當莎士比亞寫下《李爾王》時，全英國上下也只有四百萬人。儘管如此，古典希臘和文藝復興歐洲所共有的，是一種樂觀主義的態度。這個世界多麼令人興奮，每一天似乎都有新的發現，而人們信心滿滿地凝視未來。衰退的社會也能創造出偉大的藝術與思想，但其登峰造極之作，往往充滿了諷刺與悲嘆失去之風。放任人口繼續流失所造成的最大損失，就是失去年輕氣盛的樂觀主義。

但並不是全世界都會以同樣的方式老去。至少非洲到了本世紀末，還是會很年輕。

那片大陸將被超級城市主宰——儘管無比混亂、臭氣熏天且根本沒有好好規畫，卻也充滿生氣、活力，和源源不絕的新點子。我們有種預感，到了本世紀末，最具突破性的創新、最具革命性的新思維，更有可能來自拉哥斯或孟買，而不是巴黎或東京。

只要有心，即便如歐洲和亞洲這樣生育率超低的國家，仍可以透過接納移民的方式來穩定人口。但這樣的想法，也或許有些天真。如同我們所提，缺乏多元文化主義的移民，只會導致排外、貧民窟化、邊緣化、暴力，以及無可避免的憾事：公共領域的崩潰——同一個社會之中的不同族群，無法分享空間、責任與價值觀（對新來者表示歡迎當然很好，只要他們願意接受我們的方式）。但要想讓移民發揮效果，雙方都必須去適應，也必須有所退讓。缺乏社會彈性的民族主義者，是導致許多新移民無法適當融入的罪魁禍首。

身為大英帝國最屹立不搖傳承者的美國、加拿大、澳洲和紐西蘭，因為是移民社會，因而對外來者比較能敞開心胸。然而，儘管這些國家的人口幾乎是由移民或移民後代所組成，卻也不會因此就對社會僵化免疫。奴隸制的遺毒，仍繼續分裂著美國境內的黑人與白人；而殖民歷史則繼續撕裂著加拿大等國，其國內原住民與非原住民的情感。但總體而言，民族與種族主義感愈強，新移民能和諧融入新社會的機率也愈小。我們很想知道，會不會有那麼一天，匈牙利人不再認為自己很匈牙利？日本人不再認為自己很日本嗎?我們也很想知道，他們是否能平等看待新移民?但對所有希望能穩定人口，甚至是製造成長的社會而言，已經沒有別條路可走。

就連接受移民這個選項，也會有消失的一天。中國曾經輸出許多移民人口，現在，離開的人變少了，還有一些離開的人決定回去。最終，不斷都市化、現代化，且生育率朝著二．一（甚至更低）邁進的菲律賓等國，其人口過剩的問題也會結束，當地的經濟極有可能變得愈來愈好。在我們寫這本書的過程中，還發現一件讓我們相當吃驚的事實：都市化不僅會帶來教育水準更高的女性和更低的生育率，同時也會帶來更好的管理與經濟更進步的社會。都市化、女性賦權、政治，以及經濟發展這四者間的關聯性，幾乎已經無庸置疑。即便如此，還有理由能讓我們保持希望。

當然，總有一天（因為我們無法預期的原因），人們會開始生更多的孩子。是的，就當前的觀點來看，這件事很難想像。但觀念會變。政府可以幫忙，像是提供體外受精補助、生育獎勵、兒童撫育補助、鼓勵父親擔負起養育責任的育嬰假，並增加由國家贊助的托兒所。但這些方法都很花錢，且結果難以預測。魁北克對托兒計畫的大量資助，已經讓政府財政吃緊，但該省的生育率一．七，卻僅略高於全國平均生育率一．六[28]（魁北克偏好接受來自海地、阿爾及利亞等高生育率法語區移民的舉動，也部分解釋了兩數據間的差距）。除了納稅人的負擔外，政府遊說女性為了國家利益應該多生點孩子的概念，本身也很讓人反感。

但人們自己的想法也有可能改變。離婚率下降的部分原因，在於單親家庭的孩子或有朋友的父母離婚。因為知道這種痛，所以下定決心不要重蹈覆徹。或許那些沒有手足或只有一個兄弟姊妹的世代，會希望讓自己的孩子體會到一個屋簷下有許多孩子一起打鬧嬉戲的樂趣。大家庭很棒：規矩總是又嚴又多的大哥（儘管如此你還是無比崇拜他）、姊妹間的小心機，還有那個總是被寵得無法無天的老么。孩子們從四面八方衝過來衝過去所發出的嬉鬧聲、混亂和快樂，還有聖誕節的早晨！這是個專門為有超多孩子的家庭所設計的節日。你是否遇過任何一個因為兄弟姊妹太多，而希望自己是家裡獨生子女的人？我們沒見過。

或許，女性終於取得了她們應得的平等；或許，第三個孩子不會阻礙她們的職涯發展——或至少對母親的影響不比父親多，因為父親就跟母親一樣全心全意地投入在為人父的角色上。我們眼前還有很漫長的一條路要走，但每一年，差距都在縮小。

在此之後的二或三個世代裡，這些孩子所身處的家庭都只會有一或兩個手足（更多的家庭是一個孩子都沒有），他們也將因此感到寂寞。一家人的大團圓，不再讓屋子被擠得水泄不通；鞦韆安安靜靜地慢慢腐朽，街上沒有尖叫著跑來跑去的孩子。未來的某一天，人們或許會對彼此說道：讓我們再生一個，然後再一個。誰在乎我們是不是已經五十歲了？現在很多人都在五十歲的時候生孩子，而且母親和孩子都很平安。讓我們在孩子的圍繞下老去。

我們描述了一個人口衰退的未來，一個將伴隨著我們走向本世紀末的處境。但這樣的衰退並非無可避免，無論是對未來的任何一個世代、任何一個世紀和永無止盡的世界而言，阿們，還是有無窮的可能性。未來的歐洲人會用敬佩而嫉妒的眼光來看待非洲嗎？未來的科學家會開始研究全球寒化的影響嗎？我們會活在恐怖戰爭，還是《印度崛起》（*Pax Indica*）所書寫的世界中？我們會活在充滿永無止盡凋零之感，抑或復甦的世界裡？

夠了。未來自會走出自己的路，我們必須選擇自己的路。我們必須愛惜長者，鼓勵年輕人，擁護所有人的平等。我們必須歡迎新來者，和他們分享自己的空間，努力保有適宜居住社會最重要的特質——自由與包容。人口衰退不必然等同於社會衰退，但我們確實需要了解正在發生與即將發生的處境。自人類出現在地球上開始，我們從未經歷過這樣的事。

我們會變得更少。

想想看這樣的未來。

ACKNOWLEDGMENTS

致謝

非常感謝我們的經紀人約翰．皮爾斯（John Pearce），打從最初就對這本書充滿熱情。還有確保我們從頭到尾都不會偏離正軌的編輯道格拉斯．帕博（Douglas Pepper），沒有他，本書就不會如此豐富。而負責審稿與校對的塔拉．托維爾（Tara Tovell），讓我們能在夜晚酣然入睡。此外，我們也要對 Signal and McClelland & Stewart 的全體人員，致上誠摯的謝意。倘若真有什麼不該發生的事發生了，算在我們頭上。

達瑞爾．布瑞克：像本書這樣龐大的計畫，需要有許多人的力量。那些在訪談中願意親切分享自身知識的人們，他們的名字在本書中都看得到。其他以各種值得銘記的方式提供我們的人，包括了普里希拉．布蘭科（Priscilla Branco）、亨利．沃拉德（Henri Wallard）、蕾西亞．阿瑪迪歐（Leciane Amadio）、卡爾．布里克（Cal Bricker）、喬瑟夫・布里克（Joseph Bricker）、克里福德・楊（Clifford Young）、鮑比・杜菲（Bobby Duffy）、吉迪恩・斯金納（Gideon Skinner）、賽門・阿特金森（Simon Atkinson）、班・佩吉（Ben Page）、麥克・科立吉（Mike Colledge）、貝姬・杭特（Becky Hunter）、阿米特・阿達卡（Amit Adarkar）、特里特・夏爾曼（Tripti Sharma）、帕里亞特・查克拉瓦爾第（Parijat Chakraborty）、大衛・薩默斯（David Somers）、羅傑・斯特德曼（Roger Steadman）、湯姆・沃夫（Tom Wolf）、希爾達・基里圖（Hilda Kiritu）、洛德・菲利普斯（Rod Phillips）、維吉尼亞・恩關茲（Virginia Nkwanzi）、丹尼洛・塞索西莫（Danilo Cersosimo）、瑪麗・哈里斯（Mari Harris）、約翰・懷特（John Wright）、馬克・戴維斯（Mark Davis）、雪倫・巴尼斯（Sharon Barnes）、麥克・巴尼斯（Michael Barnes）和羅伯特・格林（Robert Grimm）。我也感謝身處在世界各地的易普索公共事務的同事們，許多人在這一路上，給予我們數不清的協助。

而我最想感謝的，是易普索的創始人兼執行長狄迪爾・特魯喬（Didier Truchot）。他不僅給了我機會，讓我擔任對所有社會研究者而言、堪稱最棒平台的易普索公共事務執行長，更鼓勵我（甚至是督促我）對這個世界懷抱好奇。

約翰・伊比森：我很榮幸地在二〇一六年秋天，於渥太華大學（University of

Ottawa）研究生研討會上，講述關於全球人口衰退的議題。我很感激羅蘭德·帕里斯（Roland Paris）的邀約，而卡亞納·布朗（Kayanna Brown）、馬修·庫森（Mathieu Cusson）、拉胡爾·基恰盧（Rahul Kitchlu）、穆罕默德·歐瑪爾（Mohammed Omar）和勞倫斯·維倫紐夫（Laurence Villeneuve），則讓本書變得更多采多姿。

謝謝茱蒂絲·林德肯斯（Judith Lindikens）和納薩尼爾·鮑伊德（Nathaniel Boyd），安排了布魯塞爾那場晚宴。還有巴沃·奧爾布雷西茲（Bavo Olbrechts）、蘇菲·佩伯曼斯（Sofi Peppermans）、安德里安·盧卡（Adrien Lucca）、埃斯德拉·德·布萊恩（Estelle De Bruyn）、彼得·黑寧（Pieter Geenen）、海倫娜·德斯埃爾（Helena Desiron）、蒂埃里·霍曼（Thierry Homans）、丹妮兒·波格特（Daneel Bogaerts）、內爾·蘭伯里茨（Nele Lambrichts）和史蒂夫·昆內克（Stef Kunnecke），容忍我那煩人的問題。

給《環球郵報》（*Globe and Mail*）的所有人，從渥太華辦公室的同事到分社社長鮑伯·菲費（Bob Fife）、總編輯大衛·沃姆斯利（David Walmsley）和發行人菲力浦·克勞利（Philip Crawley），與你們共事是一件相當愉快且榮幸的事。

最後且最重要的，獻給格蘭特，永遠的。

NOTES

註釋

序 走遍六大洲，窺見人口衰退的真相

1 Jasmine Coleman, "World's 'Seventh Billion Baby' Is Born," *Guardian*, 31 October 2011.

2 "World Welcomes 7 Billionth Baby," *Herald*, 31 October 2011.

3 Joel K. Bourne Jr., *The End of Plenty: The Race to Feed a Crowded World* (New York: Norton, 2015), introduction.

4 "Italy Is a 'Dying Country' Says Minister as Birth Rate Plummets," *Guardian*, 13 February 2015.

Chapter 1 人口簡史

1 Robert Krulwich, "How Human Beings Almost Vanished from Earth in 70,000 B.C.," *NPR*, 22 October 2012.

2 "The Toba Supervolconic Eruption of 74,000 Years Ago," *Access Cambridge Archeology* (Cambridge University, 2014).

3 See, for example, Nicole Boivin et al., "Human Dispersal Across Diverse Environments of Asia During the Upper Pleistocene," *Quaternary International*, 25 June 2013, 32.

4 Sarah Gibbens, "Human Arrival in Australia Pushed Back 18,000 Years," *National Geographic*, 20 July 2017.

5 Jared Diamond, *Guns, Germs, and Steel: The Fates of Human Societies* (New York: Norton, 1997), 41.

6 Ian Sample, "Could History of Humans in North America Be Rewritten by Broken Bones?" *Guardian*, 26 April 2017.

7 Ian Morris, *Why the West Rules—For Now: The Patterns of History and What They Reveal About the Future* (New York: Farrar, Straus and Giroux, 2010), 296.

8 "Historical Estimates of World Population," International Programs database, table (Washington, D.C.: United States Census Bureau, 25 July 2017).

9 Ole J. Benedictow, "The Black Death: The Greatest Catastrophe Ever," *History Today*, 3 March 2005.

10 Samuel K. Cohn Jr., "Epidemiology of the Black Death and Successive Waves of Plague," *Medical History*, Supplement 27, 2008.

11 "Plague" (Atlanta: Centers for Disease Control, 14 September, 2014).

12 同上。

13 Mark Wheelis, "Biological Warfare at the 1346 Siege of Caffa," *Emerging Infectious Diseases Journal*, Vol. 8, No. 9 (September 2002).

14 Katherine Shulz Richard, "The Global Impact of the Black Death" *ThoughtCo*, 3 March 2017.

15 G.D. Sussman, "Was the Black Death in India and China?" *Bulletin of the History of Medicine*, Vol. 85, No. 3 (Fall 2011).

16 Benedictow, "The Black Death."

17 同上。

18 David Routt, "The Economic Impact of the Black Death," *EH.net Encyclopedia*, 20 July 2008.

19 C.W. "Plagued by Dear Labour," *Economist*, 21 October 2013.

20 Ker Than, "Massive Population Drop Among Native Americans, DNA Shows," *National Geographic News*, 5 December 2011.

21 William M. Donovan, *The Native Population of the Americas in 1492* (Madison: University of Wisconsin Press, 1992), 7.

22 Nathan Nunn and Nancy Quinn, "The Columbian Exchange: A History of Disease, Food and Ideas," *Journal of Economic Perspectives*, Vol. 24, No. 2 (Spring 2010), p. 165.

23 *World Population to 2300* (New York: United Nations Department of Economic and Social Affairs/Population Division, 2004),

Table 2. All historical global population numbers are drawn from this table.

24 Steven Pinker, *The Better Angels of Our Nature: Why Violence Has Declined* (New York: Penguin, 2011).

25 Alfred Crosby, *Germs, Seeds and Animals: Studies in Ecological History* (New York: Routledge, 1994).

26 Pamela K. Gilbert, "On Cholera in Nineteenth Century England," *BRANCH: Britain, Representation and Nineteenth-Century History* (2013).

27 Sharon Gouynup, "Cholera: Tracking the First Truly Global Disease," *National Geographic News*, 14 June 2004.

28 Judith Summers, *Soho: A History of London's Most Colourful Neighborhood* (London: Bloomsbury, 1989), 113–17.

29 David Vachon, "Doctor John Snow Blames Water Pollution for Cholera Epidemic," *Father of Modern Epidemiology* (Los Angeles: UCLA Department of Epidemiology, 2005).

30 "Population of the British Isles," *Tacitus.NU*.

31 Max Roser and Esteban Ortiz-Ospina, "World Population Growth," *Our World in Data*, 2013/2017.

32 Michael J. White et al., "Urbanization and Fertility: An Event-History Analysis of Coastal Ghana," *Demography*, Vol. 45, No. 4 (November 2008).

33 Elina Pradhan, "Female Education and Childbearing: A Closer Look at the Data," *Investing in Health* (Washington, D.C.: World Bank), 24 November 2015.

34 Michael Haines, "Fertility and Mortality in the United States," *EH.net Encyclopedia*, 19 March 2008.

35 Michael J. McGuire, "John L. Leal: Hero of Public Health," *Safedrinkingwater.com*, 25 September 2012.

36 同上。

37 "Life Expectancy" (Canberra: Australian Institute of Health and Welfare, Australian Government, 7 February 2017).

38 "Fertility Rates" (Australian Bureau of Statistics, Australian Government, 25 October 2012).

39 "Harry W. Colmery Memorial Park" (Topeka: American Legion, Department of Kansas).

40 "Harry W. Colmery" (Indianapolis: American Legion, 2017).

41 "Servicemen's Readjustment Act (1944)," *Ourdocuments.gov*.

42 世界衛生組織（World Health Organization）、世界糧食計畫署（World Food Program）、聯合國教育、科學及文化組織（United Nations Educational, Scientific and Cultural Organization）、聯合國兒童基金會（United Nations Children Fund）。

43 Max Roser, "Life Expectancy," *Our World in Data*, 2017.

44 Max Roser and Esteban Ortiz-Ospina, "World Population Growth," *Our World in Data*, April 2017.

45 Mike Hanlon, "World Becomes More Urban Than Rural," *Gizmag*, 29 May 2007.

Chapter 2 馬爾薩斯與後繼者們

1 *Soylent Green*, dvd, directed by Richard Fleischer (Los Angeles: mgm, 1973).

2 *Inferno*, dvd, directed by Ron Howard (Los Angeles: Sony, 2016).

3 Donna Gunn MacRae, "Thomas Robert Malthus,"*Encyclopedia Britannica*.

4 Thomas Malthus, *An Essay on the Principle of Population as It Affects the Future Improvement of Society, with Remarks on the Speculations of Mr. Godwin, M. Condorcet, and Other Writers* (London: J. Johnson, 1798).

5 同上。

6 同上。

7 同上。

8 同上。

9 Ron Broglio, "The Best Machine for Converting Herbage into Money," in Tamar Wagner and Narin Hassan, eds., *Consuming Culture in the Long Nineteenth Century: Narratives of Consumption 1700–1900* (Lanham: Lexington, 2007), 35.

10 Elizabeth Hoyt, "'Turnip' Townsend and the Agriculture Revolution," *Elizabeth Hoyt*.

11 Tim Lambert, "A History of English Population," *Localhistories.org*, 2017.

12 Paul Ehrlich, *The Population Bomb* (Rivercity: Rivercity Press, 1968), xi.

13 同上, 17.

14 同上, xii.

15 同上, 25.

16 Tom Murphy, "U.N. Says mdgs Helped Lift 1 Billion People Out of Poverty," *Humanosphere*, 8 July 2015.

17 "National Air Quality: Status and Trends of Key Air Pollutants" (Washington, D.C.: Environmental Protection Agency, 2017).

18 Dan Egan, "Great Lakes Water Quality Improved, but There Are Still Issues, Report Says," *Milwaukee Journal-Sentinel*, 14 May 2013.

19 Prabhu Pingali, "Green Revolution: Impacts, Limits and the Path Ahead," *Proceedings of the National Academy of Sciences of the United States of America*, 31 July 2012.

20 Tania Branagan, "China's Great Famine: The True Story," *Guardian*, 1 January 2013.

21 Annual GDP per capita in constant dollars based on purchasing power parity. Ami Sedghi, "China GDP: How it has changed since 1980," *Guardian*, 23 March 2012 (then updated).

22 "GDP Per Capita of India," *Statistics Times* (Delhi: Ministry of Statistics and Programme Implementation [IMF], 19 June 2015).

23 Such as Max Roser and Esteban Ortiz-Ospina, "Global Extreme Poverty," *Our World in Data*, 2013/2017.

24 Clyde Haberman, "Retro Report: The Population Bomb?" *New York Times*, 31 May 2015.

25 Donella H. Meadows et al., *The Limits to Growth: A Report on the Club of Rome's Project on the Predicament of Mankind* (New York: Universe Books, 1972), 23.

26 同上, 183.

27 Graham Turner and Cathy Alexander, "*The Limits to Growth* Was Right: New Research Shows We're Nearing Collapse," *Guardian*, 2 September 2014.

28 Joel K. Bourne Jr., *The End of Plenty: The Race to Feed a Crowded World* (New York: Norton, 2015), ch. 14.

29 John Bongaarts and Rodolfo A. Bulatao, eds., *Beyond Six Billion: Forecasting the World's Population* (Washington, D.C.: National Academy Press, 2000), ch. 2.

30 *World Population Prospects 2017* (New York: United Nations Department of Economic and Social Affairs/Population Division, 2017). 本書中所有當下和預測的人口和生育數據均來自於此，除非另有說明。

31 Wolfgang Lutz interview with Darrell Bricker, 15 April 2016.

32 Tedx Talks, "We Won't Be Nine Billion: Jørgen Randers at Tedx Maastricht," *YouTube*, 11 May 2014.

33 "Don't Panic," *Economist*, 24 September 2014.

34 Gapminder Foundation, "Don't Panic: Hans Rosling Showing the Facts About Population," *YouTube*, 15 December, 2014.

35 "World Population to Peak by 2055: Report," *CNBC*, 9 September 2013.

36 "The Astounding Drop in Global Fertility Rates Between 1970 and 2014," *Brilliant Maps*, 23 June 2015.

37 "Margaret Sanger's the Woman Rebel—One Hundred Years Old," *Margaret Sanger Papers Project* (New York: New York University, 2014).

38 *OECD Health Statistics 2014: How Does Spain Compare?* (Paris: OECD, 2014).

39 Ashifa Kassam et al., "Europe Needs Many More Babies to Avert a Population Disaster," *Guardian*, 23 August 2015.

40 "Population Projection for Spain, 2014–2064" (Madrid: Instituto Nacional de Estadistica, 28 October 2014).

41 Rebecca Flood, "Spain Appoints 'Sex Tsar' in Bid to Boost Declining Population," *Independent*, 25 February 2017.

42 Ilan Shrira, "History's Mysteries: Why Do Birth Rates Decrease When Societies Modernize?" *Psychology Today*, 14 March 2008.

43 David Gushee, "Why Is Christianity Declining?" *Religion News Service*, 6 September 2016.

44 Patricia Miller, "Women Are Leaving the Church, and the Reason Seems Clear," *Religion Dispatches*, 25 May 2016.

45 Oliver Smith, "Mapped: The World's Most (and Least) Religious Countries," *Telegraph*, 16 April 2017.

46 Linda L. Malenab-Hornilla, "Overview of Urbanization in the Philippines," *Overview of the Philippines Action Plan*, 14 December 2015.

47 "Rankings," *2016 Gender Gap Report* (Davos: World Economic Forum, 2016).

48 Joes Torres, "Church Attendance in Philippines Declines," *UCA News*, 25 April 2017.

49 Danielle Erika Hill and Scott Douglas Jacobsen, "Women's Rights in the Philippines: An Overview," *Humanist Voices*, 11 May 2017.

50 "Highlights of the 2010 Census-Based Population Projections" (Quezon City: Philippines Statistics Authority, 9 August 2016).

Chapter 3 歐洲｜片白髮蒼蒼

1 "Total Fertility Rate, 1960–2014," *Statistics Explained* (Luxembourg: Eurostat, 14 March 2016).

2 Nikos Konstandaras, "Greece's Dismal Demographics," *New York Times*, 9 December 2013.

3 "Italy Is a 'Dying Country' Says Minister as Birth Rate Plummets," *Guardian*, 13 February 2015.

4 Zosia Wasik, "Poland's Shrinking Population Heralds Labour Shortage," *Financial Times*, 4 September 2015.

5 同上。

6 Valentina Romei, "Eastern Europe Has the Largest Population Loss in Modern History," *Financial Times*, 27 May 2016.

7 Evan Hadingham, "Ancient Chinese Explorers," *Nova*, 16 January 2001.

8 Neil Cummins, "Marital Fertility and Wealth During the Fertility Transition: Rural France 1750–1850," *Economic History Review*, Vol. 66, No. 2 (2013), pp. 449–76.

9 Jan van Baval and David S. Reher, "What We Know and What We Need to Know About the Baby Boom," paper prepared for the Annual Meeting of the Population Association of America, San Francisco, May 2012.

10 同上, p. 23.

11 Jonathan Luxmoore, "With Decline in Participation, Brussels Archdiocese to Close Churches," *National Catholic Reporter*, 8 February 2013.

12 Jon Anderson, "Belgium's Crisis of Faith," *Catholic Herald*, 15 October 2015.

13 "Marriage and Divorce Statistics," *Statistics Explained* (Luxembourg: Eurostat, 2 June 2017).

14 "Population Forecast for Belgium" (Denver: Pardee Center for International Futures, University of Denver, 2017).

15 Doug Saunders, "Integration: A New Strategy," *Globe and Mail*, 14 January 2016.

16 Rick Lyman, "Bulgarian Border Police Accused of Abusing Refugees," *New York Times*, 23 December 2015.

17 Ruth Alexander, "Why Is Bulgaria's Population Falling Off a Cliff?" *BBC News*, 7 September 2017.

18 Alan Yuhas, "Muslim Population to Reach 10% by 2050, New Forecast Shows," *Guardian*, 2 April 2015.

19 Patrick Worrall, "Fact Check: Will Britain Have a Muslim Majority by 2015?" *Channel 4*, 14 June 2013.

20 "Gunnar Myrdal, Analyst of Race Crisis, Dies," *New York Times*, 18 May 1987.

21 Mary Johnson, "Alva and Gunnar Myrdal: The Great Happiness of 'Living to Be Very Old and Together,'" *People*, 11 August 1980.

22 同上。

23 Stephen Philip Kramer, "Sweden Pushed Gender Equality to Boost Birth Rates," *We News*, 26 April 2014.

24 Kajsa Sundström, "Can Governments Influence Population Growth?" *OECD Observer*, November 2001.

Chapter 4 亞洲經濟奇蹟的代價

1 Youngtae Cho interview with John Ibbitson, October 2016.

2 The observation was delivered at the 2016 Canada–Korea Forum, hosted annually by the Centre for International Governance Innovation, Waterloo, Canada (27 October 2016).

3 "World's Largest Cities," *worldatlas.com*. http://www.worldatlas.com/citypops.htm. 然而，界定一座城市的人口數量是非常不容易的事。我們可以透過行政區域劃分（該城市政府的管轄區）、該座城市的「都市聚集」（包括腹地的延伸）、或「都會區」的概念（所有在經濟上與該城市相連且有所依賴的地方）。聯合國的《世界都市化展望》，則是根據都市聚集來評估全球的主要城市，而本書基於一致性也是採用此一標準。根據這個標準，首爾的人口數為九百八十萬。And *The World's Cities in 2016* (New York: United Nations Department of Economic and Social Affairs/Population Division, 2016).

4 David Pilling, "The End of Asia's Demographic Dividend," *Financial Times*, 14 March 2012.

5 Meagan Hare, "A Brief History of the Walkman," *Time*, 1 July 2009.

6 Olga Garnova, "Japan's Birthrate: Beginning of the End or Just a New Beginning?" *Japan Times*, 10 February 2016.

7 "Inspectors Knock," *Economist*, 20 August 2016.

8 "Japanese Citizenship: How to Become Japanese," *Just Landed*.

9 John Creighton Campbell, "Japan's Aging Population: Perspectives of 'Catastrophic Demography,'" *Journal of Asian Studies*, Vol.

67, No. 4 (November 2008).

10 Sarah Harper, *How Population Change Will Transform Our World* (Oxford: Oxford University Press, 2016), 50.

11 Adam Taylor, "It's Official: Japan's Population Is Dramatically Shrinking," *Washington Post*, 26 February 2016.

12 "Japanese Voters Want to Plan to Handle Declining Population," *Economist*, 5 October 2017.

13 "Age Dependency Ratio," *Data* (Washington, D.C.: World Bank, 2016).

14 Naoyuki Yoshino and Farhad Taghizadeh-Hesary, *Causes and Remedies for Japan's Long-Lasting Recession: Lessons for the People's Republic of China* (Tokyo: Asian Development Bank Institute, 2015).

15 Paul Yip et al., *An Analysis of the Lowest Total Fertility Rate in Hong Kong SAR* (Tokyo: Hitotsubashi University). The United Nations estimate is 1.2.

16 Kelsey Chong, "South Korea's Troubled Millennial Generation," *BerkeleyHaas*, 27 April 2016.

17 同上。

18 同上。

19 Garnova, "Japan's Birthrate."

20 Takao Komine, "Effective Measures to Halt Birthrate Decline," *Discuss Japan* (*Japan Foreign Policy Forum*, Vol. 22, undated).

21 "Labor Force Participation Rate: Female," *Data* (Washington, D.C.: World Bank, 2016).

22 "Mother's Mean Age at First Birth," *World Factbook* (Washington, D.C.: Central Intelligence Agency, 2017).

23 "S. Korea's Marriage Rate Hits Record Low Level Last Year Amid Economic Slowdown," *Pulse by Maeil Business News Korea*, 7 April 7 2016.

24 "List of Countries by Refugee Population," *Wikipedia*, compiled from UNHCR data.

25 Chris Burgess, "Japan's 'No Immigration Principle' Looking as Solid as Ever," *Japan Times*, 28 June 2014.

26 "The Upper Han," *Economist*, 19 November 2016.

27 "New Pledge of Allegiance to Reflect Growing Multiculturalism," *Chosunilbo*, 18 April 2011.

28 "How Large Is the Job Market for English Teachers Abroad?" *International TEFL Academy*.

29 Off-the-record interview with John Ibbitson.

30 Rajeshni Naidu-Ghelani, "Governments Organize Matchmaking as Asia's Birthrates Fall," *CNBC*, 24 October 2012.

31 MentosSingapore, "Mentos National Night," *YouTube*, 1 August 2012.

32 "South Korea's New Drive to Boost Flagging Birthrate," *BBC News*, 26 August 2016.

Chapter 5 寶寶經濟學

1 "Mother's Mean Age at First Birth."

2 Sarah Jane Glynn, "Families Need More Help to Take Care of Their Children," *Fact Sheet: Child Care* (Washington, D.C.: Center for American Progress, 16 August 2012).

3 Camilla Cornell, "The Real Cost of Raising Kids," *Moneysense*, 10 August 2011.

4 "Over a Third of Single-Parent Families Depend on Welfare," *The Local*, 6 July 2016.

5 "Adolescent Fertility Rate,"(New York: United Nations Department of Economic and Social Affairs/Population Division, 2017).

6 "The Wage Gap Over Time" (Washington, D.C.: National Committee on Pay Equity, September 2016.)

7 Mark Hugo Lopez and Ana Gonzalez-Barrera, "Women's College Enrollment Gains Leave Men Behind" (Washington, D.C.: Pew Research Center, 8 March 2014).

8 "Growth in the Proportion of Female Medical Students Begins to Slow" (London: General Medical Council, October 2013).

9 "Women Still Underrepresented in stem Fields," *USA Today*, 21 October 2015.

10 Claire Cain Miller, "The Gender Pay Gap Is Largely Because of Motherhood," *New York Times*, 13 May 2017.

11 "Project on Student Debt: State by State Data 2015" (Washington, D.C.: Institute for College Access and Success, 2015).

12 "Social Indicators of Marital Health and Well-Being," *State of Our Unions*, 2011.

13 Joyce A. Martin et al., "Births: Final Data for 2015," *National Vital Statistics Reports*, Vol. 66, No. 1 (5 January 2017).

14 Kathryn Blaze Carleson, "Curtain Lifts on Decades of Forced Adoptions for Unwed Mothers in Canada," *National Post*, 9 March

2012.

15 "Intercountry Adoption: Statistics" (Washington, D.C.: Bureau of Consular Affairs, Department of State, 2017).

16 Emma Graney, "Looking to Adopt in Alberta? Statistics Show There Are Fewer Children Waiting for a Home," *Edmonton Journal*, 7 July 2016.

17 Ryan Middleton, "2015 Highest Grossing Music Festivals," *Music Times*, 19 January 2016.

18 James Beal, "Welcome to Oldchella: The Rolling Stones, Paul McCartney, Bob Dylan and Other Legendary Rockers Take to the Stage for Mega Show," *The Sun* (U.K. edition), 10 October 2016.

19 "Welcome to the Boomaissance; Mindshare North American Releases New Culture Vulture Trends Report," *pr Newswire*, 26 January 2017.

20 "Baby Boomers Will Control 70% of Disposable Income" (London: Impact Business Partners, 22 February 2016).

21 Feng Wang, "China's Population Destiny: The Looming Crisis," Washington, D.C.: Brookings Institution, 30 September 2010.

22 同上。

Chapter 6 非洲問題

1 *World Economic Outlook, April 2017: Gaining Momentum?* (Washington, D.C.: International Monetary Fund, 2016).

2 "2017 World Population Data Sheet" (Washington, D.C.: Population Reference Bureau, 2017).

3 "Median Age by Continent," *MapPorn* (Reddit, 2017).

4 "Kenya," *World Factbook* (Washington, D.C.: Central Intelligence Agency, 14 November 2017).

5 "Kenya spec Barometer Survey" (Paris: Ipsos Public Affairs, 16 July 2016), data confidential.

6 "Kenya," *World Factbook*.

7 "Kenya spec Barometer Survey."

8 同上。

9 "Kenya," *World Factbook*.

10 同上。

11 同上。

12 "Kenya Demographic and Health Survey, 2014" (Nairobi: Kenya National Bureau of Statistics, 2015).

13 "Kibera Facts and Information," *Kibera-UK*.

14 Interview with Darrell Bricker. All interviews in this chapter were conducted on a confidential basis.

15 "Corruption by Country: Kenya" (Berlin: Transparency International, 2016).

16 "2017 Index of Economic Freedom" (Washington, D.C.: Heritage Foundation, 2017).

17 "Table of Country Scores," *Freedom in the World 2016* (Washington, D.C.: Freedom House), 2017.

18 Interview with Darrell Bricker.

19 同上。

20 "Kenya," *World Population Prospects 2017* (New York: United Nations Department of Economic and Social Affairs/Population Division, 2017).

21 Chris Wamalwa, "Education in Kenya Needs Faster Reform," *World Policy Blog*, 17 May 2017.

22 "Education in Kenya," *World Education News and Review*, 2 June 2015.

23 "Kenya Fact Sheet," *UNESCO Global Partnership for Girl's and Women's Education, One Year On*. (New York: UNESCO, 2012).

24 Mokua Ombati, "Education Gender Parity: Challenges of the Kenyan Girl," *Journal of Women's Entrepreneurship and Education*, Nos. 3–4 (2013).

25 Wolfgang Lutz, William P. Butz, Samir KC, eds., *World Population and Human Capital in the Twenty-First Century* (Vienna: Wittgenstein Centre for Demography and Global Human Capital, 2014), executive summary.

26 "Kenya Demographic and Health Survey, 2014."

27 Nana Naitashvili, "Infant Mortality and Fertility," *Population Horizons*, Summer 2014.

28 Elizabeth Mareb, "Kenyan Population Expected to Hit 81 Million as Fertility Rates Soar." *Daily Nation*, 6 September 2015.

29 Interview with Darrell Bricker.

30 同上。

31 同上。

32 "Bride Price App—The Easy Way to Calculate Dowry" *Up Nairobi*, 24 July 2014.

33 Interview with Darrell Bricker.

34 同上。

35 Geoffrey York, "Trump's Aid Cuts Risk Pushing Women 'into the Dark Ages,' Spelling Trouble for Rising World Population." *Globe and Mail*, 6 April 2017.

36 *Women's Rights in Africa* (Addis Ababa: African Union Commission, 2017).

37 同上。

38 Valerie Amos and Toyin Saraki, "Female Empowerment in Africa: The Critical Role of Ecucation," *Times Higher Education*, 29 April 2017.

39 *Strategies for Girls' Education* (New York: UNICEF, 2004).

40 "Overview of Gender Parity in Education," *UNESCO e-Atlas of Gender Inequality in Education* (Paris: UNESCO, 2017).

41 *The World Bank in Kenya* (Washington, D.C.: World Bank).

42 "Kenya," *World Factbook*.

Chapter 7 巴西工廠關門大吉

1 Alex Cuadros, "The Most Important Criminal Conviction in Brazil's History," *New Yorker*, 13 July 2017.

2 "Brazil: Economic Forecast Summary (June 2017)" (Paris: OECD).

3 George Martine and Gordon McGranahan, "Brazil's Early Urban Transition: What Can It Teach Urbanizing Countries?" (London: International Institute for Environment and Development, August 2010).

4 "The Future of World Religions: Population Growth Projections 2010–2050" (Washington, D.C.: Pew Research Center, 2 April 2015).

5 Sarah R. Hayward and S. Philip Morgan, "Religiosity and Fertility in the United States: The Role of Fertility Intentions," *Social Forces*, Vol. 86, No. 3 (2008).

6 同上。

7 "Religion in Latin America" (Washington, D.C.: Pew Research Center, 13 November 2014).

8 P.J. Henry and Geoffrey Wetherell, "Countries with Greater Gender Equality Have More Positive Attitudes and Laws Concerning Lesbians and Gay Men," *Sex Roles*, October 2017.

9 "Brazil Poverty and Wealth," *Encyclopedia of the Nations*.

10 Sarah de Ste. Croix, "Brazil Strives for Economic Equality," *Rio Times*, 7 February 2012.

11 Bill Worley, "Brazil Saw More Violent Deaths Than in Civil-War-Torn Syria, Report Says," *Independent*, 29 October 2016.

12 Eduardo Marques interview with Darrell Bricker.

13 Teresa Caldeira, *City of Walls: Crime, Segregation, and Citizenship in São Paulo* (Berkeley: University of California Press, 2001).

14 "Brazil Slum Dwellers Shun Home Ownership, Fearing Gentrification," *Reuters*, 3 February 2017.

15 Interview with Darrell Bricker, conducted on a confidential basis. See also: Dom Phillips, "How Directions on the Waze App Led to Death in Brazil's Favelas," *Washington Post*, 5 October 2015.

16 易普索為收容中心的私人贊助者之一。

17 Leticia J. Marteleto and Molly Dondero, "Maternal Age at First Birth and Adolescent Education in Brazil," *Demographic Research*, Vol. 28 (10 April 2013).

18 George Martine, "Brazil's Fertility Decline, 1965–95: A Fresh Look at Key Factors," *Population and Development Review*, Vol. 22, No. 1 (March 1996).

19 Eliana La Ferrara, Alberto Chong, and Suzanne Duryea, "Soap Operas and Fertility: Evidence from Brazil," *American Economic Journal: Applied Economics*, Vol. 4, No. 4 (October 2012).

20 Martine, "Brazil's Fertility Decline."

21 Cynthia Gorney, "Brazil's Girl Power," *National Geographic*, September 2011.
22 Martine, "Brazil's Fertility Decline."
23 Caldeira, *City of Walls*, 41.

Chapter 8 移民的推力與拉力

1 Eric Wyman, "Becoming Human: The Evolution of Walking Upright," *Smithsonian.com*, 6 August 2012.
2 "What Does It Mean to Be Human?" *Smithsonian Institution's Human Resources Program*.
3 "The Genographic Project: Map of Human Migration," *National Geographic*.
4 Margot Pepper, "More Than Half of Americans Have Never Travelled Outside the Country—and a Third Do Not Even Have Passports," *Daily Mail*, 23 May 2013.
5 Guy Abel and Nikola Sander, "Quantifying Global International Migration Flows," *Science*, 28 March 2014.
6 "Irish Potato Famine: Introduction," *The History Place*, 2000.
7 Jim Shaughnessy, "The Great Famine Coffin Ships' Journey Across the Atlantic." *IrishCentral*, 18 June 2015.
8 "John F. Kennedy and Ireland," *John F. Kennedy Presidential Library and Museum*.
9 Alexandra Molnar, *History of Italian Immigration* (South Hadley: Mount Holyoke College, 9 December 2010).
10 Max Roser and Esteban Ortiz-Espina, "Global Extreme Poverty," *Our World in Data*, 2013/2017.
11 "Global Figures at a Glance," *Global Trends 2015* (Geneva: UNHCR, 2016).
12 Bernard Wasserstein, "European Refugee Movements After World War Two," *BBC History*, 17 February 2017.
13 "Flight and Expulsion of Germans (1944–50)," *Wikipedia*.
14 "World War II China: Refugees," *Children in History*.
15 Rana Mitter, "Forgotten Ally? China's Unsung Role in WWII," *CNN*, 31 August 2015.

16 *International Migration Report 2015* (New York: United Nations Department of Economic and Social Affairs/Population Division, September 2016).

17 "Country Comparison: Population," *World Factbook* (Washington, D.C.: Central Intelligence Agency).

18 同上。

19 *Global Trends: Forced Displacement in 2015* (Geneva: UNHCR, 20 June 2016).

20 "Nearly Half a Million Displaced Syrians Return Home," *Al Jazeera*, 1 July 2017.

21 *International Migration Report 2015.*

22 同上。

23 同上。

24 同上。

25 同上。

26 同上。

27 Anna Gonzalez-Barrera, "More Mexicans Leaving Than Coming to the U.S." (Washington, D.C.: Pew Research Center, 19 November 2015).

28 Keith Ellison for Congress, "Keith on ABC's 'This Week' 7/26/15," *YouTube*, 24 May 2016.

29 "Full Text: Donald Trump Announces a Presidential Bid," *Washington Post*, 16 June 2015.

30 Yankee Patriot News, "Trump: 'Compete Shutdown on Muslims Entering the United States—Speech," *YouTube*, 8 December 2015.

31 Jeffrey Sparshott, "Immigration Does More Good Than Harm to Economy, Study Finds," *Wall Street Journal*, 22 September 2016.

32 同上。

33 *International Migration Report 2015.*

34 "Worldwide Displacement Hits All-Time High as War and Persecution Increase" (Geneva: UNHCR, 18 June 2015).

35 "Fecund Foreigners?" *Economist*, 30 April 2016.

36 *World Urbanization Prospects: The 2014 Revision, Highlights* (New York: United Nations, Department of Economic and Social Affairs, Population Division, 2014).

37 同上。

38 同上。

39 Howard French, "How Africa's New Urban Centers Are Shifting Its Old Colonial Boundaries," *Atlantic*, 1 July 2013.

Chapter 9 印度象崛起，中國龍衰退

1 *World Population Prospects, 2017 Revision* (United Nations Department of Economic and Social Affairs/Population Division, 2017).

2 "China vs. United States," *Index Mundi*, 2017.

3 Branko Milanovi , "Inequality in the United States and China," *Harvard Business Review*, 17 January 2014.

4 Feng Wang, "China's Population Destiny: The Looming Crisis," *Brookings*, 30 September 2010.

5 Joan Kaufman, "China Now Has the Lowest Fertility Rate in the World," *National Interest*, 1 December 2016.

6 Aileen Clarke and Mónica Serrano, "See How the One-Child Policy Changed China," *National Geographic*, 13 November 2015.

7 Xin En Lee, "What Does the End of the One-Child Policy Mean for China?" *CKGSB Knowledge*, 6 April 2016.

8 同上。

9 Wu Yan, "Chinese Life Expectancy Up to More Than 76 Years," *China Daily*, 27 July, 2017.

10 同上。

11 同上。

12 Feng Wang, "China's Population Destiny: The Looming Crisis," *Brookings*, 30 September 2010.

13 Marc Weisskopf, "Is a Pregnant Woman's Chance of Giving Birth to a Boy 50 Percent?" *Scientific American*, 15 November 2004.

14 Kaufman, "China Now Has the Lowest Fertility Rate in the World."

15 Simon Denyer, "Researchers May Have 'Found' Many of China's 30 Million Missing Girls," *Washington Post*, 30 November 2016.

16 Wang, "China's Population Destiny."

17 Kaufman, "China Now Has the Lowest Fertility Rate in the World."

18 Susan E. Short, Ma Linmao, and Yu Wentao, "Birth Planning and Sterilization in China," *Population Studies*, Vol. 54, No. 3 (November 2000), pp. 279–91.

19 Douglas Todd "High Birthrate Among Immigrant Women Has Implications for Canada," *Vancouver Sun*, 8 August 2013.

20 "China's Demographic Divisions Are Getting Deeper," *Economist*, 21 September 2017.

21 Yang Fan, "Low Fertility in China: How Credible Are Recent Census Data," International Union for Scientific Study of Population, undated.

22 Kaufman, "China Now Has the Lowest Fertility Rate in the World."

23 Katie Ngai, "China's Population Could Drop Below 1 Billion by the End of the Century," *Shanghaiist*, 2 July 2016.

24 "China's Demographic Divisions Are Getting Deeper."

25 Nita Bhalla, "Rickshaw Drivers Take 'Respect for Women' Message to Delhi's Streets," *Reuters*, 12 November 2014.

26 Interview with Darrell Bricker.

27 K. Srinivasan and K.S. James, "The Golden Cage: Stability of the Institution of Marriage in India," *Economic and Political Weekly*, Vol. 50, No. 13 (28 March 2015).

28 "India Sees Huge Spike in 'Honour' Killings," *Al Jazeera*, 7 December 2016.

29 Srinivasan and James, "The Golden Cage."

30 Interview with Darrell Bricker.

31 同上。

32 Interview with Professor K.S. James by Darrell Bricker.

33 Geeta Panday, "Why Do Women Go to Sterilisation Camps?" *BBC News*, 11 November 2014.

34 同上。

35 同上。

36 Dhananjay Mahapatral, "Half of Delhi's Population Lives in Slums," *Times of India*, 4 October 2012.

Chapter 10 第二個美國人的世紀

1 "'Pakistan Would Move Toward China, Russia, as US Is Declining Power,'" *Times of India*, 6 October 2016.

2 *Global Trends 2030: Alternative Worlds* (Washington, D.C.: National Intelligence Council, 2012).

3 "QS World University Rankings 2016–2017," *QS*.

4 Ayez Ahmed, "Is the U.S. a Declining Power?" *International News*, 14 August 2016.

5 "Best Selling Books of All Time," *James Clear*.

6 Ely Ratner and Thomas Wright, "America's Not in Decline—It's on the Rise," *Washington Post*, 18 October 2013.

7 Josef Joffe, "The Canard of Decline," *American Interest*, 10 October 2013.

8 "Most Say Immigrants Strengthen the Country" (Washington, D.C.: Pew Research Center, 8 December 2016).

9 Jens Manuel Krogstad, Jeffrey S. Passel, and D'Vera Cohn, "Five Facts About Illegal Immigration in the U.S." (Washington, D.C.: Pew Research Institute, 27 April 2017).

10 Nan Marie Astone, Steven Martin, and H. Elizabeth Peters, "Millennial Childbearing and the Recession" (Washington, D.C.: Urban Institute, April 2015).

11 同上。

12 Jeffrey S. Passel and DVera Cohn,"Number of Babies Born to Unauthorized Immigrants Continues to Decline"(Washington, D.C.: Pew Research Center, 26 October 2016).

13 David Drozd, "Tables Summarizing Births and Fertility Rates by Race and Ethnicity of the Mother in the U.S. and Nebraska, 1989–2013" (Omaha: Center for Public Affairs Research, University of Nebraska at Omaha, January 2015).

14 同上。

15 "Teenage Pregnancy in the United States" (Washington, D.C.: Centers for Disease Control and Prevention, 2016).

16 Douglas Main, "Why the Teen Birthrate Keeps Dropping," *Newsweek*, 20 May 2015.

17 Heather Boonstra, "What Is Behind the Decline in Teen Pregnancy?" *Guttmacher Policy Review*, 3 September 2014.

18 Eileen Patten and Gretchen Livingstone, "Why Is the Teen Birth Rate Falling?" (Washington, D.C.: Pew Research Center, 29 April 2016).

19 "African Americans Are Increasingly Affluent, Educated and Diverse," *Nielson Newswire*, 19 September 2015.

20 Laura Shin, "The Racial Wealth Gap: Why a Typical White Household Has 16 Times the Wealth of a Black One," *Forbes*, 26 March 2015.

21 "Are We Talking Enough About the Black Middle Class?" *Pacific Standard*, 13 April 2015.

22 "African Americans Are Increasingly Affluent, Educated and Diverse."

23 *The Condition of Education 2017* (Washington, D.C.: National Center for Education Statistics, May 2017).

24 John Gramlich, "Hispanic Dropout Rate Hits New Low, College Enrollment at New High" (Washington, D.C.: Pew Research Center, 27 September 2017).

25 Anna Gonzalez-Barrera and Jens Manuel Krogstad, "What We Know About Illegal Immigration from Mexico" (Washington, D.C.: Pew Research Center, 20 November 2015).

26 D'Vera Cohn, "Future Immigration Will Change the Face of America by 2065," (Washington, D.C.: Pew Research Center, 6 October 2015).

27 Teresa Welsh, "Minority Babies Outnumber Whites Among U.S. Infants," *McClatchy*, 22 June 2016.

28 Richard Alba, "The Myth of a White Minority," *New York Times*, 11 June 2015.

29 同上。

30 "Anti-semitism," *Father Coughlin*, 2017.

31 Bilal Qureshi, "From Wrong to Right: A US Apology for Japanese Internment," *NPR*, 9 August 2013.

32 G. Edward White, "The Unacknowledged Lesson: Earl Warren and the Japanese Relocation Controversy," *VQR*, Autumn 1979.

33 Stuart Anderson, "Immigrants and Billion-Dollar Startups," *NFAP Policy Brief* (Washington, D.C.: National Foundation for American Policy, March 2016).

34 Giovanni Peri, "Do Immigrant Workers Depress the Wages of Native Workers?" *IZA World of Labor*, May 2014.

35 Gonzalez-Barrera and Krogstad, "What We Know About Illegal Immigration from Mexico."

Chapter 11 衰退時代下的文化滅絕

1 Mick Dodson interview with Darrell Bricker.

2 John Ibbitson, *Stephen Harper* (Toronto: McClelland & Stewart, 2015), 248.

3 Bernie Farber, "The Terrible Legacy of Duncan Campbell Scott," *Huffington Post*, 23 January 2017.

4 "Aboriginal People in Canada: Key Results from the 2016 Census" (Ottawa: Statistics Canada, 25 October, 2017).

5 David Macdonald and Daniel Wilson, *Shameful Neglect: Indigenous Child Poverty in Canada*, (Ottawa: Canadian Centre for Policy Alternatives, 17 May 2016).

6 Matthew McClearn, "Unsafe to Drink," *Globe and Mail*, 21 February 2017.

7 Michael Shulman and Jesse Tahirali, "Suicide Among Canada's First Nations: Key Numbers," *CTV News*, 11 April 2016.

8 Vivian O'Donnell and Susan Wallace, "First Nations, Métis and Inuit Women," *Women in Canada: A Gender-Based Statistical Report* (Ottawa: Statistics Canada, 30 November 2015). And Paula Arriagada, "First Nations, Métis and Inuit Women," *Women in Canada: A Gender-Based Statistical Report* (Ottawa: Statistics Canada, 23 February 2016).

9 "More Victims Tell of Sexual Abuse on Reserves," *CTV News*, 14 December 2011.

10 Barry Anderson and John Richards, *Students in Jeopardy: An Agenda for Improving Results in Band-Operated Schools* (Toronto: C.D. Howe Institute, January 2016).

11 *Aboriginal Demographics from the 2011 National Household Survey* (Ottawa: Aboriginal Affairs and Northern Development

Canada, May 2013).

12 "Aboriginal People in Canada: Key Results from the 2016 Census."

13 "Births and Pregnancy Outcome," *Overview of Australian and Torres Strait Islander Health Status 2016* (Perth: Australian Indigenous Health Infonet, 2017).

14 *Trends in Indigenous Fertility Rates* (Canberra: Australian Bureau of Statistics, 2010).

15 Simon Collins, "New Zealand's 'Baby Blip' Officially Over as Fertility Rate Drops," *New Zealand Herald*, 18 February 2015.

16 C. Matthew Snip, "The Size and Distribution of American Indian Population: Fertility, Mortality, Migration, and Residence," in Gary D. Sandefur, Ronald R. Rindfuss, and Barney Cohen, eds., *Changing Numbers, Changing Needs: American Indian Demography and Public Health* (Washington, D.C.: National Academies Press, 1996).

17 Sarah Cannon and Christine Percheski, "Fertility Change in the American Indian and Alaska Native Population, 1980–2010." *Demographic Research*, Vol. 37, Article 1, 4 July 2017.

18 同上。

19 Althea Sumpter, "Geechee and Gullah Culture," *New Georgia Encyclopedia*, 27 July 2017.

20 Katherine Shulz Richard, "The Gullah," *ThoughtCo*, 3 March 2017.

21 "St. Helena Island, South Carolina Demographic Data," *TownCharts*.

22 Alastair Kneale, "Increase in Manx Population Needs to Be Fought Tooth and Nail," *Transceltic*, 31 August 2015.

23 Ellan Vannin, "Isle of Man Population Falls for the First Time in 30 Years, According to Census," *BBC*, 9 March 2017.

24 Sarah Whitehead, "How the Manx Language Came Back from the Dead," *Guardian*, 2 April 2015.

25 Beatrice Debut, "Kenyan Tribe of Honey Eaters Faces Extinction," *Agence France Presse*, 10 July 2007.

26 同上。

27 Peter Grant, ed., *State of the World's Minorities and Indigenous Peoples 2016* (London: Minority Rights Group International, 2016).

28 同上。

29 Genesis 11: 1–9, *The Bible* (King James Version).

30 Rikka Fredriksson, Wilhelm Barner-Rasmussen, and Rebecca Piekkeri, "The Multinational Corporation and a Multilingual Institution: The Notion of a Corporate Common Language," *Corporate Communications*, Vol. 11, No. 4 (2006), pp. 406–23.

31 Steffanie Zazulak, "English: The Language of the Internet," *Pearson English*, 21 August 2015.

32 Stephen Anderson, "How Many Languages Are There in the World?" (Washington, D.C.: Linguistic Society of America, 2010).

33 "How Many Spoken Languages," *Infoplease*.

34 "Languages of the World," *BBC*.

35 "Are Dying Languages Worth Saving?" *BBC Magazine*, 15 September 2010.

36 John H. McWhorter, "What the World Will Speak in 2115," *Wall Street Journal Europe*, 9 January 2015.

Chapter 12 加拿大的解決之道

1 "Arctic Mosque Lands Safely in Inuvik," *CBC News*, 23 September 2010.

2 "Immigration and Ethnocultural Diversity in Canada" (Ottawa: Statistics Canada, 15 September 2016).

3 "Population and Dwelling Counts," *2016 Census* (Ottawa: Statistics Canada, 15 November 2017).

4 "A Long-Term View of Canada's Demographics," *Century Initiative*, 2 October 2016.

5 "Growth of the Canadian Population 2013–2063" (Ottawa: Statistics Canada, 30 November 2015).

6 "Immigration and Ethnocultural Diversity in Canada" (Ottawa: Statistics Canada, 15 September 2016).

7 Teresa Welsh, "Five Countries That Take in the Most Migrants," *US News*, 25 September 2015.

8 "Immigration and Ethnocultural Diversity in Canada."

9 Economist Intelligence Unit, "The Safe Cities Index 2015," 2015.

10 Derek Flack, "Toronto Named Most Diverse City in the World," *TOBlogspot*, June 2016.

11 Charlotte England, "Sweden Sees Record Numbers of Asylum Seekers Withdraw Applications and Leave," *Independent*, 25 August 2016.

12 A confidential conversation between a Swedish journalist and John Ibbitson, winter 2016.

13 "Migrant Crisis: Migration to Europe Explained in Seven Charts," *BBC News*, 4 March 2016.

14 Allison Jones, "Justin Trudeau to Syrian Refugees: 'Welcome Home.'" *Canadian Press*, 11 December 2015.

15 Philip Connor, "USA Admits Record Number of Muslim Refugees in 2016," (Washington, D.C.: Pew Research Center, 5 October 2016).

16 Kathryn Blaze Carlson, "'None Is Too Many': Memorial for Jews Turned Away from Canada in 1939," *National Post*, 17 January 2011.

17 John Ibbitson, "Poll Says Canadians Oppose Trudeau's Refugee Plan. What Will History Say?" *Globe and Mail*, 24 November 2015.

18 The authors made a similar argument in Darrell Bricker and John Ibbitson, *The Big Shift: The Seismic Change in Canadian Politics, Business, and Culture and What It Means for Our Future* (Toronto: HarperCollins, 2013).

19 Ramsey Cook, "Godwyn Smith," *Dictionary of Canadian Biography* (Toronto and Montreal: University of Toronto and Laval University Press, 2017).

20 "Sir Clifford Sifton," *Canadian Encyclopedia* (Toronto: Historica Canada, 2017).

21 "Prairie Immigration and the 'Last Best West,'" *Critical Thinking Consortium*.

22 Erica Gagnon, "Settling the West: Immigration to the Prairies from 1867 to 1914" (Halifax: Canadian Museum of Immigration at Pier 21, 2016).

23 Mohammed Omar, University of Ottawa graduate student, 2016, offered in class.

24 John Ibbitson, *The Polite Revolution: Perfecting the Canadian Dream* (Toronto: McClelland & Stewart, 2006).

25 Leah McLaren, "Canadian Martel Wins Booker," *Globe and Mail*, 23 October 2002.

26 "Liberty Moves North," *Economist*, 29 October 2016.

27 Allan Woods, "Canada Not Ready for Second Wave of Asylum Seekers, Union Head Warns," *Toronto Star*, 19 September 2017.

28 Rebecca Joseph, "More Than Half of Canadians Think Ottawa Isn't in Control of Refugee Issue in Quebec: Ipsos Poll," *Global News*, 16 August 2017.

29 John Ibbitson, "Immigration, Intolerance and the 'Populist Paradox,'" *Globe and Mail*, 18 June 2017.

30 *Multiculturalism Policy Index* (Kingston: Queen's University).

31 Ingrid Perritz and Les Perreaux, "Quebec Reveals Religious Symbols to Be Banned from Public Sector," *Globe and Mail*, 10 September 2013.

32 Jonathan Montpetit, "Quebec Group Pushes 'Interculturalism' in Place of Multiculturalism" *Globe and Mail*, 7 March 2011.

33 "Quebec Immigration by Country," *Canadian Magazine of Immigration*, 7 September 2016.

34 "Canada: Immigrants by Province—2016," *Canadian Magazine of Immigration*, 20 April 2017.

35 Cynthia Kroat, "Viktor Orbán: Migrants Are 'a Poison,'" *Politico*, 27 July 2016.

36 同上。

37 "Hungary Population," *CountryMeters*, http://countrymeters.info/en/Hungary

38 "Hungarian: One of the Most Difficult Languages for Foreigners to Learn," *One Hour Translation*.

39 Jodi Kantor and Catrin Einhorn, "Refugees Welcome," *New York Times*, 23 December 2016.

40 John Ibbitson, "Charter That Reshaped Canada Becomes a Model to the World," *Globe and Mail*, 16 April 2012, A1.

Chapter 13 未來的挑戰

1 "Energy-Related Carbon Dioxide Emissions at the State Level 2000–2013" (Washington, D.C.: Energy Information Administration, 17 January 2017).

2 "An Average mta Trip Saves Over 10 Pounds of Greenhouse Gas Emissions," (New York: Metropolitan Transportation Authority, January 2012).

3 Linda Rodriguez McRobbie, "15 Fast Facts About the London Tube," *Mental Floss*, 1 May 2018.

4 *World Urbanization Prospects: The 2014 Revision, Highlights* (New York: United Nations, Department of Economic and Social Affairs, Population Division, 2014).

5 "The Risks of Rapid Urbanization in Developing Countries," (Zurich: Zurich Insurance Group, 15 January 2015).

6 Max Roser, "Land Use in Agriculture," *Our World in Data*, 2016.

7 "U.S. Farms and Farmers," *2012 U.S. Census on Agriculture* (Washington, D.C.: United States Department of Agriculture, 2014).

8 Michael Forsythe, "China Cancels 103 Coal Plants, Mindful of Smog and Wasted Capacity," *New York Times*, 18 January 2017.

9 Geeta Anand, "India, Once a Coal Giant, Is Fast Turning Green," *New York Times*, 2 June 2017.

10 Justin Fox, "The De-Electrification of the U.S. Economy," *Bloomberg*, 12 April 2017.

11 Gregory Brew, "The Secret Behind Better Oil Major Earnings," *OilPrice.com*, 4 August 2017.

12 "India's Coal Plant Plans Conflict with Climate Commitments," *Phys.Org* (Washington, D.C.: American Geophysical Union, 25 April 2017).

13 Gregory Casey and Oded Galor, "Is Faster Economic Growth Compatible with Reductions in Carbon Emissions? The Role of Diminished Population Growth," *IOP Science Environmental Research Letters*, Vol. 12, No. 1 (5 January 2017).

14 Rush Doshi, "Xi Jinping Just Made It Clear Where China's Foreign Policy Is Headed," *Washington Post*, 25 October 2017.

15 David Stevenson, *Cataclysm: The First World War as Political Tragedy* (New York: Basic Books, 2004), 15.

16 Mark L. Haas, "A Geriatric Peace? The Future of U.S. Power in a World of Aging Populations," *International Security*, Vol. 32, No. 1 (Summer 2007), pp. 112–47.

17 "Iran Attempts to Reverse Falling Birth Rate," *Associated Press*, 6 January 2014.

18 Sarah Drury, "Education: The Key to Women's Empowerment in Saudi Arabia?" (Washington, D.C.: Middle East Institute, 30 July 2015).

19 "Decline in Fertility Rate Among Palestinians, Says Statistics Bureau," *WAFA*, 29 December 2016.

20 Bessma Momani, *Arab Dawn: Arab Youth and the Demographic Dividend They Will Bring* (Toronto: University of Toronto Press, 2015). Quote derived from a summary of the book presented by the author at an event sponsored by the Brookings Institution, 28 December 2015.

21 Haas, "A Geriatric Peace? The Future of U.S. Power in a World of Aging Populations."

22 *Quote Investigator*. http://quoteinvestigator.com/2012/11/11/exhaust-alternatives

23 National Population Projections Team (report prepared by Nora Bohnert, Jonathan Chagnon, and Patrice Dion) *Population Projections for Canada (2013 to 2063), Provinces and Territories (2013 to 2038)* (Ottawa: Statistics Canada, 2015).

24 *New Projection of Germany's Population by 2060* (Berlin: Federal Statistics Office, 2015).

25 John Bingham, "Average Life Expectancy Heading for 100," *Telegraph*, 15 January 2015.

26 "Biologist Believes Average Life Span Will Reach 150 by End of Century," *Toronto Star*, 7 September 2015.

27 Casey and Galor, "Is Faster Economic Growth Compatible with Reductions in Carbon Emissions?"

28 "Birth and Total Fertility Rate, by Province and Territory" (Ottawa: Statistics Canada, 26 October 2016).

國家圖書館出版品預行編目（CIP）資料

無人地球：全面改寫經濟、政治、國際局勢的人口崩潰之戰 / 達瑞爾.布瑞克(Darrell Bricker), 約翰.伊比森(John Ibbitson)著 ; 李祐寧譯. -- 初版. -- 臺北市：今周刊出版社股份有限公司, 2021.07
336面；14.8×21公分. -- (FUTURE系統；9)
譯自：Empty planet : the shock of global population decline
ISBN 978-957-9054-92-8(平裝)

1.人口轉型 2.人口問題 3.經濟發展

542.13 110006480

FUTURE系列 009

無人地球

全面改寫經濟、政治、國際局勢的人口崩潰之戰

Empty Planet: The Shock of Global Population Decline

作　　者　達瑞爾・布瑞克Darrell Bricker & 約翰・伊比森John Ibbitson
譯　　者　李祐寧
副總編輯　鍾宜君
主　　編　蔡緯蓉
行銷經理　胡弘一
行銷主任　彭澤葳
封面設計　FE設計
內文排版　菩薩蠻數位文化有限公司
校　　對　蔡緯蓉、許訓彰、李志威

發 行 人　梁永煌
社　　長　謝春滿
副總經理　吳幸芳
副 總 監　陳姵蒨

出 版 者　今周刊出版社股份有限公司
地　　址　台北市中山區南京東路一段96號8樓
電　　話　886-2-2581-6196
傳　　真　886-2-2531-6438
讀者專線　886-2-2581-6196轉1
劃撥帳號　19865054
戶　　名　今周刊出版社股份有限公司
網　　址　http://www.businesstoday.com.tw

總 經 銷　大和書報股份有限公司
製版印刷　緯峰印刷股份有限公司
初版一刷　2021年7月
定　　價　380元